D1717617

Heimathafen Hellas | Reihe: 21

Die Deutsche Nationalbibliothek – CIP-Einheitsaufnahme.
Die Deutsche Nationalbibliothek verzeichnet dieses Buch in der Deutschen Nationalbibliografie;
detaillierte bibliografische Daten sind im Internet über http://dnb.d-nb.de abrufbar.

Erste Auflage 2015
© Größenwahn Verlag Frankfurt am Main, Frankfurt 2015
www.groessenwahn-verlag.de
Alle Rechte vorbehalten.
ISBN: 978-3-95771-061-1
eISBN: 978-3-95771-062-8

Andreas Deffner

Heimathafen Hellas

Ελλάδα σ' αγαπώ

IMPRESSUM

Heimathafen Hellas
Reihe: 21

Autor
Andreas Deffner

Seitengestaltung
Größenwahn Verlag Frankfurt am Main

Schriften
Constantia und Lucida Calligraphy

Covergestaltung
Marti O´Sigma

Coverbild
Marti O´Sigma

Lektorat
Regine Ries

Druck und Bindung
Print Group Sp. z. o. o. Szczecin (Stettin)

Größenwahn Verlag Frankfurt am Main
Oktober 2015

ISBN: 978-3-95771-061-1
eISBN: 978-3-95771-062-8

INHALT

Für
Oma Vagelió,
Opa Aristides,
Perikles,
Irini,
Stavros
und die gesamte Toló-Familie

VORWORT

Καλώς ήρθατε στό Τολό!
Herzlich Willkommen in Toló!

Meine zweite Heimat ist das Fischerdorf Toló auf der Peloponnes. Seit über zwanzig Jahren verbringe ich unendlich gerne meine Freizeit dort. Wenn ich morgens aufwache und aus dem Fenster blicke, sehe ich die aufgehende Sonne, die feuerrot aus der Weite des ägäischen Meeres emporsteigt. Spiegelglatt das Meer, glasklar die Luft. Fischer, die über Nacht auf hoher See ihre Netze ausgeworfen haben, kehren in ihren Kaíkis heim, gefolgt von einem Schwarm Möwen, die satte Beute wittern. Jede von ihnen trägt ihre eigene kleine Geschichte.

Die kleinen Geschichten des Alltags sind es, die mich, seit ich zum ersten Mal einen Fuß auf griechischen Boden gesetzt habe, faszinieren. Vom Kafenίon am Morgen bis zur Bouzouki-Bar in der Nacht: Die Griechen lieben es zu erzählen, zu diskutieren oder auch mal zu flunkern. Einige dieser Geschichten und meiner Erlebnisse von 1993 bis 2014 finden sich auf den folgenden Seiten. Die Kapitel zu diesem Buch entstanden in den Jahren 2013 bis 2014, aus der Erinnerung aufgeschrieben, aber so präsent, als wäre es erst gestern geschehen. Die Geschehnisse haben sich tatsächlich zugetragen, auch wenn ich vielleicht an der einen oder anderen Stelle zur besseren Verständlichkeit leicht abgewichen bin. Die Zitate sind nach besten Wissen und Gewissen wiedergegeben, soweit mir dies nach der langen Zeit möglich war.

Meine Griechenlandleidenschaft begann im Sommer 1993. Damals reiste ich mit meinem Freund »Finne« das erste Mal nach Hellas. Wir nahmen das Auto und von Italien die Fähre. Und genau so will ich Sie jetzt auch mitnehmen nach Toló, in das kleine Fischerdorf, das nach all den Jahren zu meiner zweiten Heimat geworden ist.

Steigen Sie ein, schalten Sie die Klimaanlage an und lassen Sie sich mitnehmen auf eine lange, lange Reise ...

Andreas Deffner,
Januar 2015

1

Mit dem Ford nach Griechenland

Sommer 1993. Der graublaue Ford Escort Diesel war gemütlich beladen, als wir uns auf den Weg machten. Meinen Freund Finne, der eigentlich wie ich Andreas mit Vornamen heißt, holte ich auf dem Weg zur Autobahn in Kirchhellen ab. Von dem kleinen Dorf am Rande des Münsterlandes aus, lagen jetzt noch genau 2.587 Kilometer vor uns. Die Anzahl der Musikkassetten auf den Ablageflächen des Ford versprach jedoch eine kurzweilige Reise. Von allem war etwas dabei. Eine Kassette mit bunter Gute-Laune-Musik, die Best-of-Hits des Frühjahrs '93, REM, U2, Fury in the Slaughterhouse, Fischer-Z und viele andere. Eine alte, mehrfach überspielte Kassette stellte jedoch alles andere in den Schatten. Der Radio-Livemitschnitt eines Helge-Schneider-Konzerts, das der WDR kurz vor unserer Abfahrt gesendet hatte. Das Band wurde unsere Lieblingsunterhaltung. Wir hörten es stundenlang, immer wieder, und irgendwann hatten wir Angst, dass das alte Tape sich auflösen könnte. Doch es hielt. Wir liebten das Absurde. Aus den Lautsprechern drang wieder und wieder Helge Schneiders verzerrte Stimme. Ich glaube, wir konnten damals die komplette Aufnahme mitsprechen. Kleine Kostprobe?

»Aus weißem Porzellan ist mein Gesicht. Doch wer wirklich unter der Gummiglatze schwitzt, interessiert kein Mensch. Mit dickem roten Lippenstift ist mir ein lustiger Clownsmund gemalt, ungefähr so groß wie Leber. Und auch die Schuhe. Riesengroße Schuhe. Schuhgröße 100, 1.000 sogar. Doch müssen die Schuhe wirklich so groß sein? Zwei ganze Kühe mussten dafür verreisen. Eine längere Reise antreten, und sich dann selbst vernähen.«

In Italien würden wir die Fähre nach Griechenland nehmen. Wie oft man bis dort wohl Helge Schneider hören könnte? Bis zum Hafen von

Ancona lagen gut 1.400 Kilometer vor uns. Die Kassette lief schon, bevor wir auf die Autobahn auffuhren. Es war ein heißer Sommertag, als ich den Ford Escort auf die A2 lenkte. In kurzen Hosen und T-Shirts saßen wir in dem Kleinwagen, der damals üblicherweise von Rentnern gefahren wurde. Meiner war Baujahr 1986. Natürlich ohne Klimaanlage. Das hatten damals nur die wirklich teuren Autos. Am Autobahnkreuz Breitscheid taten uns vom Mitlachen mit Helge Schneider die Bauchmuskeln weh und spätestens am Kreuz Köln-West waren die ersten T-Shirts durchgeschwitzt. Was für ein Sommer! Ich hatte erst vor wenigen Wochen mein Abitur bestanden und Finne, der ein Jahr nach mir seine Reifeprüfung ablegen sollte, hatte gerade den Beginn seiner letzten Sommerferien gefeiert. Grund genug also für eine fröhliche Urlaubsreise. Während jedoch die meisten unserer Freunde Pauschalurlaub auf Mallorca, ein Ferienhaus in Frankreich oder Camping an der Nordsee gebucht hatten, bevorzugten wir eine Variante, die den meisten anderen verrückt vorkam.

Wir kannten unser Ziel, zumindest in etwa, und wir hatten ein Fährticket Italien-Griechenland. Bis zum Hafen in Italien würden wir es Dank des exklusiven Kartenmaterials des ADAC sicher schaffen, doch was würde uns in Griechenland erwarten? Von unserem Lehrer Stefan Geyr hatten wir die Wegbeschreibung ab dem Hafen von Patras dabei. Ein kleines Stück Papier, auf dem ich sicherheitshalber notiert hatte, was er mir vor seiner Abreise erzählt hatte – er würde uns mit seiner Familie in Toló erwarten. Bei seinem Freund Perikles habe er ein Doppelzimmer für uns reserviert. Stefan war bis zum Abitur mein Leistungskurslehrer Kunst gewesen. Wir »Künstler« waren freundschaftlich miteinander verbandelt, wir duzten uns mit unserem Lehrer und einige wenige pflegten sogar eine private Freundschaft. Ebenso ich, und dementsprechend verließ ich mich gutgläubig auf Stefans Reiseroute. Die Wegbeschreibung auf meinem Zettel:

»Nationalstraße Patras-Korinth
Von Korinth über die Landstraße (E95) Richtung Argos
Von Argos nach Náfplion
Von Náfplion nach Toló

In Toló am Hafen parken und am Strand entlanggehen, bis zur Taverne von Perikles«

Finne runzelte die Stirn, als er diesen Zettel sah.

»Und du meinst, wir finden die da?«

»Stefan hat zu mir gesagt, wir sollen einfach am Strand entlang gehen, dann würden wir sie schon sehen. Sie würden den ganzen Tag im Schatten auf der Terrasse dieser Taverne sitzen oder im Meer direkt davor baden«, antwortete ich. »Ach ja, und Stefan sagt, falls wir sie nicht finden, sollen wir einfach irgendwen nach Perikles fragen. Den kennen angeblich alle da in Toló.«

»Dann kann ja nix mehr schief gehen!«

Und zur Abwechslung schob Finne eine andere Kassette in das Autoradio. Haddaway trällerte uns seinen Sommerhit entgegen und unsere gute Laune stieg noch weiter. Wir müssen wirklich verrückt gewesen sein. Damals.

Mit gemütlicher Geschwindigkeit, Haddaway und Helge Schneider hörend, fuhren wir zunächst in Richtung Schweiz. Der Escort verbrauchte erfreulich wenig Sprit und schonte so unsere schmale Urlaubskasse. Der kleine Dieselmotor mit seinen 54 PS kam mit 4,5 Litern auf 100 Kilometern aus. Bald schon würden wir Italien erreichen. Die Stimmung stieg stetig. Vor dem – immerhin siebzehn Kilometer langen – Gotthardtunnel war das Wetter so grandios, dass wir kurzerhand beschlossen den Tunnel zu »umfahren«. Zeit hatten wir genug, der Tank war noch ordentlich mit Diesel versorgt, so dass wir die Einfahrt in die Tunnelröhre verweigerten und stattdessen den Wagen auf die Passstraße lenkten. Die eindrucksvolle Alpenlandschaft faszinierte uns fast so sehr wie die Kassette, die wieder einmal Helge Schneider spielte. Erst spät bemerkten wir, dass der stetige Anstieg zum Gotthard-Pass den Escort durstiger gemacht hatte als es auf gleicher, ebener Strecke üblich war. Die Tankanzeige fiel bedrohlich schnell. Wir hielten Ausschau nach einer Tankstelle. Kilometer um Kilometer. Nichts! Bereits vor Erreichen des Passes hatte der Motor in manchen Kurven Aussetzer. Bergab wurden diese erst seltener, bevor sie irgendwann regelmäßiger wiederkehrten. Erstaunlich, wie sparsam der Diesel dann bergab fuhr. Ewigkeiten schon schien die Tanknadel »leer«

anzuzeigen, und doch erreichten wir am Fuße des Berges kurz hinter dem Gotthardtunnel wieder die Autobahn. Das erste, das uns ins Auge stach, war ein Hinweisschild auf die nächste Raststätte mit Tankstelle. Und genau unter diesem Schild kam der Escort dann nach langer Stotterfahrt zum finalen Stehen. Absolute Leere im Tank. Ausgesaugt bis auf den letzten Tropfen. Ausgequetscht wie ein Pickel. So entleert, wie wahrscheinlich weltweit noch nie ein Tank gewesen war. Vakuumiert. In diesem Moment musste ich an die Worte meines Vaters denken, als er mir den gebrauchten Escort gekauft hatte: »Fahr einen Diesel niemals ganz leer. Dann muss der Tank entlüftet werden. Das ist super-aufwendig und kostet ne Menge.« Sollte unsere Griechenlandreise schon in der Schweiz beendet sein?

Da es damals noch keine Mobiltelefone gab – zumindest hatten wir noch keine – marschierten wir zur nächsten Notrufsäule. Die freundlichen Helfer vom Schweizer Automobilclub versprachen umgehend einen Wagen zu schicken. So warteten wir – zunächst noch entspannt – auf die gelben Engel des Alpenlandes. Nach weit über einer Stunde warteten wir immer noch, und langsam half auch die Helge-Schneider Kassette nicht mehr, die gute Laune aufrecht zu erhalten. Nach einem weiteren Kontakt über die Notrufsäule versicherte man uns, dass die Hilfe nun sehr bald eintreffen würde. Über zwei Stunden später war es dann tatsächlich soweit. Jetzt begann das große Bangen, vermuteten wir doch, der Escort müsste abgeschleppt und kostspielig in der Werkstatt repariert werden. Zu unserer großen Überraschung waren die Schweizer Automobilclubhelfer jedoch wahre Götter. Der mitgebrachte Fünf-Liter-Kanister mit Diesel wurde eingefüllt und nach einiger Zeit, und zugegeben vielen Angst einflößenden Anlassversuchen, tackerte der Diesel wieder unter der Haube. Ein Schweizer Wunder! Zwanzig Schweizer Franken mussten wir für die Ersatzkanisterfüllung an die gelben Engel zahlen. Relativ viel, wenn man bedenkt, dass Diesel damals nur rund 1 DM pro Liter kostete. Doch wir waren erleichtert. Und die Alpenengel gaben uns zum Abschied den Tipp: »Fahrt den Tank das nächste Mal nicht ganz leer!« Ich fühlte mich an meinen Vater erinnert.

Als wir einen Tag später den Escort in den Bauch der Fähre nach Griechenland fuhren, hatten wir es fast geschafft. Jetzt würde uns zumindest der Ford nicht daran hindern, das ersehnte Hellas zu erreichen.

Das Parkmanöver im Unterdeck des riesigen Fährschiffs von Strintzis-Lines war ein Erlebnis. Viele hundert Autos parkten bereits dicht an dicht, LKW reihten sich an- und nebeneinander und wurden mit starken Ketten befestigt. Ein griechischer Einweiser bedeutete uns, den Escort in eine winzige Parklücke zwischen zwei Stahlträgern zu parken. Völlig unmöglich jedoch, da die Parklücke viel zu eng war. Maximal so groß wie der Escort lang, mutmaßte ich. Der Einweiser wurde schnell ungeduldig, als ich ihm versuchte zu sagen, dass die Lücke nicht ausreichend wäre. Papperlapapp! Er griff kurzerhand durch die offene Scheibe zum Lenkrad und sagte in gebrochenem Englisch:

»Jetzt Rückwärtsgang rein, und dann das machen, was ich sage! Do what I say!«

Widerrede zwecklos. Ich versuchte noch einen Schulterblick, doch er bestand vehement darauf, dass ich ausschließlich auf ihn und seine Anweisungen achten sollte. Ich kurbelte minutenlang am Lenkrad, wie ein Dreher an seiner Werkbank. Eine Servolenkung hatte der Escort übrigens nicht und so wurden meine Arme schwerer und schwerer. »Muskelkater ahoi!«, dachte ich. Schweiß stand auf meiner Stirn, als der Einweiser nach einiger Zeit signalisierte, ich möge aufhören. Hatte ich ja gleich gesagt, dass die Lücke zu klein sei. »Aussteigen!«, befahl der Grieche. Erst jetzt begriff ich, was geschehen war. Es war einfach nicht zu fassen. Ich stand noch lange mit Finne staunend neben dem Wagen, der nun exakt seitlich in die Parklücke geschoben worden zu sein schien. Ich schwöre, es waren vorne und hinten jeweils maximal zwei Zentimeter Luft zwischen Stahlträgern und Stoßstangen. Wir vermuteten, zu Hause in Athen würden sie den Einweiser den »Parkgott von Piräus« nennen.

Mit Isomatten und Schlafsäcken ausgestattet, gingen wir an Deck der Fähre. Wir hatten die billige Deckpassage gebucht. Trotz der damals noch 38 Stunden langen Überfahrt waren wir sicher, eine gemütliche Reise würde uns bevorstehen. Vorweg: Die Hinfahrt wurde zäh und unendlich lang. Am Abend legte die Fähre ab. Kurz darauf saßen wir auf dem oberen Achterdeck, hatten unsere Schlafsäcke mittig an der Reling ausgebreitet und sahen zu, wie am Horizont im Sonnenuntergang Italien verschwand. Im Duty-Free-Shop hatten wir eine Flasche Ouzo gekauft. Mit Plastikbechern und Eiswürfeln von der Poolbar, saßen wir noch lange an Deck und staunten, wie salzig-klebrig die Seeluft wurde. Wir waren glücklich, den vermeintlich besten Platz an Deck erhascht zu haben. Irgendwann fielen wir in unseren Schlafsäcken in einen tiefen Schlaf, aus dem uns am nächsten Morgen die Deckarbeiter rissen, die mit Schrubbern bewaffnet die Morgenschicht antraten. Die erste Nacht war überstanden. Eine zweite lag noch vor uns, und ein ganzer Tag. Wir pulten uns aus den Schlafsäcken und blickten uns dann wie zwei Trottel an. Ja, der Ausblick war fantastisch von hier, aber die riesigen Abgastürme der Fähre hatten Stunde um Stunde ihre Rußpartikel über uns ausgespuckt. Partikel ist vielleicht auch nicht der richtige Begriff für die groben, schwarzen Brocken, die der Fahrtwind direkt in der Mitte des Achterdecks abgelegt hatte. So, als hätte jemand riesige Zeitungsbündel im offenen Feuer verbrannt und in die Glut gepustet. Nur schienen die Schiffsdieselabgaspartikel dicker, fester und klebriger als verbranntes Papier. Die Deckarbeiter begannen mühsam zu schrubben und forderten uns schon bald mit einem breiten Grinsen auf ihren Gesichtern auf, unsere Schlafsäcke zur Seite zu legen. Zäh muss man sein, wenn man zwei Nächte auf den harten Metallböden einer Adriafähre übernachtet. Besonders, wenn eine davon einem Rußbad glich. Trotz allem war es auch ein tolles Erlebnis, unter der schmierigen Außendusche den Abgasschmutz abzuwaschen, um sofort danach nach einen sicheren Platz für die nächste Nacht zu suchen. Es wurde schließlich ein gemütlicher, überdachter Schlafplatz am Seiteneingang und dennoch kamen uns die restlichen Stunden der Überfahrt wie eine Ewigkeit vor.

Hausgemachte Limonade
Σπιτική λεμονάδα - Spitikí lemonáda

Zutaten:
1 l kaltes Mineralwasser mit Kohlensäure, Saft von 3 Zitronen (Bio), Schale von 1 Zitrone, 1 Zitrone in Scheiben geschnitten, 10 Minzblätter, ca. 20 Eiswürfeln, 1 Tasse Beeren (Johannisbeeren, Heidelbeeren, halbierte Erdbeeren, Himbeeren, Brombeeren)

Zubereitung:
Eiswürfel, Zitronensaft, Zitronenschale, Zitronenscheiben und Minzblätter in eine große Kanne geben. Mit dem Wasser auffüllen und umrühren. Hohe Gläser mit Eiswürfeln, Zitronenscheiben, Beeren und Strohhalm vorbereiten. Mit Limonade füllen und gleich servieren.

Tipp:
Fügen Sie verschiedene Zitrusfrüchte in Scheiben geschnitten in die Kanne und die Gläser und überraschen Sie Ihre Gäste mit verschiedenen Variationen. Eiswürfel, Minzblätter und Früchte im Glas sorgen für Aufmerksamkeit.

2

Ankunft in Toló

Nach der zweiten Nacht auf der Fähre, waren wir ungemein müde. Das Schiff legte gegen fünf Uhr am Morgen in Patras an, dementsprechend kurz war die Ruhephase in den von der Salzwasserluft schmierig-klebrigen Schlafsäcken, an denen hier und da noch immer Rußpartikelreste klebten. Schon kurze Zeit später saßen wir wieder im Escort und fuhren über das riesige Stahlmaul der Fähre auf den Hafenkai. Griechenland! Was für ein Augenblick. Wir hatten es tatsächlich geschafft. Zumindest bis nach Patras, wo wir nun hundemüde im Ford hingen und uns nach einem Kaffee sehnten. Also lautete die Devise: Den schäbigen Hafen schnell verlassen und dann umgehend ein Café suchen. In einem Vorort von Patras entdeckten wir um kurz nach sechs Uhr am Morgen einen Laden, der für uns so aussah, als ob man hier einen Kaffee kaufen könnte. Wir betraten zum ersten Mal in unserem Leben ein echtes Kafeníon. Die griechischen Schriftzeichen über dem Eingang (καφενείον) konnten wir nicht entziffern. Wir betraten einen kahlen Raum mit einfachen Blechtischen und Korbstühlen. Ein Fernseher flimmerte in einer Ecke, ein alter Mann saß rauchend daneben. Ein älterer Herr kam hinter einer holzvertäfelten Theke hervor und sprach uns freundlich an. Doch das, was uns der Wirt auf Griechisch entgegenrief, konnten wir nicht verstehen. Achselzuckend versuchten wir zu erklären, dass wir Kaffee wollten. »Nescafé, Nescafé?«, fragte der Wirt immer wieder, aber wir schüttelten nur die Köpfe. »Richtigen Kaffee bitte!« Dann ging er. Kopfschüttelnd.

Wir setzten uns an einen der wackeligen Korbstühle. Todmüde und kaffeedurstig sahen wir uns mit müden Augen in dem kleinen Café um. An den Wänden hingen alte schwarz-weiß-Fotos von Männern in

Kafeníons und Fischern am Strand. Aus dem Fernseher war das Durcheinander einer morgendlichen Nachrichtendiskussionsrunde zu hören, von der wir kein Wort verstanden. Wir fühlten uns in einer fremden Welt, in der nach nur wenigen Minuten der bekannte Wirt erschien. Er trug ein orientalisch anmutendes, goldfarbenes Tablett. Drei gedrehte Metallstreben ragten von diesem in die Höhe und bildeten in der Mitte, etwa dreißig Zentimeter oberhalb der Ablagefläche, eine Trageöse an der Herr Kafétzis – der Herr Kaffeemann – das Tablett lässig an einer Hand durch den Laden baumelte. Mit freundlichen Worten stellte er uns zwei kleine Espressotassen auf den Tisch, die nach frischem Kaffee dufteten. Sehen konnten wir das heiß ersehnte schwarze jedoch nicht. Ein bizarr anmutender dichter Schaum, dessen winzige Bläschen gold-blau schimmerten, bedeckte das Getränk. Außerdem fanden zwei gefüllte Wassergläser neben den Kaffeetäschen Platz auf dem Metalltischchen. Wer hätte gedacht, dass wir diese so schnell benötigen würden.

Finne war noch gieriger als ich, und führte seine Kaffeetasse blitzschnell an die Lippen. Ein Wunder, dass er dabei nichts verschüttete, denn die beiden Tässchen waren randvoll. Ich erinnere mich nur noch, dass ich bereits Finnes zu einer Grimasse verzerrtes Gesicht sah, als auch ich schon meinen Kaffee mit einem großen Schluck in meinem Rachen versenkte. Terra cotta. Verbrannte Erde, war das erste, was mir dazu einfiel. Eine kaum zu schluckende, krisselige Masse bahnte sich ihren langsamen Weg meinen Rachen hinab. Wie Sandpapier schmirgelte der »Kaffee« die Innenwände meiner Speiseröhre. An Finnes Blick erkannte ich sofort, dass ihm Gleiches passiert sein musste. Wir spuckten und husteten, und während wir hastig mit dem Wasser nachspülten, ging der Wirt keck grinsend zu dem alten rauchenden Mann in der Ecke, der verschreckt ob unseres Röchelns aufsah. Der Wirt brabbelte ihm etwas zu, dann fingen beide aus vollem Herzen an zu lachen. Uns dämmerte, dass uns irgendein Fehler beim Trinken des Kaffees unterlaufen sein musste. Gleichzeitig ärgerten wir uns, dass wir das offenbar gut gemeinte Angebot des Wirtes, uns Nescafé zu bringen, nicht angenommen hatten.

Erst später erfuhren wir, dass man uns den so köstlichen griechischen Mokka, den Ellinikó, serviert hatte. Wir haben uns den gesamten Urlaub nicht mehr an einen solchen herangetraut. Dabei hätten wir nur etwas warten müssen, bis sich der Kaffeesatz auf den Grund der Tasse abgesetzt hätte. Perikles brachte mir zwei, drei Jahre später bei, wie man den original griechischen Kaffee exzellent zubereitet. Hier die Variante métrio – mittelsüß:

In ein Briki, den langstieligen kleinen Kaffeetopf, gibt man einen halben Teelöffel Zucker, 1 ½ Teelöffel griechisches, feingemahlenes Kaffeepulver und so viel Wasser, wie in eine der kleinen Mokkatässchen passt. Über der allerkleinsten Flamme eines Gaskochers wird das Briki so lange geschwenkt, bis der Kaffee anfängt zu kochen und plötzlich schäumend aufsteigt. In dem Moment, in dem der Kaffeeschaum gerade den Rand des Brikis erreicht, das Töpfchen schnell von der Flamme nehmen und den Kaffee in die bereitgestellte Mokkatasse gießen. Jetzt, und das ist ganz wichtig, warten, bis sich der Kaffeesatz abgesetzt hat! Fünf Minuten sind auf jeden Fall ausreichend.

Nach unserem frühmorgendlichen Erlebnis in einem wildfremden Land, mit so seltsamen Kaffeeaufguß-Eigenarten waren wir zwar nicht ausgeruht, dafür aber hellwach. Vom Kafeníon aus fanden wir schnell die Nationalstraße Richtung Korinth. Zum Glück sind die Straßenschilder in Griechenland abwechselnd mit griechischen Buchstaben (Κόρινθος) und mit lateinischen Lettern (Kórinthos) beschrieben. So folgten wir der Küstenstraße am nördlichen Rand der Peloponnes bis nach Korinth, wo wir uns erneut auf die Hinweisschilder mit den lateinischen Buchstaben konzentrierten. Den Abzweig nach Argos fanden wir ebenso leicht. Die Straße führte uns zwischen Bergen, Weiden und Feldern hindurch. Es wurde immer einsamer, ländlicher, verlassener. Alle paar hundert Meter kreuzte die Straße die Bahngleise der Peloponnes-Eisenbahn. Gut, dass mich Stefan vor den Bahnübergängen gewarnt hatte. Etwas schneller als mit Schrittgeschwindigkeit überfuhren wir das erste Mal die schmalen, alten Gleise. Es riss uns fast die Achsen weg und im Inneren des Wagens hatten wir Mühe die umherfliegenden Musikkassetten einzufangen. Die nächsten Bahnübergänge querten wir daher in angemessenem Tempo. Fast stehend! Weiter und weiter schlängelte sich die Straße an Weinreben, Feldern und verlassenen Bahnhöfen entlang und immer wieder diese verdammten Schienen, über die die Straße regelmäßig geführt wurde. Manchmal beschrankt, manchmal nicht, häufig aber nur mit einem Signallicht und einer halben, weil abgebrochenen oder abgefahrenen Schranke. Wir wähnten uns auf der Straße ins Nirgendwo. Als wir nach einiger Zeit bereits zweifelten, ob wir noch auf dem richtigen Weg seien, sahen wir ein altes, rostiges Schild mit der kaum noch lesbaren Aufschrift: »Argos«

Als wir endlich die Hauptstadt der Präfektur Argolis erreichten, wurde es knifflig. Um die Mittagszeit herrschte in der Kreisstadt mit den engen Gassen hektisches Treiben, und Autos und Mopeds drängelten sich durchs Gewühl. Wir ließen uns einfach vom Verkehr mitreißen und landeten wider Erwarten auf der Straße Richtung Náfplion. Eine breite befahrene Straße, die zwischen Feldern, Brachflächen und Wiesen einer Ebene hindurchführt. Es herrschte reges Treiben. Gut gefüllte Busse der KTEL, der griechischen Überlandbusgesellschaft, drängelten wild hupend von hinten, am Straßenrand tummelten sich Mopeds mit ihren Ein- bis Viermann-Besatzungen, natürlich alle ohne Helm, und nicht nur wegen der fehlenden Mittelstreifen überholten PKW und LKW gleichermaßen keck mal links, mal ganz links oder eben rechts. An die vorgeschriebene Geschwindigkeitsbegrenzung schien sich niemand zu halten, und das, obwohl mindestens alle fünfhundert Meter gleich mehrere Schilder Tempo 50 km/h anpriesen. Wie durch ein Wunder gelangten wir unfallfrei bis Náfplion, wo wir von dem überwältigenden ersten Eindruck des Blickes auf das Palamídi empfangen wurden. Die Festungsanlage aus dem 18. Jahrhundert thronte erhaben auf einer Anhöhe oberhalb der Stadt. Wir beschlossen spontan, Náfplion in den nächsten Tagen einen ausgiebigen Besuch abzustatten. Jetzt aber wollten wir erstmal nur noch nach Toló. Die verbleibenden gut zehn Kilometer bis zu unserem Ziel schafften wir in Windeseile. Wir hatten uns inzwischen an die griechisch-anarchische Fahrweise angepasst. Bei Temperaturen knapp unter 40 Grad Celsius schmolzen wir im Ford langsam dahin. Der Fahrtwind, der durch die maximal geöffneten Fenster hereinwehte, erinnerte mich an den heimischen Fön im Badezimmer. Als wir um die letzte Kurve vor Toló bogen, lag das antike Asíni in Sichtweite, aber den ersten Blick auf die Bucht von Toló werde ich niemals vergessen. Die Straße führte uns auf einer kleinen Anhöhe direkt an den Felsen der Küste entlang. Vor uns lag die sichelförmige Bucht mit ihrem großen weißen Sandstrand, den zwei vorgelagerten Inselchen und dem kleinen Hafen. Es herrschte reger Badebetrieb. Fröhlich tanzten Luftmatratzen auf den Wellen des türkisblauen Meeres, schaukelten Fischerboote gemütlich im Takt der sanften Dünung und planschten Kinder, Eltern und Großeltern einträchtig im kühlen Nass. Das Paradies. Wir hatten es gefunden!

Als wir durch die enge, mit Autos, Mopeds und Menschen zum Bersten gefüllte, Dorfstraße rollten, sahen wir uns verdutzt an. Hatte Stefan nicht von einem idyllisch-gemütlichen Fischerdorf gesprochen? Als wir schließlich im dichten Verkehr steckenblieben, waren wir sicher, das Dorfende und somit den Hafen erreicht zu haben. Den Wagen parkten wir irgendwo im chaotischen Gewühl und machten uns auf, Stefan zu suchen. Der Strand lag in Sichtweite links der Straße und so sollten wir es also bald schaffen, Perikles' Taverne zu finden. Strandbars, Cafés und Tavernen die ihre Tische und Stühle direkt am Meer auf den feinen Sandstrand aufgestellt hatten, so weit das Auge reichte. Eines neben dem anderen. Nachdem wir an etwa zehn Tavernen erfolglos nach Stefan und den Seinen Ausschau haltend vorbeigelaufen waren, blieb uns nur zu fragen: »We are looking for the Taverna of Perikles«, fragten wir einen Griechen nach dem anderen. Nichts. Hatten wir uns etwa im Ort geirrt?

Ich merkte, wie Finne unruhig wurde. »So kommen wir nicht weiter«, sagte er plötzlich und ging entschlossen auf den nächsten Griechen zu. »Wo bitte finden wir den Hafen?«, fragte er auf Englisch den nächstbesten Kellner einer Strandtaverne.

»Ach, der ist am anderen Ende des Dorfes.«

Nach der ernüchternden Antwort des Kellners begaben wir uns umgehend zurück zum Auto. Zumindest wussten wir jetzt, dass wir uns erstens an der falschen Ecke Tolós befanden, und dass zweitens Perikles zumindest am Ortseingang nicht jedem Griechen bekannt war.

Wieder im Auto staunten wir zunächst über die Backofentemperatur, und kurze Zeit später fuhren wir in Schrittgeschwindigkeit wieder über die Dorfstraße. Hinter einer scharfen S-Kurve veränderte sich das Erscheinungsbild Tolós. Nun wirkte es dörflicher, gemütlicher. Die Ansicht der Gebäudefronten wechselte hinter der Kurve von großen mehrgeschossigen Hotelfronten zu eingeschossigen Ladengeschäften, Souvenirshops und hübschen Cafés. Über die Dorfstraße, die Sekeri-Straße, ging es noch einen Kilometer in Schrittgeschwindigkeit, bis wir endlich den Hafen erreichten. Hier endete die Straße an einem großen Parkplatz, der bereits nahezu komplett mit PKW und Bussen gefüllt war. Pittoresk lag der kleine Hafen mit den vielen Fischerbooten und den zwei großen Ausflugsschiffen vor uns. Die Sonne brannte gnadenlos von einem stahlblauen Himmel, wie es ihn wohl nur in Griechenland gibt, und gegenüber des Hafens lag die Insel Rómvi mit ihren sattgrünen Pinien und dem kleinen Kiesstrand. Hatte uns der erste Anblick auf die Bucht von Toló fasziniert, so waren wir nun vollends begeistert. Das Ortsende von Toló übertraf unsere kühnsten Vorstellungen. Und als wir am Strand den ersten Griechen nach Perikles fragten, wusste dieser sofort Bescheid.

»Gleich da vorne ist es, ihr seid fast da!«, rief er uns freundlich zu und brachte ein großes kühles Bier zu einem englischen Touristen, der gut gerötet auf einer Sonnenliege halb am Strand, halb im Wasser lag. Durstig wankten wir weiter.

Kaffee mit Schaum – Nescafé

Zutaten:
1 hohe Kaffeetasse, 2 TL Zucker, 1 TL Instantkaffeepulver (Nescafé), eventuell ein Schuss Milch (10-prozentige Kondensmilch), heißgekochtes Wasser, Schaum-Mixer (alles für eine Person)

Zubereitung:
Das Instantkaffeepulver mit dem Zucker und einem Fingerbreit Wasser in die Tasse geben und mit Hilfe des Schaum-Mixers (z.B. ein kräftiger Milchaufschäumer) zu einem festen Schaum mixen. Mit einem Schuss Milch und heißem Wasser auffüllen bis der Schaum über den Rand der Tasse hochsteigt. Mit Löffelchen, einem separaten Glas kaltem Wasser und einigen Keksen servieren.
Langsam, sehr langsam genießen.

3

Tavérna »To Néon«

Von der gemütlichsten Terrasse Tolós winkte uns, mit weit ausholen-den Armbewegungen, plötzlich Stefan entgegen. Er trug Badehose und einen Strohhut. Entspannt saß er auf einem alten blauen Korbstuhl an einem wackeligen Tisch mit blau-weiß karierter Tischdecke im Schat-ten unter den sechs Bäumen, die die Terrasse zum Strand hin begrenzten. Über sechs kleine Stufen einer gut einen Meter hohen und ebenso breiten Treppe, die vom Strand mittig auf die Terrasse führte, erreichten auch wir das rettende schattige Plätzchen. Es war heiß, selbst hier unter den Bäu-men, aber der angenehme Südwind der über das Meer auf die Bucht von Toló blies, kühlte unsere geschwitzte Haut und das Wiedersehen mit Stefan rundete den famosen Gesamteindruck ab. Nun kam auch Uschi, Stefans Frau, zu uns gelaufen und aus dem zehn Meter entfernten Meer stiegen noch rasch die Söhne Robin und Dennis. Mindestens genauso herzlich empfing uns auch Perikles, der freudig aus der Taverne sprintete. Wir sahen ihn zum ersten Mal und fühlten uns gleich wohl und vertraut in diesem Urlaubstraum rund und um die Tavérna To Néon. »Herzlich Willkommen im Paradies!«, rief er uns entgegen, als er die drei Stufen von der Taverne auf die Terrasse herab zu fliegen schien. Dann stand der An-fang 30-Jährige mit stattlicher Figur und mit blankem Oberkörper und hoher Stirn vor uns, drückte uns kräftig die Hände und fuhr mit einem schelmischen Grinsen über den Rand seiner getönten Brille hinweg fort: »Ich bin Perikles, der Sohn des Poseidon.«

Seit 1950 existiert die Εξοχεική Ταβέρνα To Νέον (Exochikí Tavérna To Néon), die »Landgaststätte zum Neuen«, die Perikles' Eltern direkt am Strand errichtet haben. Vater Aristides war Fischer und der fangfrische Fisch wurde täglich von seiner Frau Vangelió ausgenommen, gebraten und gegrillt. Während uns Stefan kühles, stilles Mineralwasser aus der Quelle des Kurortes Loutráki in der Nähe von Korinth brachte, stellte uns Perikles seinen wahren Eltern vor. Auch Aristides besaß eine hohe Stirn, deren Ränder mit grauem Haar geschmückt waren. Er saß in einer besonnen, lässigen Art, den Kopf auf die rechte Hand gestützt, an einem Tisch an der Hauswand und betrachtete in aller Seelenruhe das muntere Treiben auf seiner mit großen hellen Marmorfliesen plattierten Terrasse. Auf dem Tisch vor ihm lag eine modische Baseballkappe, die er zum Schutz vor der gleißenden Sonne trüge, würde er sich aus dem Schatten fortbewegen. Mir gefiel sein Lausbubengrinsen besonders. Es ist selten bei 70-Jährigen. Seine Frau Vagelió war im Vorraum der Küche damit beschäftigt, grüne Bohnen zu schnippeln. Sie begrüßte uns unendlich herzlich mit ihrer schrillen hochtönenden Stimme, die an eine angenehme Sirene erinnerte. Ein ungemein sympathisches Ehepaar, das wir umgehend in unsere Herzen schlossen.

»Ihr wollt jetzt sicher erstmal im Meer baden«, sagte Perikles zu uns und las uns förmlich unseren heimlichen Wunsch von den Lippen ab. »Kommt! Wir bringen schnell eure Taschen aufs Zimmer.« Rasch erklärte er uns, wie wir mit dem Wagen vom Hafen direkt zur Taverne fahren könnten. Und nur wenige Minuten später nahm er uns wieder an der kleinen schlechtbetonierten Straße mit dem so hübsch klingenden Namen Tsouderou-Straße in Empfang. Sie führte von der Hauptstraße, der Sekeri-Straße, hinab ans Meer und endete als »Sackgasse« auf dem Strand direkt neben der Tavérna To Néon. Die Tsouderou-Straße war jetzt im Sommer, um die Mittagszeit, hoffnungslos überfüllt und randvoll zugeparkt.

»Stell den Wagen erstmal hier ab!« Stefan, der unsere erneute Ankunft abermals von der Terrasse beobachtet hatte, deutete auf die Straßenmitte, wo bereits ein Jeep die Durchfahrt versperrte. »Ihr könnt euer Auto später noch wegparken.« Stefan wirkte tiefenentspannt. Und das, obwohl er den Nachbarn bereits gut kannte, den wir kurz darauf zu Gesicht bekommen sollten. Doch zunächst ließ sich Perikles nicht davon abbringen, uns die Koffer aufs Zimmer zu tragen. Das kleine Doppelzimmer lag in der ersten Etage direkt über dem Gastraum der Taverne. Es war nun mit uns, unseren Taschen und dem Hausherrn gut gefüllt. Wir sahen zwei einfache Betten, zwei kleine Nachttischchen, einen alten Schrank und eine Glühbirne, die von der Decke baumelte. An der Wand hing ein kleiner Spiegel. Das war die spartanische Einrichtung. Die blaue Farbe der alten hölzernen, deckenhohen Balkontüren blätterte bereits an einigen Stellen ab, doch der Blick vom dahinterliegenden Balkon aus beeindruckte uns umgehend. Durch die schattenspendenden, belaubten Äste der Terrassenbäume hindurch, blickten wir auf die Bucht von Toló mit den vielen kleinen Fischerbooten und der Insel Rómvi mit ihren zwei symmetrischen, gleich hohen Hügeln. Die Kinder nannten das unbewohnte Eiland daher nur Buseninsel. Erst über 20 Jahre später hatte Herr Janni, der weise Dorflehrer, die Eingebung, dass es sich bei dem Namen Rómvi schlicht um einen Schreibfehler handeln musste. Denn nach seiner Theorie hatte die Insel ihren Namen sicher irgendwann aufgrund ihrer Form erhalten. Und zwar nicht die Form eines Busens, sondern die von zwei Rauten. Und den Plural von Raute schreibe man schließlich mit »οι«. Die Insel hätte statt Ρόμβη also Ρόμβοι heißen müssen. Abgeleitet von Rombus = Raute. Der Teil oberhalb der Wasserlinie gleiche unzweifelhaft zwei Rautenhälften. Derlei philosophisches Gedankengut war uns in der damaligen Sommerhitze einerlei. Die Insel hätte uns auch namenlos fasziniert, und wir wollten ihr nun entgegenschwimmen.

Perikles riss uns von diesem sagenhaften Anblick fort und zeigte uns noch schnell, wo wir auf dem Flur die zwei Toiletten und Duschen finden würden, dann verschwand er hastig. Seine Gäste riefen bereits nach ihm und seine Mutter Vageló daraufhin am lautesten. »Perikliiiiii. Perikliiiiii!«, schrillte es durch die Taverne, über die Terrasse und durch halb Toló.

Die Temperatur in unserem frisch mit einem Laken und einem weiteren solchen als Bettdecke bestücktem Zimmer, schien inzwischen auf geschätzte 60 Grad angestiegen zu sein. Da half nur eins: Schnell raus aus den Klamotten, Badehosen an und ab ins Meer! Zwei Minuten später stiegen wir ins erfrischend kühle Nass der Badewanne vor der Tür. Stefan, der nun ebenfalls badete, sagte: »Das Meer hat 29 Grad Wassertemperatur. Herrlich, oder?«< Paradiesisch. Poseidon, der Gott des Meers hatte es angenehm für uns hergerichtet.

»Jetzt im August baden sogar die Griechen im Meer. Vorher ist es den allermeisten zu kalt.« Das fröhliche Lachen planschender einheimischer und fremder Kinder war zu hören, am Himmel kreischten einzelne Möwen über den heimkehrenden Fischerbooten und in den Bäumen zirpten die Zikaden. Dieses Idyll wurde plötzlich durch ein plärrendes Hupen gestört. Ein verbeulter blauer Toyota Pick-up war die Tsouderou-Straße in Richtung Strand heruntergefahren und parkte nun direkt hinter meinem Escort. Ein wildes Gekeife drang durch das geöffnete Seitenfenster. Ein unzubändigendes Hupen brüllte über den Strand, über das Meer; vermutlich sogar bis hinüber in die Türkei. Und als das Tier hinterm Steuer ausstieg, ahnte ich nichts Gutes. Ein englisches Nummernschild und ein wuchtiger Lockenkopf als Fahrer, dessen Augen zu glühen schienen, ließen Schlimmes erwarten. Die Statur eines Preisboxers kombiniert mit dem wilden Blick eines britischen Hooligans nach einem verlorenen Heimspiel. Weglaufen, so schnell wie möglich den Ford umparken oder so tun als sei es nicht unser?

»Nicht so schnell«, sagte Stefan. »Das ist nur Jannis. Ihm gehört das Wassersportzentrum hier nebenan. Der kann ruhig mal etwas warten.« Dann ging er sanften Schrittes an Land und schlurfte gemächlich zu Jannis hinüber. Während der lockige Wassersportchef weiterhin seine Pranke durch das offene Fenster zum Dauerhupen auf das Lenkrad legte, sprach Stefan ihn an. Wir konnten leider nichts verstehen, blickten aber gespannt hinüber. Der kräftige Jannis stand, seinen Bierbauch der Sonne entgegengestreckt, da und hörte sich an, was Stefan zu sagen hatte. Auf seiner Knollennase glänzte eine hochmoderne Sonnenbrille mit orangefarbenen Gläsern, wie sie damals weltweit im Teleshop auf RTL und SAT1 angeboten wurde. Gar nicht mondän, stattdessen deutlich grimmig, blickte Jannis, nachdem Stefan zu Ende geredet hatte, zu uns herüber. Mit erhobenem Zeigefinger blaffte er Stefan noch einmal an, dann verschwand er in seiner typischen storchartig-kopfnickenden Gangart zu seinem »Watersportscenter Poseidon«. Es lag im übernächsten Haus neben der Taverne von Perikles und hatte ebenfalls eine Terrasse mit direktem Strandzugang. Dort herrschte reger Betrieb. Viele jugendliche Touristen, hauptsächlich Briten, tranken hier Bier und Cola und warteten darauf, dass die beliebten Plätze auf der Wasserbanane, auf den Ringos, den aufblasbaren Ringen, die hinter dem Motorboot rasend schnell übers Wasser gezogen werden, oder beim Paragliding frei werden würden. Jannis' Wassersportgeschäft schien prächtig zu laufen. Ich hingegen war sicher, dass ich niemals bei diesem Griesgram ein Boot ausleihen oder Surfen lernen würde.

Als Stefan zu uns ins Meer zurückkehrte, waren wir gespannt wie Flitzebögen. Sein guter Rat: »Nehmt euch vor Jannis in acht, er kann ganz schön aufbrausend sein. Ich hab ihm gesagt, dass ihr euren Wagen gleich wegfahren werdet.« Dann erfuhren wir noch, dass der Wassersport-Hai mit einer Engländerin verheiratet ist, dass der Toyota Gerüchten zufolge in Großbritannien gestohlen worden sein sollte und dass Jannis die öffentliche Straße und den angrenzenden Strand offenbar als sein Eigentum betrachtete, auf dem er tun und lassen konnte was er wollte. Hätte Stefan uns auch erzählt, dass er selbst einmal in eine handfeste Schlägerei mit Jannis verwickelt wurde, bei dem es ebenfalls um einen falsch geparkten Wagen – nämlich Stefans! – gegangen war, wäre ich sicher sofort zu meinem Escort gelaufen um ihn umgehend umzuparken. So jedoch ließen wir uns zunächst von der Sonne trocknen, bevor ich die Autoschlüssel holte. Jannis hatte schon auf mich gewartet. Er grummelte etwas unverständliches in meine Richtung, bevor er den Toyota gerade soweit zurücksetzte, dass ich den Ford ganz knapp aus der Gefahrenzone lenken konnte. Nur einen Augenblick später parkte der angeblich gestohlene britische Pickup an der Stelle, wo eben noch der weitgereiste Escort stand. Was tut man nicht alles für eine gute Völkerverständigung

Nach einem weiteren Bad im Meer und nachdem sich die Aufregung der Ankunft gelegt hatte, war es Zeit für einen Mittagsschlaf. Gegen 17 Uhr wurde es ruhig auf der Terrasse der Taverne. »Von etwa fünf bis sieben macht Vageliό die Taverne zu«, erklärte uns Stefan den Tagesablauf. »Später treffen wir uns dann wieder hier. Man macht am Abend einen Spaziergang durchs Dorf und nach 22 Uhr geht man gemütlich zum Essen.« Dann verschwand auch er zu seinem Nickerchen. Nach einer kühlen

Dusche um das Salzwasser abzuwaschen, wollten wir es ihm nachtun. Robin zeigte uns, wie wir richtig mit den Duschen umzugehen hatten. Denn regelmäßig verstopften die engen Abflüsse der Gemeinschaftsduschen auf der ersten Etage der Taverne, und das Wasser lief dann rasch über den Rand der Duschtasse, mäanderte über den Steinfußboden im Flur bis genau in unser Nebenzimmer, in dem Robin schlief. Mehr als einmal war Robin in diesen Ferien bereits aufgewacht und hatte seinen Fuß in eine Pfütze neben dem Bett gesetzt. Nun war also klar, wieso in der Dusche immer auch ein Pömpel stand.

Wo wir gerade mit Robin dabei waren die sanitären Einrichtungen zu inspizieren fragte ich ihn auch nach dem Sinn des runden, offenen Plastikkorbs neben der Toilette ohne Klobrille. Er sah uns verblüfft an. »Hat euch denn niemand gesagt, dass man in Griechenland das Klopapier nicht ins Klo werfen darf?« Erst jetzt entdeckten wir einen alten, vergilbten und bereits halb abgeblätterten Aufkleber an der nicht abschließbaren Toilettentür: »Μη ρίχνετε χαρτιά στη λεκάνη« (Mi richnete chartia sti lekani – Werfen Sie kein Papier in die Schüssel)

Der Grund waren die in Griechenland sehr viel dünneren Abwasserrohre. Aber vielleicht lag es auch einfach daran, dass offenbar viele nach dem Klogang nicht daran dachten abzuziehen? Wie oft stand ich später in Café-, Tavernen- oder Restauranttoiletten, die noch unangenehm gefüllt waren.

Gegen Abend deutscher Zeit und am Nachmittag aus hellenischer Sicht, trafen wir uns wieder auf der Terrasse der Tavérna To Néon. Alle Sommergäste schienen gerade erst aus ihren Betten gestiegen zu sein.

Schwere Lider, aber wohlige Vorstellungen davon, dass der nun obligatorisch folgende Kaffee für rasche Straffung sorgen würde. Die Badehosen und -anzüge, die den gesamten Tag über die Standardkleidung in und rund um die Taverne waren – bei über 35 Grad Celsius isst es sich eben angenehmer in Schwimmkleidung – waren nun langen Hosen und luftigen Röcken und Kleidern gewichen. Die griechischen Urlauber ebenso wie die Einheimischen waren bereit für ihre »vólta«, den abendlichen Spaziergang durchs Dorf. Perikles, der selbsternannte Sohn des Poseidon hingegen, hatte es sich mit einem griechischen Mokka an seinem Lieblingsplatz der Terrasse gemütlich gemacht und genoss die für ihn wenigen ruhigen Minuten des Tages. Er schien beinahe zu meditieren, so gebannt sah er auf sein Meer vor der Haustür. Ich setzte mich zu ihm an den Tisch. Einen Augenblick schauten wir gemeinsam schweigend auf die seichten Wellenbewegungen. Ohne den Blick zu verändern, sagte Perikles leise zu mir: »Manchmal glaube ich wirklich der Sohn des Poseidon zu sein. Woher sonst sollte ich diese Kraft haben, von früh morgens bis spät in die Nacht zu arbeiten?« Seine unbeschuhten Füße hatte er sockenlos auf einen zweiten Korbstuhl abgelegt. Sie sahen müde aus. Perikles hingegen hatte wieder dieses unbändige lebensbejahende Lächeln auf den schmalen Lippen. »Ωρα για γαμάκι!« (Ora ja gamáki – Zeit, sich um die schönen Mädchen zu kümmern!) sagte er und blickte mich mit seinem spitzbübischen Lächeln an. Eine Gruppe junger, scheinbar deutscher Frauen, spazierte gerade vor unseren Augen am Strand neben der Terrasse entlang. »Ποποπό!« (Popopó!), rief Perikles laut und verzückt diesen Ausdruck der griechischen Bewunderung aus. Er hatte die volle Aufmerksamkeit der jungen Touristinnen. »Blumen, Andreas. Alles voller Blumen!«, rief er weiter und grinste erst mich und dann abwechselnd die neugierig blickenden Mädchen an. »Jetzt ist es aber Zeit für euren Spaziergang durchs Dorf«, sagt er noch, dann schickte er uns alle los.

Die ersten knapp einhundert Meter von Perikles' Taverne die Straße hinauf zur Hauptstraße, beeindruckten uns nachhaltig. Gegen 21 Uhr hatten die Temperaturen immer noch nicht nachgelassen, dafür aber der Wind. Die 35 Grad, die tagsüber in der kräftigen Brise am Meer noch gut erträglich waren, glichen jetzt bei Windstille einer Gluthölle. Mühsam quälten wir uns den kleinen, nur etwa 50 Meter langen Anstieg hinauf und kamen durchgeschwitzt auf der Sekeri-Straße an. Hier auf der Dorfstraße herrschte trotz der klimatischen Herausforderung ein reges Durcheinander. Souvenirgeschäfte, Pita-Grillbuden und Tavernen reihten sich aneinander und Touristenmassen wanderten von einem Ansichtskartenständer zum nächsten, erstanden hier und da Andenken oder kauften sich an den Ψησταρίες (Psistaríes), den Grillimbisslokalen, Σουβλάκια με πιτά (Souvlákia me pita) – kleine Fleischspieße im Brot. Beobachtend flanierten wir über die Hauptstraße und stellten verwundert fest, dass es scheinbar in ganz Toló keine Gyrosspieße gab. War Gyros nicht so typisch für Griechenland wie die Erbsensuppe für Deutschland? Später erzählte man uns, dass der große Drehspieß wohl eher eine Erfindung der Auslandsgriechen gewesen sein musste. In Griechenland selber grillte man stattdessen traditionell Ziegen, Lämmer oder eben Souvlákia. Die kleinen Fleischspieße mit den marinierten Schweinefleischwürfeln fanden sich an jeder Ecke. Ein herrlicher Duft stieg auf, wenn der Grillwirt die oft mit fettigen Stücken versehenen Spießchen auf den Holzkohlengrill legte und das austretende Fett dampfend in die Glut tropfte. Knusprig braune Leckereien, die anschließend mit Salz und Oregano bestreut wurden. Dazu reichte man eine Scheibe gegrilltes Weißbrot. Köstlich! Die Griechen aßen ihre Souvlákia üblicherweise σκέτο (skéto), ohne alles, bei der Bestellung auch gerne Καλαμάκι (Kalamáki) genannt, was eigentlich die Bezeichnung für Strohhalm ist. Die schlanken Spieße wanderten zügig vom Rost in die Hände der hungrigen Esser und wir bekamen bereits vom Zusehen und vom Duft des oreganogeschwängerten Rauchs über dem Holzkohlegrill Appetit. Da wir jedoch später alle gemeinsam bei Perikles essen wollten, gingen wir zügig an den Psistaríes vorbei und fanden, nachdem wir an ungezählten Souvenirshops entlang geschlendert waren, das Ziel unseres Spaziergangs. Die Nefeli Bar!

Perikles hatte uns geraten, zu seinem Schwager zu gehen und Kaffee-Frappé zu trinken. Das »In-Getränk« der griechischen Jugend erfreute sich insbesondere im Sommer größter Beliebtheit. Eiskalter, aufgeschäumter Nescafé, wahlweise mit Milch oder ohne, mit viel, wenig oder mittelmäßig viel Zucker, aber immer stark und mit Eiswürfeln. Wir betraten die kleine Terrasse der Nefeli-Bar, die eigentlich eher ein Teilstück des Bürgersteigs war, den es in Toló aber nicht gab. Die Sekeri-Straße grenzte direkt an die etwas erhöhte Terrasse, die gerade einmal zwei Meter breit war, und auf der nur zehn kleine runde Tischchen Platz fanden. Die junge Kellnerin hatte dennoch alle Hände voll zu tun, die zahlreichen Gäste zu bewirten. Durch die weit geöffnete Tür sahen wir ins Innere der Nefeli-Bar. Michalis, der Mann von Perikles Schwester Irini, saß mit dem Rücken zur Theke auf einem Barhocker und flezte sich mit weit ausgebreiteten Armen lässig an den geschwungenen Tresen. Als er uns sah, kam er wieselflink zu uns herausgeeilt, begrüßte uns herzlichst und deutete auf einen Tisch neben der Tür auf dem bis gerade eben noch ein Grieche gesessen hatte. »Καθήστε εδώ« (kathíste edó – Setzt euch hierhin!) Dann fragte er uns in gebrochenem Englisch, was wir trinken wollten und mit Mühe bestellten wir unseren Frappé. »Métrio me gála«, hatte uns Robin erklärt, sollten wir sagen. Mittelsüß mit Milch. Es funktionierte. Michalis verstand und verschwand wieder im Café. Durchs Fenster sahen wir, wie er hinter der Theke in einem kleinen Küchenraum mit Gläsern hantierte. Dann brummte und summte die Frappiera, der spezielle Standmixer, und wenig später brachte uns ein anderer Mann zwei herrlich aussehende Eiskaffees an den Tisch. Michalis stellte uns den Kellner als seinen Bruder Jannis vor. Die zwei betrieben gemeinsam das alteingesessene Café an einer der besten Lagen auf der Hauptstraße von Toló. Hier saßen wir nun mit den Rücken zur Hauswand unter den schattenspendenden jungen Bäumen der Terrasse, deren Äste bis ans Gebäude heranragten. Die seltsame Aufstellung der Stühle war uns bereits aufgefallen, als wir die Nefeli-Bar erreichten. Alle Stühle waren so um die runden Tischchen aufgestellt, dass jeder Gast mit dem Gesicht zur Straße saß. Das gleiche Bild gegenüber in der Nafsika-Bar, und auch in allen anderen Cafés und Bars der Stadt. Die Aufstellung hatte etwas theatralisches. Die Sekeri-Straße wurde so zur Bühne. Die Kaffeehausbesucher waren das Auditorium, die nicht nur der Musik aus den Außenlautsprechern der Bars und Cafés lauschten, sondern auch die vorbeiflanierende Menschenmenge und vor allen Dingen die Touristinnen bewunderten. Elegant gekleidete griechische Damen wurden respektvoll bestaunt und genossen ihrerseits ganz offensichtlich die ihnen zu Teil werdende Aufmerksamkeit, während manchen sexy gestylten Touristinnen in knappen Röckchen die ungenierten Blicke sichtlich unangenehm waren. Sitzen, Beobachten und Diskutieren schien eine Art Volkssport der älteren Männer zu sein, die griechische Jugend hingegen flirtete aktiver. Ganz offen sprachen sie auf der Straße junge Touristinnen an, pfiffen ihnen von ihren Mopeds aus hinterher oder luden sie gar zu einer Spritztour mit dem Motorrad ein. Das hatte Perikles also mit »gamáki« gemeint: Mädchen aufgabeln! Autoschlangen quälten sich im Schritttempo durch die Dorfstraße, Einheimische hielten hier und da ein Schwätzchen auf der Kreuzung und jugendliche Moped-Artisten drehten helmlos ihre Runden – manchmal nur auf dem Hinterrad oder mit quietschenden Reifen – um die hübschesten Mädchen herum und ließen ihre aufgemotzten Karren aufheulen. Riesige, laute Auspuffrohre an kleinen Mofas und brüllend laute – für den Straßenverkehr sicher nicht zugelassene – nachgerüstete Hupen waren der Renner. Der Lärm und die Abgase schienen niemanden zu stören. Es war ein munteres, ein fröhlichjahrmarkthaftes Treiben auf der überfüllten Hauptstraße von Toló. Eine beeindruckend stimmungsvolle und gleichzeitig entspannte Atmosphäre. Wir saßen an unserem Tisch, saugten schlückchenweise Frappé durch die Strohhalme und genossen den Sommer, obwohl wir angesichts der Temperaturen inzwischen nicht nur unter den Armen schwitzten.

Nach einer guten Stunde im »Theater Odos Sekeri« traten wir den Heimweg an. Wir verabschiedeten uns für heute von Michalis und er wünschte uns Guten Appetit. Er würde vielleicht später auch noch runter zur Taverne kommen um einen Happen zu essen. Es war inzwischen nach 22 Uhr. Der Souvláki-Duft auf den Straßen hatte uns hungrig, der Frappé wach gemacht. In Richtung Dorfende waren nicht mehr ganz so viele Menschen auf den Straßen unterwegs und dennoch fanden wir bei Perikles zunächst keinen freien Platz. In der Küche herrschte ein hektisches Treiben, an den Tischen wurde lautstark diskutiert und fröhlich gefeixt, während Perikles umhereilend einen Tisch nach dem anderen mit Wein und Essen bediente. Irgendwie brachte er es nebenbei fertig, zwei zusätzliche Tische aus der Taverne zu zaubern, die er für uns in den letzten freien Winkel der Terrasse stellte. Wir waren nun zu acht. Thomas, ebenfalls ein ehemaliger Schüler Stefans, verbrachte mit seiner Freundin auch seinen Urlaub in Toló und so hatten wir eine schöne παρέα (paréa – eine Gesellschaft) zusammen. Wir fühlten uns fast griechisch in dieser so typisch hellenischen Essensrunde, die nun hungrig darauf wartete, dass Perikles kommen und die Bestellung aufnehmen würde. Stefan erklärte uns unterdessen das allabendliche Ritual: »Die Griechen bestellen erstmal viele kleine Vorspeisen von denen dann alle gemeinsam probieren. So machen wir es auch.« Plötzlich erschien Perikles wie aus dem Nichts mit zwei Halbliter-Glaskaraffen und acht winzigen Gläschen. »Στην υγεία σας!« (Stin ijá sas), rief er uns noch zu und flitzte bereits zum nächsten Tisch. »Das hieß so viel wie Prost«, sagte Robin und Stefan ergänzte: »Wörtlich übersetzt heißt es Auf eure Gesundheit.« Dann erklärte er uns, dass es sich bei der hellgelben Flüssigkeit in den Karaffen um Retsína, einen griechischen Landwein handele, der mit Harz versetzt sei. »Er ist gewöhnungsbedürftig, aber wenn man sich erst daran gewöhnt hat, geht es«, ergänzte Uschi. »Perikles bekommt ihn direkt von einem befreundeten Winzer aus Neméa. Das ist eine der wichtigsten griechischen Weinregionen. Ihr seid daran vorbeigefahren, als ihr von Korinth Richtung Argos gefahren seid«, sagte Stefan, und goss uns allen etwas in die kleinen Gläschen, die wie winzige, nach unten leicht verengt zulaufende dorische Säulen aussahen. Durch ihre acht Kanneluren lagen die Säulchen extrem griffig in der Hand. Vor meinem geistigen Auge erschien der Parthenon und als ich den Duft des Weines roch, sah ich Diogenes in seinem Weinfass vor mir. »Perikles hat ein großes altes Holzfass in der Taverne. Der Retsína kommt direkt aus dem Fass«, sagte Stefan noch, dann prosteten wir uns zu. Kurz darauf prustete ich. Fast hätte ich mich an dem abscheulichen Zeug verschluckt, und an Finnes verzerrtem Gesicht erkannte ich, dass es ihm genauso ergangen war. »Ich sag doch, der Retsína ist gewöhnungsbedürftig«, sagte Uschi und lachte. Um es vorweg zu nehmen: Einige Tage später schmeckte der geharzte Wein dann auch Finne und mir.

Perikles setzte sich an eine Ecke unseres Tisches. Er hatte einen kleinen weißen Block und einen blauen Kugelschreiber dabei. »Τι θα φάτε?« (ti tha fáte), fragte er in die Runde. Was wollt ihr essen? Und dann zählte er auf, was seine Mutter heute gekocht hatte. Stefan übersetzte für uns. Eine Speisekarte gab es nicht. Man bestellte das, was es eben gab und auch ein Rundgang durch die Küche, um die Köpfe in die Töpfe zu stecken, sei völlig normal. An diesem Abend gab es Hühnchen in Tomatensoße, gefüllte Tomaten, Briam – ein Gemüseauflauf, Oktopus gekocht, gefüllte und überbackene Auberginen – so genannte Schühchen (παπουτσάκια – paputsákia), und Mousaká, der allseits bekannte Hackfleisch-Auberginenauflauf. »Außerdem gibt es manche Sachen, die es immer gibt, die frisch zubereitet werden«, sagte Stefan. »Patátes – frische handgeschnittene Pommes, Salate, Feta, gegrillte Koteletts und Souvláki-Spieße, Tzatzíki, Hackfleischbällchen, Kalamari und natürlich fangfrischen Fisch.« Mein ehemaliger Lehrer sah unsere überforderten Gesichter und bestellte daraufhin für uns alle gemeinsam, wie es sich in einer guten Paréa gehört. Wenig später brachte Perikles einen kleinen Teller nach dem anderen zu uns an den Tisch. Zwei Portionen Patátes, frittierte ganze Tintenfischchen, ein großer Bauernsalat, eine Portion Briám, ein Tellerchen Oliven, Tzatzíki, gefüllte Tomaten, Oktopus und dazu einen Korb mit einem halben angeschnittenen frischen Weißbrot mit Sesamkörnern. Der Duft der Speisen, der traumhafte Ausblick auf die im Mondlicht erstrahlende Bucht von Toló und die Atmosphäre auf der Terrasse waren berauschend. Zwischen den vielen kleinen Tellern, die Perikles zu uns brachte, hatte er immer wieder Gelegenheit, an den anderen Tischen mit den jungen weiblichen Gästen zu flirten oder mit älteren Damen zu kokettieren.

An diesem Abend probierte ich zum ersten Mal in meinem Leben Oktopus. Der Anblick des ganzen Beines mit seinen zahlreichen Saugnäpfen daran, war aufregend. Als ich den ersten Happen zum Mund führte kostete es mich eine gewisse Überwindung, doch als ich in das zarte feste Fleisch biss, war ich urplötzlich zu einem begeisterten Oktopusesser geworden. Es schmeckte traumhaft. Stefan bestellte noch das eine oder andere halbe Kilo Wein – Wein wird in Griechenland nach Kilo geordert – und wir genossen jeden Happen und unsere langen Gespräche über das Land der Hellenen. Und auch darüber, wie es eigentlich Stefan nach Toló verschlagen hatte: Als er 17 Jahre alt war, verbrachte er zusammen mit seiner Mutter einen Sommerurlaub in Griechenland. Mit dem Auto fuhren sie viel umher, besuchten archäologische Stätten und auch ein Besuch im Theater von Epidaurus sollte natürlich nicht fehlen. An einem Wochenende wollten sie sich eine Theateraufführung dort ansehen. Zu dieser Zeit musste man die Eintrittskarten für die Abendveranstaltungen bereits am Mittag lösen, was Stefan und seine Mutter dann auch taten. Nach dem Erwerb der Tickets verblieben ihnen noch reichlich Stunden Zeit bis zur Aufführung und so beschlossen sie, irgendwo im Meer zu baden. Von Toló hatte ihnen einmal irgendjemand erzählt, und da es nicht weit war, fuhren sie in den damals kleinen Fischerort. Sie landeten direkt in der Taverne von Aristidis Niotis. Sie badeten vor der Terrasse im Meer, aßen anschließend lecker zu Mittag und als sie sich noch salzig vom Bad im Meer wieder in die Kleidung zwängen wollten, bot ihnen Aristidis spontan an, die Duschen über der Taverne zu benutzen, die eigentlich für die Übernachtungsgäste da waren. Wenn Aristidis jemanden sympathisch fand, dann erlaubte er ihm oder ihr fast alles und seine Gastfreundschaft kannte keine Grenzen. Aber auch das genaue Gegenteil konnte der Fall sein. Wenn ihm nämlich jemand gar nicht gefiel, dann konnte es sogar vorkommen, dass derjenige nicht einmal etwas zu essen bekam. Wenn dann in der Küche die Töpfe voll waren und der Grillduft nach außen drang, sagte Aristidis einfach in stoischer Ruhe: »Tut mir leid, aber es ist alles für morgen vorbestellt.«

Wir waren heilfroh, dass Aristides auch uns scheinbar gut leiden konnte. Weit nach Mitternacht fielen wir todmüde und wohlig-satt in unsere Betten.

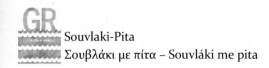

Souvlaki-Pita
Σουβλάκι με πίτα – Souvláki me pita

Zutaten:
200 g Schweinegulasch, 1 Zwiebel in Ringe geschnitten, 4 Kartoffeln, Salz, Pfeffer, 1 TL Thymian, 1 TL Oregano, Saft von ½ Zitrone, Senf, Ketchup, 4 Salatblätter, 1 EL gehackte Petersilie, 4 große Pitabrote, 1 Tasse Olivenöl, Holz- oder Metallspieße, Grill, Backpapier oder Butterbrotpapier.

Zubereitung:
In einer Schüssel Schweinefleisch mit etwas Zitronensaft, Salz, Pfeffer und der Hälfte des Thymian und Oregano mischen und leicht marinieren lassen. Fleischstücke auf 4 Spieße stecken und auf dem Grill von allen Seiten grillen. Warm halten. Pita von beiden Seiten fertig grillen.
Zwiebeln mit etwas Zitronensaft und Petersilie mischen und beiseite stellen. In einer kleinen Schüssel den übrigen Thymian, Oregano, Salz und Pfeffer mischen und als Würzmischung bereithalten.
Kartoffeln schälen, zu Pommes Frites schneiden und abtrocknen. In einem tiefen Topf das Olivenöl erhitzen und die Pommes Frites gold-gelb backen. Auf Küchenpapier abtropfen lassen und mit der Würzmischung salzen.
Je eine gegrillte Pita auf Backpapier legen und mit einem Souvláki belegen. Dabei den Spieß entfernen. Mit den vorbereiteten Zutaten garnieren: Salatblatt, Zwiebeln, Pommes, Senf, Ketchup und mit der Würzmischung salzen. Pita mit Hilfe des Backpapiers fest umwickeln, so dass eine runde Tasche entsteht. Backpapier zur Hälfte einreissen, die Souvláki-Pita auf einen Teller setzen, restliche Pommes und Zutaten auf dem Teller anrichten und servieren.

Tipp:
Das Backpapier dient zum Halten, man schiebt das Papier immer wieder nach unten um mit dem Mund an den Inhalt zu gelangen.
Bei den »Psistaríes« bekommt man Souvláki me Pita oder Souvláki me psomáki (Souvláki mit Brötchen). Sollten Sie keine Pita parat haben, be-

reiten Sie die Souvláki in länglichen weichen Brötchen. Reichen Sie Tsatzíki oder Chtipití dazu. Mit einem Glas kalten Retsína ist das Essen und das Gefühl in Griechenland zu sein perfekt.

4

Athen-Toló mit KTEL & Co.

Im Herbst 1993, nur wenige Wochen nachdem wir von unserem ersten Griechenlandurlaub zurückgekehrt waren, verspürte ich eine grenzenlose Lust, auch im folgenden Jahr wieder nach Toló zu reisen. Als ich in die konkretere Ferienplanung einstieg, musste ich entsetzt feststellen, dass keiner meiner Freunde im September 1994 Zeit hatte, zu verreisen. Ich hingegen konnte nur genau in diesem Monat. Enttäuscht überlegte ich lange hin und her. Als 19-Jähriger verreist so mancher ungern allein. Für mich wäre es zudem das erste Mal gewesen. Doch da mich das Toló-Fieber bereits gepackt hatte, fragte ich Stefan, ob er Perikles anrufen und fragen könne, ob er für drei Wochen ein Zimmer für mich hätte. »Selbstverständlich«, war die Antwort, und so buchte ich mir einen Flug nach Athen. Noch nie zuvor war ich in der griechischen Hauptstadt gewesen, aber ich verließ mich wieder einmal auf Stefans Anreise-Tipps. Diesmal hatte mir mein ehemaliger Lehrer nicht einmal einen Zettel zugesteckt. In Gedanken ging ich mehrmals durch, was er mir geraten hatte: Ich sollte vom Flughafen den Bus in Richtung Stadtzentrum nehmen. Am Omónia-Platz würde irgendwo ein Bus zum Peloponnes-Busbahnhof abfahren, von wo ich dann mit dem Überlandbus der KTEL nach Náfplion fahren sollte. Von Náfplion, der ersten Hauptstadt Griechenlands, führe dann schließlich ein Bus nach Toló.

Das Ganze klang einfach und so merkte ich mir nur »Omónia«, die Nummer des Busses der von dort weiterfahren sollte und das Wort für Busbahnhof, »Stathmós Leoforíon«, zu dem mich die Linie 051 bringen würde. Der Rest wäre ein Klacks. Aber als ich am hoffnungslos überfüllten alten Flughafen von Athen ankam, fragte ich mich, ob ich überhaupt jemals das Gebäude verlassen würde. Der seit 1938 in Betrieb befindliche staatliche Flughafen, der erst im Jahr 2001 durch einen neuen, deutlich größeren ersetzt wurde, war in die Jahre gekommen und nicht erst im Jahr 1994 viel zu klein. Erst nach über zwei Stunden hielt ich in einem chaotischen Durcheinander an den Gepäckausgabebändern meine Reisetasche in den Händen. Der Ausweg aus der Ankunftshalle war schon eine Tortur, aber als ich ins Freie trat, schlug der griechische Sommer erbarmungslos zu. Es war zwar September, aber das hinderte das Klima nicht daran im Hochsommermodus zu verharren. Bereits am Vormittag zeigte das Thermometer knapp 40 Grad. Zwei Soldaten in kompletten Kampfanzügen und mit Maschinengewehren im Anschlag patrouillierten vor dem Flughafengebäude. Alleine ihr Anblick lies den Schweiß nicht nur aus meinen Stirnporen fließen. Schräg gegenüber auf dem Parkplatz stand ein kleines Panzerfahrzeug der Armee. Ich war zugegebenerweise etwas eingeschüchtert. Die Griechen legten offenbar großen Wert auf Sicherheit und fürchteten scheinbar selbst in der größten Sommerhitze stets einen türkischen Angriff. Mir erschien das etwas übertrieben und ich besann mich lieber auf das Wesentliche.

Nach kurzem Suchen fand ich eine Bushaltestelle und auf meine in Englisch an eine ältere Dame gerichtete Frage, ob der Bus nach Omónia fahren würde, drehten sich etwa fünfzehn Personen um, die mir alle zeitgleich und wild durcheinander gestikulierend bestätigten, dass ich auf dem richtigen Weg sei.

»Ne, ne, ne Omónia.«

Gut, dass ich mich sofort daran erinnerte, dass das griechische ναι (ne) ja bedeutet.

»Yes, this bus goes to the Syntagma-Square.« »To the city centre, of course!« Die unterschiedlichen Ortsangaben verwirrten mich zwar, dennoch stieg ich in den gut gefüllten Bus, dessen Ziel ja offenbar das Stadtzentrum sein musste. Es war heiß und stickig, Klimaanlagen hatten damals nur wenige Busse. Meiner jedenfalls nicht. Am Syntagma-Platz, neben dem Parlamentsgebäude, wurde das Gedränge im alten gelben Omnibus noch hektischer. Touristen stiegen ebenso ein und aus, wie zahlreiche Einheimische. Einige der am Flughafen mit mir eingestiegenen Griechen riefen mir nun wieder etwas zu. Ich müsse hier umsteigen, verstand ich. Und so wechselte ich kurzerhand von einem alten gelben Bus in einen anderen, der nur wenige Minuten später an derselben Haltestelle abfuhr. Bis Omónia waren es nur wenige Haltestellen, trotzdem dauerte es durch den Dauerstau im Athener Zentrum eine gefühlte Ewigkeit. Diesmal war es der freundliche Busfahrer, der mir kurz vor meinem Ziel Bescheid gab: »An der nächsten Haltestelle musst du raus. Schönen Tag und gute Reise!« So stand ich Stunden nach meiner Ankunft in Athen endlich am Omónia-Platz. Durchgeschwitzt, durstig und hungrig. An dem zentralen Platz des alten Athener Stadtzentrums wimmelte es nur so von Menschen jeden Alters und jeder erdenklichen Hautfarbe. Fliegende Händler boten Uhren feil, an kleinen Ständen wurden Sonnenbrillen, Ledergürtel, Fußballtrikots oder Sesamkringel verkauft und am Straßenrand des Kreisverkehrs reckten verzweifelt Fußgänger Hände in die Höhe, mit denen sie versuchten, eines der unzähligen vorbeieilenden gelben Athener Taxis anzuhalten. In diesem Tumult landete ich mit meiner viel zu schweren Tasche. Angesichts der Temperaturen war die rollenlose Reisetasche verflucht schwer zu schleppen. Vermutlich war es ein Grieche, der die damals noch kaum verbreiteten rollbaren Trolley-Koffer erfunden hatte. Ich schwitzte, und nun begann die Suche nach dem Bus der Linie 051. Nachdem ich einmal um den gesamten Platz gelaufen war und an keiner der zahlreichen Haltestellen einen Hinweis auf die richtige Linie gefunden hatte, blieb mir nichts anderes übrig, als zu fragen. Irgendwann gelang es mir einen älteren Herrn zu finden, der den Bus zum Busbahnhof kannte. Die Haltestelle sei aber nicht direkt am Omónia-Platz, erfuhr ich von ihm. »Sie müssen hier vorne die Hauptstraße hinab und dann an der dritten Straße nach links abbiegen.« Ich bedankte mich bei dem freundlichen Herrn, verfluchte mein Reisegepäck und schleppte mich weiter durch die Athener Hitze. Tatsächlich fand ich die Haltestelle, musste aber noch eine ganze Weile auf den nächsten Bus warten. An einem Períptero, einem der unzähligen Kioske am Straßenrand, kaufte ich mir eine Flasche Wasser, die ich in einem Schluck leerte. Als sich schließlich der Bus näherte, bekam ich Sorge, dass ich meine Weiterfahrt ohne meine verdammte Tasche antreten müsste. Denn im Inneren des alten blau-weißen MAN-Gefährts standen Menschen dicht aneinander gedrängt. Es gelang mir dann doch irgendwie einen Stehplatz für mich und meine Tasche zu ergattern, der genau unter einem Haltegriff einem schmalen Menschen knapp Platz bot. Instinktiv griff ich, als der Bus anfuhr, mit meiner schwitzigen Hand nach der porösen Plastikschlaufe. Etwa dreißig von ihnen mochte es in dem Bus geben. Die allermeisten waren frei und baumelten von einer Längsstange herab über den vielen Köpfen der Insassen. Als meine Hand in die Schlaufe glitschte, wurde mir bewusst, warum niemand außer mir und der uralten Frau neben mir sich daran festhalten wollte. Ein schlüpfrig-klebriges Gefühl wie es nur Generationen getrockneter Schweißschichten auf uraltem, porösem Plastik verursachen können. Mit einem Schlag war meine völlig durchgeschwitzte Kleidung an meinem erschöpften Körper nur noch ein Nebenproblem. Wie angewurzelt stand ich nun stocksteif im Gedränge des Busses, blickte zuerst auf meine Hand, dann auf diejenige, die in der Nachbarschlaufe verkrallt war. Sie gehörte zu der etwa 80-jährigen Frau neben mir, die sich krampfhaft daran festhielt, obwohl ein Umfallen im Bus aufgrund der Menschenmenge schlichtweg unmöglich war. Ein unangenehmer Geruch drang in meine Nase. Alter Schweiß mit einer Nuance Knoblauch und einem Hauch alten Tabakqualms, der sich in selten gewaschener Kleidung sammelt. Mein Blick wanderte den altersfleckigen Arm der Alten hinab und in der freien Achselhöhle sah ich einen dichten, altersgrauen Haarbüschel. Mitten im Leben, ging es mir durch den Kopf, und gleichzeitig so kurz davor aus demselben zu treten. Während mir der Schweiß auf der Stirn stand und über den Rücken in die Unterhose tropfte, blieb die alte Frau neben mir völlig trocken. Keine einzige Schweißperle war zu sehen, obwohl sich der Geruch desselben im Bus beißend ausgebreitet hatte. Die Frau guckte nun gutmütig und gelassen zu mir. Sie lächelte und es sah so aus, als wollte sie sagen: »Ach mein Junge, es sind doch nur noch zwei Haltestellen. Halte durch!« Und in der Tat, ich überlebte, und am Busbahnhof fiel ich halb bewusstlos fast aufs Pflaster.

Mit letzter Kraft wankte ich ins klimatisierte alte Gebäude der KTEL, der griechischen Überlandbusgesellschaft. In der Halle blickte ich auf gut und gerne zwanzig bis dreißig Ticketschalter. Über den kleinen Glaskabinen war jeweils ein Schild mit einem Stadtnamen angebracht. Mit den

Überlandbussen, die seit den 50er-Jahren ganz Griechenland befahren und seit 1973 als Gemeinschaftsunternehmen KTEL firmieren, erreichte man fast jede Ecke des Landes. Dennoch war ich angesichts der vielen Ortsnamen beeindruckt. Ich hatte den Schalter mit der Überschrift »Náfplion« bereits beim Eintreten gesehen. Und ich war überrascht, dass scheinbar für jede Destination ein eigener Fahrkartenschalter vorgehalten wurde. Hinter den allermeisten langweilten sich augenscheinlich die Angestellten. Ich hingegen reihte mich in die Schlange derjenigen ein, die nach Náfplion oder Argos wollten. Stündlich fuhren die Busse ab. Als ich an der Reihe war, war noch eine gute halbe Stunde Zeit bis zur Abfahrt des Busses. Auf Englisch bestellte ich einen Fahrschein nach Náfplion und war erstens überrascht, wie preiswert das Ticket war und zweitens wie unproblematisch es mir gelungen war es zu kaufen. Die Dame hinter dem Tresen druckte mir einen blau-weißen länglichen Fahrschein aus, auf dem das Ziel, eine Sitzplatznummer und die Abfahrtszeit angegeben waren. Ich stutzte beim Anblick der aufgedruckten Abfahrtszeit. Schnell wendete ich mich wieder der Schalterdame zu.

»Ich wollte mit dem Bus fahren, der in einer halben Stunde abfährt«, sagte ich zu ihr. Sie nickte wissend und antwortete:

»Ja, ich weiß, aber der Bus ist schon voll. Der nächste kommt dann in eineinhalb Stunden.«

Ich muss ein wenig verstört geguckt haben, denn die nächsten Wartenden in der Reihe schauten mich mitleidig an. Von den Strapazen der bisherigen Anreise gezeichnet und von der Hoffnung auf einen baldigen Bus enttäuscht, räumte ich schweren Mutes den Platz am Fahrkartenschalter. Im hinteren Teil des Busbahnhofgebäudes gab es neben einigen Verkaufsständen auch ein Café in Wartehallenatmosphäre par excellence, ein echtes griechisches Kafeníon eben. An den kleinen runden Kaffeehaustischen saßen Reisende neben ihren vollgepackten Taschen, Koffern, Kisten und Sperrgütern. Der gesamte Raum war in ein qualmiges blaugraues Licht getaucht. Hier schien jeder zu rauchen und der griechische Tabak der Marke Basmas für Zigaretten der Firmen Karelia und Co. vermochte einen besonders dichten Qualm zu erzeugen. Zwar war der Aufenthalt in dieser Räucherhöhle für einen Nichtraucher aufgrund des

Brennens in der Lunge nicht ganz optimal, dennoch faszinierte mich das Ambiente und ich holte mir an der langen Selbstbedienungstheke eine Tirópita und einen Frappé. Ich hatte im Vorjahr diese Kombination aus mit Feta gefüllten Blätterteigtaschen und dem herrlich frischen Eiskaffee liebgewonnen. Ich setzte mich mit meinem kleinen Mittagessen an einen der letzten freien Tische und beobachtete die rauchgeschwängerte Szenerie, als sich ein etwa 50-jähriger Grieche an meinen Tisch gesellte. Er sah mir offenbar an, dass ich Ausländer war und sprach mich daher auf Englisch an: »Wohin geht denn die Reise? Wo kommst du her? Wie war das Wetter bei euch dort oben? Zahlen sie gute Löhne in Europa? Schmeckt der Frappé? Kennst du dich mit Gartenarbeit aus? Von welchem Fußballverein bist du Fan?« Ein Fragengewitter ging auf mich nieder. Der Grieche war scheinbar in Frage- und Erzähllaune. Er sei ungelernter Arbeiter, schaffe als Gärtner und Hausmeister in den noblen Athener-Vororten und nun sei er auf dem Weg in sein Heimatdorf. Das alles und seine vermutlich fast vollständige Lebensgeschichte erfuhr ich, zwischen Tirópita und Frappé, innerhalb weniger Minuten, dann musste er los. Ich könne aber ruhig nochmal zur Toilette gehen, wenn ich müsse. Er würde dann auf meine Tasche aufpassen. Als misstrauischer Nordeuropäer würde man dieses Angebot aus Sicherheitsgründen natürlich ablehnen, ich fühlte mich jedoch dem Gärtner, meinem neuen griechischen Freund, in der Pflicht, der kurz zuvor ebenfalls im Keller bei den WCs gewesen war, während ich ein Auge auf sein Gepäck geworfen hatte. Im Übrigen konnte mir an diesem Tag eh nichts Schlimmes mehr passieren und Kostas war mir sympathisch. Ich eilte also zum Klo. In meinem Magen machte sich nun dennoch ein mulmiges Gefühl breit. Geld, Ausweis und Bustickets hatte ich zwar in der Hosentasche, aber was, wenn Kostas gar kein Gärtner sondern ein fixer Taschendieb wäre? Ich beeilte mich, in dem schlecht gekachelten und nach altem Urin miefenden Raum fertig zu werden. Flink wusch ich mir noch die Hände – Seife gab es keine, Papierhandtücher oder ähnliches ebenfalls nicht – und wollte mit nassen Händen gerade wieder die Treppe hinauf sprinten, als mir eine dicke Klofrau fröhlich lächelnd einige Blätter abgewickeltes Toilettenpapier in die Hände drückte. Offenbar war dies der übliche Handtuchersatz, denn die gute Frau hatte an ihrem kleinen Tisch gleich mehrere Stapel des grauen Zellstoffes für die handfeuchten Gäste vorbereitet. Von der Freundlichkeit beeindruckt, kramte ich einen 100-Drachmen-Schein hervor, legte ihn der Frau auf ihr Tellerchen und hätte dabei fast vergessen, dass ich mein Reisegepäck nach wie vor einem Fremden anvertraute. Gehetzt erreichte ich wieder das Tischchen, an dem Kostas weiterhin in aller Seelenruhe an seinem griechischen Kaffee nippte. »Schön dich kennengelernt zu haben, aber ich muss mich jetzt leider verabschieden. Mein Bus fährt in drei Minuten ab«, sagte Kostas und verschwand. Mit ihm mein Misstrauen. Natürlich hatte er nichts gestohlen, natürlich nicht einmal daran gedacht.

Eine gute halbe Stunde vor der planmäßigen Abfahrt meines Busses machte ich mich auf, den richtigen Abfahrtsplatz zu finden. Es wimmelte nur so von Bussen, die Athen in alle Himmelsrichtungen verließen. Menschen und Taxis drängten umher. Ein uralter Greis mit einer großen Sackkarre bot sich gegen Bezahlung an, die schweren Koffer der Reisenden zu den Bussen zu transportieren. Ich verzichtete auf seine Dienste und kaufte mir stattdessen Wasser. Noch im Kafeníon des Busbahnhofgebäudes hatte ich beobachtet, dass offenbar jeder griechische Busreisende mindestens eine 0,5 Liter Plastikflasche mit kaltem, stillem Mineralwasser kaufte, bevor er die Busreise antrat. Ich tat es ihnen nach. Fast so zielsicher wie ein Einheimischer überquerte ich den großen offenen Busabfahrtsplatz, der sich unter Wellblechdächern an das Busbahnhofgebäude anschloss. Am allerletzten Haltepunkt, direkt an der Ausfahrt, fand ich genau dort, wo Gärtner Kostas es mir erklärt hatte, das Schild mit dem Hinweis auf die Abfahrt nach Náfplion. Ein alter Mercedes-Benz Bus mit ansehnlichen Chromstoßstangen und -außenspiegeln stand bereits abfahrtbereit daneben. Ein grauhaariger älterer Herr, tadellos gekleidet, mit Anzughose, weit offenem gestärkten Hemd und Goldkettchen, saß unter dem Haltestellenschild. Vor ihm stapelten sich schätzungsweise fünfzig kleine Pakete und Päckchen; alle gut verschnürt. Ich sah mich um und begriff, dass man hier auch sein Gepäck verschicken konnte, ohne dass man selbst mitfahren musste. Ein geschickter, halbvollständiger Kurierdienst. Der ältere Mann, der scheinbar die Aufgabe eines Paketaufsehers hatte, fragte mich urplötzlich, wohin ich wolle. Als ich ihm mein Ziel nannte, antwortete er: »Setz dich, wir rufen wenn es los geht.« Und so hockte ich mich neben ihn auf die schmale Holzbank. Leute kamen, brachten und holten Pakete. Ich bestaunte das muntere Treiben. Eine alte Frau trug hektisch einen kleinen Umschlag heran und redete auf den Paketwart ein. Griechisch, ich verstand kein Wort. Als die Alte sichtlich beruhigt von dannen zog, erklärte mir der Paketwärter, der meinen fragenden Blick gesehen hatte, in gebrochenem Englisch, dass die Tochter der Frau übers Wochenende ans Meer gefahren sei, aber den Schlüssel für das Wochenendhaus vergessen hätte. Er lächelte und sagte: »Jetzt bringt ihn eben die KTEL.« Sie waren stolz auf ihr beliebtes Busunternehmen.

Irgendwann erschien unser Busfahrer und setzte sich mürrischen Blickes hinter das Steuer. Goldene Kreuze baumelten vom Rückspiegel, auf den Ablageflächen standen kleine Miniaturaltäre, Heiligenbildchen und Ikonen. Während ich noch, vor so viel Gläubigkeit überrascht, zum Fahrer blickte, erschien kurz darauf ein Gehilfe und öffnete die Kofferraumklappen auf beiden Seiten des Busses. Ein dritter Mann tauchte auf und rief laut: »Náfplio!« Die zahlreichen wartenden Passagiere brachten ihm ihre Taschen, die er eilig in der rechten Seite des Ladefachs verstaute. Ich reihte mich ein, und als ich dran war, stockte plötzlich die Verladefreude des KTEL-Mannes. »Argos?«, fragte er mich irritiert. »Náfplio«, sagte ich. Daraufhin bedeutete er mir, dass ich meine Tasche auf der linken Seite einladen lassen müsste. Ordnung muss eben sein! Linksseits des Busses erwartete mich und einige andere Touristen ein weiterer KTEL-Mann, der die Taschen nach Náfplion verstaute. Dann konnte es endlich losgehen. Beim Einstieg in den Reisebus forderte mich jetzt noch ein Fahrkartenkontrolleur auf, das Ticket vorzuzeigen. Er riss eine Hälfte ab, dann durfte ich im grün-beigefarbenen Gefährt mit den roten Plüschsitzen Platz nehmen. Inzwischen hatte ich natürlich vergessen, dass es zugewiesene Sitzplätze gab. Dies fiel erst auf, als sich der Bus bis fast auf den letzten Platz gefüllt hatte und eine große schwere Frau mit Plastiktüten in den Händen meinen Sitzplatz für sich beanspruchte. Die Frau, von einem langen Einkaufstag gezeichnet, wollte einfach nur noch sitzen und konnte es gar nicht verstehen, dass so ein Jungspund ihren Platz okkupierte. Eine gepflegte Konversation wollte so selbstverständlich nicht entstehen und so begann ein wuseliger Tumult. Denn natürlich war mein mir per Ticket zugewiesener Sitzplatz inzwischen ebenfalls anderweitig besetzt. Der darauf sitzende junge Mann wiederrum fand den seinigen ebenfalls belegt, genauso wie der dort Sitzende seinen und so weiter ... Ein Tohuwabohu an dessen Ende scheinbar alle Insassen, bis auf die Frau mit den Tüten, auf einem anderen Polster saßen. Ein weiterer KTEL-Mitarbeiter stieg nun zu und gab das Signal zur Abfahrt. »Φύγε« (Fige! – Gehe!) Mit einigen Minuten Verspätung und noch offen stehender vorderer Einstiegstür fuhren wir, nachdem sich der Fahrer vor einem seiner Heiligenbilder dreimal bekreuzigt hatte, schließlich ab, und nach nur wenigen Minuten steckte der Bus auf der stadtauswärts führenden Straße in Richtung Korinth in einem hupenden und abgasgeschwängerten Stau. Es war heiß und stickig. Eine Klimaanlage hatte der alte Reisebus deutscher Bauart nicht. Dafür ließen sich die kleinen Schiebefenster öffnen und heißer Fahrt- aber meistens staubedingter Standwind sorgte für eine winzige Erfrischung. Als wir nach über dreistündiger Fahrt endlich im 120 Kilometer entfernten Argos ankamen, wurde mir klar, warum das Reisegepäck links und rechts getrennt im Bus untergebracht wurde. Die enge Straße vor dem Busbahnhof in Argos war gerade einmal breit genug, damit die Ladeluke an der rechten Seite zum Bürgersteig hin geöffnet werden konnte. Jetzt musste alles schnell gehen, denn der Gegenverkehr kam nicht am Bus vorbei. Gehetzt sprangen diejenigen, die ihr Reiseziel erreicht hatten, aus, dann ging es auch schon weiter. Kurz darauf erreichten wir Náfplion, die Endhaltestelle. Dort war der Bus nach Toló leicht zu finden, doch ich musste eine weitere halbe Stunde auf seine Abfahrt warten. Doch schließlich gelang mir auch das, und am späten Nachmittag stieg ich auf der Sekeri-Straße gegenüber der alten Bäckerei aus. Ich war endlich wieder in Toló. Die letzten Meter die Straße hinab bis zur Taverne von Perikles waren nur noch ein Katzensprung und die Begrüßung dort euphorisch. An diesem Abend schlief ich früh und tief und fest.

Tiropitákia
Τυροπιτάκια

Zutaten:

500 g Blätterteig (TK oder frisch), 200 g zerbröckelter Feta, 100 g Joghurt,
2 Eier, 2 EL zerlassene Butter, 1 Eigelb zum bepinseln der Oberfläche

Zubereitung:

Blätterteig auftauen. In einer Schüssel Eier mit einer Gabel verquirlen,
Feta, Joghurt und Butter untermischen. Blätterteig dünn ausrollen und
mit Hilfe einer Tasse oder eines Glases Kreise von ca. 8-10 cm ausstecken.
Jedes Stück Blätterteig mit einem Löffel Fetamasse füllen, die Enden fal-
ten, mit einer Gabel festdrücken und so Halbmonde formen. Die Halbmonde auf ein mit Backpapier belegtes Blech setzen und mit Eigelb bepinseln. Im vorgeheizten Ofen bei 200 °C für ca. 30-35 Min fertigbacken.

5

Kleine Fische, große Fische – mit Tinte und ohne

Im Sommer 1994 hatte ich viel Zeit in Toló. Ich war alleine zu Perikles und seiner Familie gereist, um meinen Jahresurlaub bei ihnen zu verbringen. Perikles schuftete rund um die Uhr in der Taverne, das Geschäft boomte, und viele Touristen besuchten gerade zum Ende des Hochsommers die Peloponnes. Stefan hatte im Jahr zuvor eine kleine Segeljolle mit nach Toló gebracht, die ich nun täglich mehrere Stunden ausfuhr. Im Laufe des Vormittags nahmen die Winde regelmäßig zu, so dass die kleine Mayflower-Jolle zügig über die lange Bucht von Toló dahinglitt. Ich segelte und segelte. Einfach nur am Strand entlang, um die kleine Insel Koroníssi oder wenn es nicht zu windig war auch mal in einem längeren Schlag um die größere Insel Rómvi herum. In diesem Jahr perfektionierte ich das Einhandsegeln. Ich hatte Blasen an den Händen vom vielen Zerren an der Schot, doch das störte mich nicht. Es war einfach ein unbeschreibliches Gefühl, mit dem Rücken zur Küste auf der Bordwand sitzend, sich langsam nach hinten zu lehnen, kopfüber Toló an sich vorbeirauschen zu sehen und dann, wenn der Kopf nur noch knapp über der Wasseroberfläche bereits von der Gischt gestriffen wird, sich vollends hinauszulehnen. Der Moment, an dem der Kopf ruckartig ins Meer eintaucht, beschert die perfekte Erfrischung. Unbeschreiblich! In diesem Jahr lernte ich Vangelis aus Toló kennen. Auch er besaß eine kleine Segeljolle, war in etwa in meinem Alter und wohnte ganz in der Nähe der Tavérna To Néon. Fast täglich fuhr ich gegen ihn kleine Regatten vom Strand bis zur Insel Rómvi und zurück. Immer wieder hin und her. Wir wurden zu guten Freunden, der Wind, Vangelis und ich.

Während der Meltémi, der Sommerwind, um die Mittagszeit und am Nachmittag oftmals recht kräftig wurde, ließ er später regelmäßig deutlich nach. Am frühen Abend – oder späten Nachmittag, wie die Griechen diese Zeit nennen – kam dann die Zeit der Angler. Junge Burschen aus Toló angelten vom Strand oder von Tretbooten aus, Touristen versuchten es von den Bootsanlegern oder am Hafen. Da ich in meiner viel zu schweren Reisetasche auch eine kleine Angel und ein wenig Zubehör mitgeschleppt hatte, wollte ich natürlich auch versuchen, den einen oder anderen Fisch an den Haken zu locken. Perikles gab mir ein paar Tipps, wie ich mit wenig Aufwand erfolgreich sein würde. Ich sollte es vom Boot versuchen, als Köder schlug er Kalamaristücke vor und am besten würde ich einfach nur mit Schnur und Haken angeln. So saß ich wenig später in der Segeljolle und lies mich von der nachlassenden Brise des Meltémi hinaus aufs Meer schieben. An einer alten Boje legte ich an. Wie oft waren Vangelis und ich an dieser während einer unserer unzähligen Regatten vorbeigesegelt. Jetzt lag ich an ihr vor Anker. Das Segel flatterte nur noch zaghaft frei im Wind als ich meine Handangel, bestückt mit einem Bleigewicht, einem kleinen Haken und einem daran befestigten Stück Kalamaribeinchen, hinab ins tiefblaue Meer lies. Die Sonne stand bereits tief, doch sie war immer noch heiß genug um mir Schweißperlen auf die Stirn zu treiben. Aus meiner mitgebrachten 1,5 Liter Plastikwasserflasche trank ich beständig Schluck um Schluck, während unten am Haken regelmäßige, zaghafte Zupfer zu spüren waren. Es dauerte eine Weile, bis ich das erste kleine Fischchen ins Boot gezogen hatte. Ein etwa handlanges buntes Exemplar. Nachdem ich langsam begriffen hatte, in welchem Moment der Anhieb zu setzen war, folgten noch einige weitere. Doch plötzlich hing mein Haken irgendwo am Grund fest. Ich zog und zerrte. Nichts. Ich sorgte mich um die dünne Schnur und den schwachen Haken, zog sanft weiter. Nichts. Doch plötzlich zog die Schnur beharrlich und konstant langsam in die andere Richtung. Ich stutzte. Was sollte das? Eine seltsame Meeresströmung? Hatte ich mich irgendwo verfangen? Etwas zog und zog, und nun wurde ich neugierig und zog ebenfalls. Erst kräftig, dann kräftiger. Offenbar hatte ich mich in irgendetwas irre Schwerem verheddert, das am Grund gelegen haben musste. Vielleicht ein altes Tau? Langsam kam es höher. Doch nach zwei, drei Meter war Schluss. Nun ging es wieder abwärts! Verständnislos blickte ich ins dunkelblaue Meer. Es war zu tief um irgendwas am Grund zu erkennen. Also zog auch ich nun wieder. So ging es eine Weile hin und her. Zwei Meter nach oben, einer nach unten, zwei nach oben, drei nach unten. Meine Arme wurde zittrig. Die Spannung stieg. Was mochte da am Haken hängen? Längst hatte ich die Gewissheit, dass etwas höchst Lebendiges in der Tiefe sein Unwesen treiben musste. Doch was war dieses etwas, das sich so behäbig fortbewegte? Ich fühlte mich wie Fischer Santiago aus »Der alte Mann und das Meer«. Die dünne Schnur meiner Handangel drängte in meine, vom langen Segeln ohnehin rissigen, Handflächen. Dazu die Aufgeregtheit über das Unbekannte unter mir. Meine Arme zitterten nun deutlich und als ich nach einer Weile über die Bordwand meiner kleinen Viermeter-Jolle blickte, wäre ich vor Schreck beinahe ins Meer geplumpst. Nur noch drei, vier Meter unter mir zog ein scheinbar riesenhafter Tintenfisch meine Schnur in aller Seelenruhe wieder in Richtung Meeresboden. Noch nie hatte ich einen Oktopus am Haken, und dann gleich so einen Riesen. Er war nicht in Eile, aber gerade das machte mir Angst. »Der will doch nur spielen«, versuchte mir eine innere Stimme zur Contenance zurück zu verhelfen. »Schneid schnell die Schnur durch!«, rief mir mein Verstand zu. Was sollte ich tun? Ich saß in meiner Jolle, hatte lediglich ein winziges Messerchen dabei, das gerade groß genug war um die Köderstückchen zu zerteilen, und außerdem nur noch die inzwischen fast leere Plastikflasche meines Trinkwassers. Und nun? Doch für langes Überlegen blieb keine Zeit, denn der freundliche Spielgefährte unterhalb des Bootes zog nun wieder wie der Gegner beim Tauziehen. Und zwar so, als würde es um den Olympiasieg gehen. Mit meinem linken Bein stützte ich mich auf der Sitzbank in der Mitte des Bootes ab, um genug Kraft entgegensetzen zu können, als mir genau das die scheinbar rettende Idee brachte. Unterhalb der hölzernen Bank befanden sich zwei Plastikschubladen, beide jeweils so groß wie ein Bierkasten. Mit einer Hand zog ich die rechte Lade blitzartig auf, dann griffen beide Hände beherzt in die Angelschnur und zogen rekordverdächtig, während ich mich geschickt balancierend über die Bordwand lehnte. Nun ging alles blitzschnell. Ich sah in ein verdutztes Oktopusgesicht, zog noch einmal, mein Gegner durchschnitt die Wasseroberfläche, spritzte gleichzeitig eine gigantische Tintenwolke aus und ich blickte wieder in dunkles Meer. Diesmal so schwarz wie über einer tausend Meter tiefen Meeresspalte. Tintenschwarz. Doch über dem Wasser fegte der Kopffüßer in einem halbmondförmigen Bogen bereits kopfüber genau auf die offen stehende Schublade zu. Noch im Flug erblickte ich meinen Angelhaken im unteren Ende des einen Oktopus-Armes. Mein Gegner hing tatsächlich noch immer am Haken und plumpste so exakt in die vorbereitete Falle. In Windeseile schob ich die Lade zu, die Hände zitterten. Der Anblick des etwa einen Meter langen Ungetüms war gruselig. Mit schwächelnden Fingerspitzen löste ich die Jolle von der Boje. Nun hatte ich genügend Zeit, die Krake saß in der Falle. Dennoch wollte ich schnellstmöglich ans sichere Ufer segeln, wo ich mir fachmännische Hilfe von den befreundeten Fischern erhoffte. Die Mayflower bewegte sich, doch wie ich nun fand, viel zu langsam. Ich verfluchte gerade diesen schlappen Meltémi, als das schier Undenkbare geschah. Aus dem Augenwinkel sah ich noch, wie Vangelis am Ufer sein Segelboot für die Nacht festmachte. Doch dafür hatte ich schlagartig kein Interesse mehr, als ich bemerkte, wie sich die mit dem Oktopus gut gefüllte Schublade wie von Geisterhand langsam öffnete. Krampfhaft hielt ich mich an der Pinne fest, die die Mayflower Richtung Ufer steuerte. Zu langsam. Viel zu langsam. Zu schnell, viel zu schnell hingegen bewegte sich die Plastiklade. Mir stockte der Atem, als sich der Tintenfisch aus seinem Gefängnis wand, um sich mitten auf die Bank oberhalb seiner ehemaligen Falle zu setzen. Wie in einem animierten Comic breitete sich das Tier nun dort aus. Surreal, der glibbrige Körper im Abendsonnenlicht. Das ideale Motiv für ein Dalí-Meisterwerk. Acht ebenmäßig verteilte Oktopusbeine hingen ausgebreitet über die gesamte Sitzbank verteilt. Der Haken steckte noch immer im festen Fleisch des einen Armes. Der vom Kopf des Tieres aus gesehen erste linke Arm, etwa auf elf Uhr, griff nun in Zeitlupe zu dem Angelhaken, der im zweiten oder dritten rechten Arm auf etwa drei Uhr hing. Es folgte eine geschickte Bewegung, und »Quick«, fluppte der Haken aus dem muskulösen Arm. Ich bekam eine Gänsehaut. Blankes Entsetzen in meinem Blick. Der Greifarm, der den Haken gelöst hatte, hielt diesen erst in die Höhe gestreckt, dann schleuderte er ihn mitsamt Schnur zur Seite. Die Stimmung auf der Mayflower war angsterfüllt. Kurz schien mich der Oktopus auszulachen. In der Folge blickte mich mein vor kurzer Zeit noch so freundlich schauender Spielgefährte bösartig an und kam nun auf mich zu. Er stieg die Sitzbank herab und seine Saugnäpfe schoben ihn unaufhaltsam auf mich zu. Ein Albtraum. Ich hatte keine Ahnung, was ich nun tun sollte. Ich hörte das glippschende Gleiten der Saugnäpfe, sah, wie die Krake Reste ihrer Tinte hinter sich verschmierte und fühlte, wie sich mein Pulsschlag beschleunigte. Höchste Zeit, um mich in Sicherheit zu bringen. Reflexartig und in allerletzter aufbäumender Abwehrhaltung griff ich zu meinen Waffen. In der linken Hand lag nun schlagfertig die fast leere Plastikflasche und in der rechten das Messerchen, das in etwa so groß war, dass des Tintenfisches Arme es leicht sieben- bis achtmal würden umwickeln können. Noch einmal blickte ich zum Strand. Ihn zu erreichen, bevor mich mein Gegner erwürgt hätte, schien unmöglich. Auf der Terrasse von Perikles' Taverne sah ich Aristides, der, gemütlich den Kopf auf eine Hand gelehnt, beobachtete, was ich da im Segelboot tanzte. Als die Plastikflasche das erste Mal auf den Kopffüßer einschlug, vermutete ich, dass der Aufprallknall Aristides von seinem Korbstuhl fegen würde. Doch er blieb gelassen sitzen. Ebenso gelassen schien der Tintenfisch meinen Angriff wegzustecken. Er kam weiter auf mich zu, auch, als ich wieder und wieder mit meiner Plastikwaffe zuschlug. Kollege Saugnapfträger war zäh. Die Wirkungslosigkeit meiner Attacke veranlasste mich nun schwereres Geschütz aufzufahren und so schlug ich weiter mit links mit der Flasche, während meine rechte Hand zittrig versuchte, den Kraken waidmännisch zu töten. Mehr durch Zufall als durch Fachwissen, hatte ich die entscheidende Stelle erwischt. Ganz plötzlich zuckte das Tierchen ein letztes Mal auf, dann lag es leblos direkt vor meinen Füßen. Ungläubig starrte ich auf das Loch in seinem Kopf. Erst einige Jahre später führte mir Fischer Mítso vor, wie man Oktopusse blitzschnell und fachmännisch tötet: Mit einem Biss genau zwischen die Augen! Mein Messerchen hatte offenbar die richtige Stelle erwischt. Ich bin sicher, ich wäre auch niemals auf die Idee gekommen, meine Schneidezähne in den glibbrigen Tintenfischkörper zu rammen. Erleichtert setzte ich mich auf die Bordwand und schaute auf mein

Werk. So ähnlich musste sich auch der alte Santiago gefühlt haben, als er den riesengroßen Schwertfisch besiegt hatte. Erschöpft und ausgelaugt.

Als ich einige Minuten später, immer noch mit zittrigen Beinen, die Segeljolle am Ufer festmachte, erblickte ich zuerst den tiefenentspannten Aristides, der immer noch auf seinem Korbstuhl saß. Er blickte zu mir herüber, drehte seine Hand um 180 Grad und zog die Augenbrauen hoch. Die typisch fragende Geste. Es sollte wohl bedeuten: »Na, hast du was gefangen?« Oder: »Wieso so zittrig, kleiner Freund?« Nun griff ich zum noch im Boot liegenden Oktopus. Ich zog ihn vom Plastikboden ab und seine Saugnäpfe lösten sich einer nach dem anderen lautstark: »Plopp-plopp-plopp-plopp-plopp ...«

»Ωραίο οχταπόδι - Μπράβω!« (Oréo ochtapódi – Bravo!), rief Aristides mir zu, »ein schöner Oktopus – gut gemacht!« Dann senkte er seinen Kopf wieder auf seine Hand. Der Ellbogen lässig auf dem Tisch mit der blau-weißen Tischdecke aufgestützt. Ich hielt den Oktopus vor meiner Brust am ausgestreckten Arm. Er reichte mir bis zu den Knien. Das Tier war vom Scheitel bis zu den Beinenden gut einen Meter lang. Staunende Touristen blieben mit aufgerissenen Mündern stehen, als ich über den schmalen Strand zur Terrasse hinüberging um Aristides zu fragen, was ich denn nun mit diesem Tierchen machen sollte.

»Zuerst musst du ihn klopfen. Wirf ihn mindestens einhundert Mal auf den großen Stein dort. Aber feste!« Und so klatschte ich den Kopffüßer immer wieder mit vollem Schwung auf den Stein. Wie ein ausgeleiertes Gummiband wurden seine Beine immer länger. Die kraftraubende Arbeit dauerte eine Weile. Ich zählte ordnungsgemäß bis einhundert, dann hielt ich stolz den jetzt noch längeren Oktopus vor Aristides in die Höhe.

»Hmmm, er ist sehr groß. Du musst ihn bestimmt noch fünfzig Mal klopfen, damit er richtig weich wird.« Ich blickte Aristides erschöpft an.

»Nun mach schon. Er wird sonst beim Kochen nicht zart.«

Und also schleuderte ich ihn weiter und weiter, noch fünfzig Mal auf den großen Stein. Schließlich war Aristides zufrieden.

»Jetzt nimmst du dir eine Plastiktüte und füllst sie mit Meerwasser. Dann tust du den Oktopus da rein und bewegst ihn schwungvoll im Wasser eine viertel Stunde immer hin und her«, sagte Aristides. »Los, mach schon!«, ergänzte er zielstrebig. Und ich tat, was mir befohlen. Schon nach kurzer Zeit schaukelte der Tintenfisch in einem Meerwasserschaum in meiner Tüte hin und her. Meine Arme wurden lahm. Dennoch musste ich weitermachen und nach einer Weile das schmuddelige Wasser wechseln. Irgendwann beugte sich Aristides über die Tüte und nickte zustimmend. Das Wasser war bereits wieder schaumig geschüttelt und der Oktopus hatte jetzt eine rötliche Färbung angenommen.

»Hier, sieh!«, sagte Aristides und griff sich den Tintenfisch. Er hielt ihn an zwei Beinen in die Höhe, griff zum Ansatz zweier Beine am Körper. »Wenn du hier an der Stelle die Beine ohne viel Kraft aufzuwenden einreißen kannst, dann ist er richtig geklopft.« Dann zog er zart und die zwei Beine rissen am Körper sanft ein. »Genau richtig!« Opa Aristides blickte zufrieden. »Leg ihn in den Kühlschrank. Wir kochen ihn morgen«, sagte er noch, dann setzte er sich wieder in gewohnter Haltung an seinen Tisch und blickte aufs Meer, während die Sonne allmählich hinter den Bergen verschwand und die Bucht von Toló in ein zauberhaftes Oktopusrot tauchte. In dieser Nacht schlief ich tief und fest. Der Tintenfisch hatte mich erschöpft.

Am nächsten Tag traf ich wieder Vangelis zum Segeln. Wir fuhren in unseren Booten um die Wette, immer zwischen Strand und der Insel Rómvi hin und her. Ich hatte Vangelis vom Oktopus erzählt und er war begeistert. Jedes Mal wenn wir an der Boje vorbeisegelten, an der ich am Vortag geangelt hatte, sah ich wieder das Bild vor Augen, wie sich das clevere Tierchen eigenständig den Angelhaken aus dem Arm gepuhlt hatte. Vangelis gewann jede Wettfahrt. Ich denke, ich konnte mich an diesem Tag nicht so recht aufs Segeln konzentrieren. Und ich konnte mich auch nicht dazu hinreißen lassen, den Kopf während voller Fahrt rittlings ins Wasser einzutauchen. Zu präsent war der riesenhafte Kopffüßer aus den Tiefen des Meeres, den wir am Abend mit Freunden verspeisen würden.

Während wir segelten, kochte Vagelió in der Tavernenküche bereits die Krake in Weißweinsud. Ein großer Topf war nötig, es würde eine ordentliche Mahlzeit für Viele werden. Als wir in großer Gesellschaft am

Abend genau an dem Tisch saßen, von dem aus mir Aristides beim Angeln zugesehen hatte, erzählte ich noch einmal die aufregende Geschichte
meines ersten Oktopus. Als Perikles die perfekt gekochten Beine, mit
Olivenöl und Essig beträufelt und mit Oregano garniert, servierte, breitete
sich der Duft rasend schnell auf der Terrasse aus. Eine Köstlichkeit, die
uns förmlich auf der Zunge zerging. An diesem Abend bin ich zu einem
großen Fan von Oktopus geworden. Dazu ein Gläschen Ouzo mit Eiswürfeln und einem Schuss frischem Quellwasser. Und in der Ecke der Terrasse saß Opa Aristides, den Kopf in die Hand gestützt und blickte gedankenverloren auf sein Meer, das im Mondschein vor ihm glitzerte.

Gegrillter Oktopus mit Reissalat
Οχταπόδι στη σχάρα με ριζοσαλάτα - Ochtapódi sti schára me risosaláta

Zutaten:
Für den Reissalat: 2 Tassen Reis, 2 kleingeschnittene Frühlingszwiebeln, 2 EL Kapern, ½ Tasse kleingeschnittene grüne Oliven, 1 Tasse kleingeschnittene grüne Paprika, 1 Tasse kleingeschnittene Kräuter (Petersilie, Dill, Koriander, Minze, Basilikum), Salz, Pfeffer, 1 TL Senf, Saft von 1 Zitrone, ½ Tasse Olivenöl, 3 EL Weißwein
1 mittelgroßer Oktopus, 1 Tasse Essig, 2 Lorbeerblätter, Salz, einige Pfefferkörner
Für die Vinaigrette: 1 Tasse Olivenöl, Saft von 1 Zitrone, Salz, Pfeffer, 1 EL Oregano

Zubereitung:
Reis in reichlich Salzwasser bissfest kochen, abgießen, mit kaltem Wasser abschrecken und abtropfen lassen. In einer großen Schüssel Senf, Zitronensaft, Olivenöl, Salz, Pfeffer und Weißwein zu einer Vinaigrette schlagen. Frühlingszwiebeln, Kapern, Oliven, Paprika, Kräuter und Reis dazugeben und alles gut mischen. Im Kühlschrank mindestens 1 Stunde ziehen lassen. Eventuell nachwürzen.
Oktopus säubern, abspülen und in Arme und Körper zerlegen. In einen Topf mit Salzwasser, Lorbeerblättern, Pfefferkörnern und Essig fügen und bei starker Hitze ca. 1 Stunde gar kochen. Die Oktopusteile mit kaltem Wasser abspülen und abtropfen lassen. Für die Vinaigrette alle Zutaten miteinander gut umrühren.
Grill vorbereiten, bei schwache Hitze alle Okopusteile grillen, auf eine Platte legen und mit einigen Löffeln Vinaigrette beträufeln. Restliche Vinaigrette auf den Tisch stellen. Reichen Sie dazu den Reissalat und ein Gläschen Ouzo.

6

Käpt'n Stavros auf großer Fahrt

Gleich in den ersten Jahren meiner regelmäßigen Toló-Urlaube lernte ich eine der schillerndsten Persönlichkeiten kennen. Die Rede ist von Stavros, genannt Καπετάνιε (Kapetánje – Käpt'n). Und das kam so:

Stavros kam 1930 in Piräus zur Welt. Die Hafenstadt von Athen war damals das griechische Tor zur Welt. Fünf Jahre zuvor wurde der Fußballclub Olympiakos Piräus gegründet, der aufstrebende Hafen boomte. Doch dann kam der Zweite Weltkrieg und die Lage wurde dramatisch. Stavros' Eltern emigrierten in die USA. Dort machte Stavros eine typisch amerikanische Karriere: Vom Flüchtlingskind, über den legendären Tellerwäscher, bis hin zum Restaurantbesitzer. Aus Stavros wurde Steve, ein waschechter, immer gut gelaunter Amerikaner, der es mit seinem Filótimo, dem echten griechischen Lebensgefühl, zum sicher beliebtesten Griechen Bostons brachte. Jahre später erzählte er mir in Toló: »Ich fühlte mich immer wohl in Boston, in Amerika. Aber ich hatte auch immer diesen einen Traum. Ich wollte einmal alleine nach Hause fahren. Mit meinem Segelboot!«

Schließlich hatte er sich 1990 eben diesen Traum erfüllt. Er verkaufte sein Restaurant, das Theo's Place. Er hatte genug gearbeitet. Zeit, das Rentnerleben zu genießen. Er erstand eine gebrauchte 11 Meter Segeljacht, taufte sie Theo's Place II, und stach von der Ostküste der USA aus in See. Alleine!

»Ich habe gar keinen Segelschein«, hat Stavros mir einige Jahre später erzählt, als wir auf einem unserer vielen gemeinsamen Törns rund um Toló waren. Ich war baff. Aber, nein, er brauchte auch keinen Führerschein, er konnte segeln. Er hatte es sich selbst beigebracht, und er kannte seine Jacht in- und auswendig. Zudem glaubte er an Gott und war der größte Optimist, dem ich jemals begegnet bin. Das war auch gut so. Ich erinnere mich noch gut an einen Abend Ende der 90'er Jahre, als wir auf Perikles' Terrasse saßen und mit zwei Bekannten zu Abend aßen. Einer der beiden war Kapitän eines riesigen Öltankers, und er hielt den kleinen, etwas rundlichen Käpt'n Stavros für ein wenig verrückt. Alleine in einer Nussschale über den Atlantik? Das grenzte an Selbstmord! Doch Stavros lachte nur sein herzlich positives Lachen, mit weit geöffnetem Mund und in den Nacken geworfenem Kopf.

Selbstverständlich hatten die zwei Seebären jede Menge Themen rund um die Schifffahrt zu besprechen. Als das Gespräch auf Seenotsignale überging, wurde es plötzlich auch für Leichtmatrosen interessant. Der Tankerkapitän fragte Stavros, ob er denn wenigstens Signalraketen für den Seenotfall dabei gehabt hätte. »Ja, natürlich«, antwortete Stavros pflichtbewusst. »Ich hatte eine Signalpistole dabei.«

»Welche Marke?«, wollte der Tankerkapitän wissen, und Stavros gab bereitwillig Auskunft. »Nein«, reagierte der Tankerkapitän, »ich meine für die offene See!«

»Ja, ich habe doch gesagt, dass ich diese Pistole dabei hatte«, wiederholte Stavros.

»Aber ich will wissen, was du auf dem offenen Atlantik im Seenotfall benutzt hättest.« Woraufhin Stavros noch einmal die exakte Typenbezeichnung seiner Signalpistole wiederholte. Der Tankerkapitän schien der Verzweiflung nahe: »Ja ja, ich habe schon verstanden, das war deine Signalpistole fürs Binnengewässer. Aber was hattest du für den großen Teich an Bord?« Nun stutzte Stavros kurz. Dann antwortete er zögerlich: »Ich hatte *nur* diese Pistole an Bord.«

»Was?« Dem Tankerkapitän fiel seine Gabel aus der Hand. Er saß mit offenem Mund und weit aufgerissenen Augen sprachlos am Tisch. Er starrte ungläubig zu Stavros hinüber, musterte ihn scharf, so als wollte er sagen: »Der muss tatsächlich verrückt sein.« Stavros schien verunsichert. »Ich hatte wirklich nur diese eine Pistole dabei«, sagte er ungekannt schüchtern und zaghaft. »Was stimmt damit nicht?«

Der Tankerkapitän schnappte wie ein Fisch auf dem Trockenen mehrfach nach Luft, dann fing er sich wieder und antwortete: »Das ist für Binnengewässer. Das Ding kannst du auf einem Kanal benutzen, nicht aber auf offener See. Wenn ich auf meiner Brücke stehe und nach vorne blicke, würde das Notsignal nicht einmal in Sichtweite kommen. Es steigt nicht hoch genug. Du brauchst diese Fallschirmraketen, die sind hell genug und steigen weit genug auf. Dich mit deiner Pistole hätte mein Tanker ungesehen versenkt.«

Stavros schaute kurz, als sei ihm etwas mulmig zumute. Kleine Schweißperlen glitzerten auf seiner haarlosen hohen Stirn. Doch dann lachte er plötzlich wieder sein ansteckendes, sehr lautes und herzliches Lachen. »Ist ja nichts passiert. Thank God! Gott sei Dank!« Und dann prosteten wir uns alle mit den kleinen halb gefüllten Retsína gläsern zu. »Στην υγεία μας!« (stin ijiá mas – Auf unsere Gesundheit!) Es wurde ein langer, lebenslustiger Abend.

Von solchen feucht-fröhlichen Runden gab es viele. Käpt'n Stavros verstand es immer für gute Laune zu sorgen. Nie habe ich ihn traurig gesehen. Immer lächelte der kleine, kräftige Amerikano-Grieche mit dem strammen Bäuchlein, und abends holte er oft sein Akkordeon vom Schiff. Meistens nur zu Beginn des Sommers, denn nach einigen Tagen des Hin- und Herbringens mit dem kleinen Ruderboot, seinem Dingi, wurde dies Stavros zu mühselig und er ließ die Quetschkommode bis in den Herbst hinein in Perikles' Taverne, von wo aus sie schneller für einen spontanen Liederabend hervorgeholt werden konnte.

Die Wintermonate verbrachte Stavros nach wie vor in Boston. Im Frühjahr kam er jetzt allerdings regelmäßig nach Griechenland, holte seine Jacht aus dem Winterlager und positionierte sie rund einhundert Meter direkt vor der Tavérna To Néon an einer selbst verankerten Boje im Meer, wo sie bis zum Herbst seine Sommerresidenz bildete. Jahrelang spielte er an unzähligen lauen Sommerabenden griechische Volkslieder auf der Terrasse der Taverne, und hin und wieder auch mal einen amerikanischen Song. Die hellenischen überwogen jedoch deutlich. In immer wechselnden lustigen Runden spielte das Akkordeon wie von Geisterhand geführt und Stavros sang aus voller Kehle und hüpfte schwungvoll über den glatten Marmorboden. Als ich irgendwann als Familienvater mit den

Kindern nach Toló reiste, waren die Jungs begeistert vom Käpt`n. Sie wurden in den wenigen Wochen des Sommerurlaubs regelmäßig mit Τα παιδιά του Πειραιά (Ta pediá tu Pireá – Die Kinder von Piräus), beschallt. »Ein Schiff wird kommen«, die Original griechische Version. »Wo ich auch suche, kein anderer Hafen hat mich so verrückt gemacht wie Piräus.« Oder war es vielleicht doch Toló?

Auch Perikles' Sohn Aristides war begeistert von Stavros' Akkordeonkünsten. So eiferte er ihm schnell nach und wurde bereits in jungen Jahren einer der besten Akkordeonspieler Europas. »Και ένα, και δύο, και τρία, και τέσσερα παιδιά! (ke ena, ke dio, ke tria, ke téssera pediá!)« Ich höre Stavros' Gesang noch heute so lebendig, als habe er erst gestern für uns gespielt: »Und eins, und zwei, und drei, und vier Kinder ...!« Auch Aristides spielt es heute. Und Nana Mouskouri singt auf Deutsch: »Ein Schiff wird kommen, und das bringt mir den einen, den ich so lieb wie keinen, und der mich glücklich macht ...!«

Perikles konnte sich noch gut daran erinnern, wie er den Käpt'n kennenlernte. Der »verrückte Grieche«, der ganz alleine mit seinem Segelboot von Amerika nach Hause segelte, war 1990 natürlich eines der spannendsten Themen für die naturgemäß stolzen Griechen und ihre Medien. Voller Pathos berichteten die Fernsehsender und Zeitungen von dem verlorenen Sohn, der sein Glück in Amerika gefunden hatte, den es nun aber wie magisch in die Heimat zog. Wahrscheinlich hatte im Sommer 1990 jeder Grieche von ihm gehört. Nach seiner glücklichen Atlantiküberquerung musste er in der Straße von Gibraltar nur noch schnell vor modernen Piraten flüchten, dann hatte er es fast geschafft. Sein Ziel, Piräus vor Augen, segelte er zielstrebig und zügig weiter. Sein zur Neige gehender Wasservorrat machte ihm jedoch einen Strich durch die Rechnung. So in Wasserknappheit, war Stavros gezwungen, schon vor Piräus an Land zu gehen. Er ankerte ausgerechnet in der Bucht von Toló, ausgerechnet direkt vor der Tavérna To Néon. Mit seinem rot-weißen Dingi und dem von der Sonne gebleichten cremefarbenen, breitkrempigen Seglerhut ruderte er wie ein Ξένος (Xénos – ein Fremder) in Richtung Strand. Mit dem Rücken in Fahrtrichtung, so wie man eben rudert. Die allermeisten Griechen hingegen, und auf jeden Fall sämtliche Fischer von Toló, rudern anders-rum! Sie drücken die Riemen vor der Brust nach vorn durchs Wasser, um so in Sitzrichtung zu fahren. Den Blick nach vorne und nicht rückwärts-gewandt wie die Amerikaner und Europäer. Der fremde Ankömmling fiel daher sofort auf. Auch Perikles wurde schnell auf ihn aufmerksam. Als Stavros direkt vor der Treppe der Terrasse an Land ging, wurde er von Perikles gebührend begrüßt: »Γεια σου Καπετάνιε, κάλος όριθες!« (Jiá su Kapetánie, kalós órises! – Hallo Kapitän, Herzlich Willkommen!) Perikles hatte den verrückten Einhandsegler, der auf seinem Weg nach Hause kein Risiko scheute, natürlich sofort erkannt. Und ausgerechnet hier in Toló betrat er erstmals nach seiner langen Fahrt griechischen Boden.

Der verdutzte Stavros indes wusste nicht wie ihm geschah. Als Perikles ihm erzählte, dass er eine Legende sei, dass die griechischen Medien breit über ihn berichtet hätten, war er baff. Eine ganze Nation war stolz auf *ihn*? Perikles schaute in das gerührte, sonnengebräunte Gesicht des Käpt'ns. Dann plötzlich lachte Stavros aus vollem Bauch und mit voller Leidenschaft und Perikles lachte mit. Sie herzten sich, lagen sich in den Armen. Sie spürten, dass eine große Freundschaft zwischen ihnen wach-sen würde. Später waren sie füreinander da, wie Vater und Sohn.

In diesem Sommer 1990 stattete Perikles seinen neuen Freund Stavros mit ausreichend Trinkwasser für den weiteren, kurzen Weg nach Piräus aus. Stavros hatte es tatsächlich geschafft. Nach über zwei Monaten auf See erreichte Käpt'n Steve den Heimathafen Athen. Doch in diesem Jahr hatte er noch eine weitere Heimat gefunden: Toló und die Familie Niotis – Perikles und seine Eltern. Von da an verbrachte der Kapitän aus Amerika jedes Jahr mehrere Monate auf seiner Jacht vor ihrer Haustür. Vom Früh-ling bis in den Herbst. Nur in den kurzen griechischen Wintermonaten zog es ihn nach Boston, wo er in seinen Mietwohnungen nach dem rech-ten sah. Er lebte von den Mieteinnahmen, zwar nicht königlich, aber er kam gut über die Runden. Zudem war Steve genügsam. Seine kleine Jacht und eine fröhliche griechische παρέα (paréa – Gesellschaft) waren ihm mehr wert als Dollar, Drachmen oder Euro.

Kartoffeln mit Tomaten aus dem Backofen
Πατάτες φούρνου με Ντομάτα - Patátes fúrnu me domáta

Zutaten:
1 kg Kartoffeln, 1 kg reife Tomaten, 2 TL Oregano, 1 TL Thymian, Salz, Pfeffer, 1 Tasse Olivenöl, 2 feingehackte Knoblauchzehen

Zubereitung:
Kartoffeln säubern, schälen, in Spalten schneiden und auf ein breites Blech legen. Tomaten in eine Schüssel reiben, mit Oregano, Thymian, Salz, Pfeffer und Knoblauch würzen und über die Kartoffeln gießen. Olivenöl dazugeben und alles vermischen. Im vorgeheizten Backofen bei 180 °C ca. 45 Minuten backen. Eine wunderbare Sommerbeilage für gegrilltes oder geschmortes Fleisch.

7

Taxifahrer Tassos macht Tempo

Ein guter Freund vieler Feriengäste war in den 1990'er Jahren Tassos. *Der* Taxifahrer von Toló. Sein neuer, silberner Mercedes-Benz begeisterte damals die Einheimischen ebenso, wie die zahlreichen Touristen. Die Fahrpreise waren zu Zeiten der Drachme moderat und so hatte Tassos alle Hände voll zu tun. In den Sommermonaten pendelte er täglich mehrmals die 130 Kilometer zum Athener Flughafen und man hatte den Eindruck, er würde nur im Winter schlafen. Dabei war Tassos bereits Ende 50. Doch seine schier unendliche Lebendigkeit und sein heroisch schreitender Gang – wenn man ihn zufällig doch einmal außerhalb des Wagens sah – verliehen ihm die Erscheinung eines jugendhaften Helden. Groß und schlank war er, und seine vollen dunklen Haare stets ordentlich gescheitelt. Er trug keinen Bart, war immer glatt rasiert und auf seinem Gesicht lag ein stoisch-keckes Dauerlächeln. Er war ein leidenschaftlicher Vertreter des trockenen Humors.

Nachdem ich im Jahr 1994 den öffentlichen Personennahverkehr in Athen schätzen gelernt hatte, wollte ich nie mehr anders nach Toló reisen als mit der KTEL. Aber wie es das Schicksal wollte, hatte ich im Folgejahr einen Flug nach Athen gebucht, dessen Ankunft erst nach Mitternacht lag. Und obwohl diese Zeit für die stets wachen Griechen – gerade im Sommer – fast noch früher Abend ist, beendeten die allermeisten Busfahrer ihren Arbeitstag Stunden früher. Eine Verbindung vom Flughafen Athen nach Náfplion, in die ehemalige Hauptstadt Griechenlands, war um diese Uhrzeit undenkbar. Nachdem ich die Fahrpläne der Überlandbusse gelesen hatte, – letzte Abfahrt 21:30 Uhr – war klar, dass ich endlich auch einmal eine weitere Strecke mit Tassos fahren würde. Aus Deutschland rief ich Perikles an, der mir versprach, Tassos pünktlich zu meiner Ankunft zum Flughafen zu schicken. »Ich habe Tassos deine Flugdaten gegeben«, erzählte Perikles am Telefon. »Er wartet direkt in der Ankunftshalle auf dich. Du kannst ihn nicht verfehlen.« Und so lehnte ich mich entspannt in meinem engen Flugzeugsitz zurück und freute mich auf die nächtliche Fahrt in der feudalen Limousine.

Nach der pünktlichen Landung gelangte ich erstaunlich schnell an mein Gepäck und stand schon wenig später am Ausgang. Ein Knäuel Menschen wartete im engen, alten Flughafengebäude bereits auf die Ankömmlinge. Ein fröhlich-lautes, erwartungsvolles Tohuwabohu. Ich fühlte mich wohl, doch wie sollte ich in diesem Gewusel Tassos finden? Ich lief mehrfach um die Menschenmenge herum, in der sich mit jedem weiteren Ankömmling mehr geherzt wurde, und durch die so das chaotische Gewimmel immer weiter zunahm. Irgendwann beschloss ich zu warten, bis sich der Trubel aufgelöst haben würde. Es dauerte eine Weile, dann stand ich alleine in der Ankunftshalle. Es musste etwas gründlich schief gegangen sein, denn ich war jetzt mutterseelenallein. Eine Putzfrau schob einsam ihren Schrubberwagen, mehr war nicht zu sehen. Wo war bloß Tassos?

In meiner aufkeimenden Nervosität rief ich Perikles an. Dieser hatte in seiner Taverne alle Hände voll zu tun. Die vielen Gäste verlangten nach ihrem Abendessen. Dennoch versprach mir Perikles am Telefon, umgehend Tassos anzurufen. Nach einigen ungeduldigen Minuten rief ich erneut in der Taverne an. »Tassos geht nicht an sein Telefon«, rief mir Perikles entgegen, während ich im Hintergrund Wein- und Bier- und Essensbestellungen vernahm. In diesem Stimmengewirr keuchte mir Perikles noch ins Ohr: »Tassos Frau hat aber gesagt, dass er zum Flughafen gefahren ist. Er muss da sein. Sieh dich noch mal um. Hast du auch draußen nachgesehen?« Ich überlegte kurz und Perikles hatte bereits wieder aufgelegt.

Vor dem Flughafengebäude und auf dem angrenzenden Parkplatz reihten sich Taxis an Taxis. Auch einige silberfarbene Provinzmietwagen, die alle so aussahen wie Tassos' Mercedes, parkten hier, aber von meinem Fahrer fehlte jede Spur. Wieder rief ich Perikles an. »Er geht noch immer nicht ans Telefon«, antwortete er außer Atem. Enttäuscht und orientierungslos gab ich mich dem Schicksal hin und richtete mich auf eine schlaflose Nacht am Flughafen ein.

Mit meiner schweren Reisetasche schlich ich niedergeschlagen zurück ins Ankunftsterminal. Ich wollte mich gerade auf eine Bank fallen lassen, als ich in der hintersten Ecke eine mir bekannt vorkommende Gestalt schlafend auf den harten Plastiksitzen erblickte. Müde schleppte ich mich herüber, dann stubbste ich den schnarchenden Herrn an: »Kalispéra!«, sagte ich, »Guten Abend!«

Kaum angetippt erwachte mein Fahrer, setzte sich abrupt, aber nicht hektisch auf, und nur einen kurzen Augenblick später stand Tassos vor mir. Völlig knitterfrei. Fröhlich lächelnd blickte er mich an und sagte: »Oh, du bist schon gelandet. Gut, dann lass uns losfahren!« Später erfuhr ich, dass er öfter ein Nickerchen am Flughafen machte, wenn er auf Ankömmlinge wartete. Die Gepäckausgabe dauerte am alten Athener Airport nämlich oftmals Stunden.

Kurze Zeit später cruiste der Mercedes gemütlich durch das nächtliche Athen. Kurz hinter der Stadtgrenze auf der Straße nach Elefsína, hielten wir an einer roten Ampel, als sich ein tiefergelegter Kleinwagen mit dicken röhrenden Auspuffrohren näherte. Aus dem Inneren brüllte laute Techno-Musik durch die vollständig geöffneten Scheiben, und zwei Jungs, die aussahen, als hätten sie gerade eben erst ihre Führerscheinprüfung bestanden, ließen ihre Ellenbogen sehr lässig aus den Fenstern hängen. Direkt neben uns, und keinen Meter entfernt, kam die rollende Minidisko vor der Ampel zu stehen. Laut grölend beugte sich der Fahrer zu seinem Beifahrer, der seinerseits bereits halb aus dem Fenster hing, und gemeinsam machten sie sich über Tassos' angeblich senile Fahrweise lustig. »Hey, Opa, so ne dicke Karre aber keine Kraft mehr unter der Haube, was?« Und grölendes Gelächter übertönte fast die plärrend wummernden Beats, die weiterhin aus den Boxen schallten. Die Teenager hüpften wie auf einem Drogentrip in ihrer Rennkarre irre auf und ab, während Tassos keine Miene verzog und stocksteif mit beiden Händen das Lenkrad in ordentlicher Fahrschulmanier auf Zehn-vor-Drei-Stellung umklammerte. Auch sein Fenster war komplett geöffnet, dennoch tat er so, als hätte er nichts gehört. »Nix in der Hose und taub ist er auch noch!«, brüllte der

Beifahrer nun seinem jugendlichen Fahrerfreund entgegen, und beide verfielen wieder in ihr debiles Lachen. Hätte Tassos seinen Arm ausgestreckt, hätte er den Beifahrerflegel locker am Schlafittchen packen können. Und genau das würde gleich passieren, ahnte ich Böses. Sorgenvoll blickte ich zu meinem versteinert wirkenden Fahrer. Nur sein rechter Wangenknochen bewegte sich kaum merklich. Dann sprang die Ampel von rot auf grün und zeitgleich schien neben mir ein Vulkan explodiert zu sein. Ich wurde förmlich in den Sitz zurück katapultiert, als Tassos' Taxi abhob. Im rechten Außenspiegel sah ich Rauchschwaden ähnlich denjenigen beim Ausbruch des Ätna und das Quietschen der Reifen glich einem jaulenden Pfeifen, wie beim Start eines Düsenjets. Der linke Außenspiegel war für mich nicht einsehbar. Tassos war im Weg. Während ich noch unsere Beschleunigung mit der eines Formel-1-Autos verglich, bekam ich große Angst um meinen Chauffeur, der sich blitzschnell nahezu komplett aus dem Wagen gehängt hatte. Sein Gürtel befand sich etwa dort, wo bei geschlossenem Fenster die Scheibe gewesen wäre. Tassos' Gesicht war zu einer lächerlichen Clownsvisage verstellt und mit beiden Händen zeigte er den Bengeln, die noch erschrocken in ihrem Gefährt an der Haltelinie vor der Ampel klebten, eine lange Nase. Ätschi-Bätsch! So wie es die Kinder machen. Tassos' einer Daumennagel berührte seine Nasenspitze, die dazugehörige Hand stand zur Faust geballt nach vorne ab. Der zweite Daumen hintendran, und der weit abgespreizte kleine Finger wackelte irre labbrig im reißenden Fahrtwind. Was für ein Bild! In den Augen der völlig perplexen Burschen sah ich eine besondere Scham. Es sah so aus, als seien sie noch nie in ihrem Leben so blamiert worden. Die Szenerie wurde begleitet von Tassos wildem Lachen, und er brüllte in der Stimmlage eines Elefanten während der Musth: »Der alte Mann hat noch immer genug unter der Haube um solchen Würstchen wie euch zu zeigen, wo der Hammer hängt!« Sein anschließendes erniedrigendes Lachen hallte noch lange über die Küste, bis hinüber nach Afrika.

Eine halbe Stunde später rumpelte der Benz über die holprige alte Brücke über den Kanal von Korinth. Zielstrebig steuerte Tassos eine Souvláki-Grillbude an. »Ich brauch einen Kaffee. Soll ich dir auch einen mitbringen?«, fragte er mich und schon kurz darauf schlenderte er lässig mit einem Frappé für mich und einem griechischen Mokka für sich zurück zu seinem Taxi. Der Coffee to go kam in Deutschland erst Jahre später flächendeckend so richtig in Mode. In Griechenland hingegen trank man seinen Frappé schon seit Ewigkeiten gerne während der Autofahrt. Der feste Schaum dient selbst auf holprigen Landstraßen als Kleckersicherung. Einen griechischen Mokka hingegen kannte ich bis zu diesem Zeitpunkt nur als stationäres Getränk in den urigen Kafeníons. Nun also trug Tassos einen solchen stolz in einem etwa 0,1 Liter fassenden weißen Plastikbecher in seine moderne Sänfte. Sein elegant-ruhiger Fahrstil und der exklusiv gefederte Mercedes stellten sicher, dass selbst der Mokka nicht verschüttet wurde.

Ab Korinth wurde die Straße kurvenreich. Einhändig lenkte Tassos seinen silbernen Stolz durch die faszinierende Landschaft der Peloponnes. Die Sterne strahlten hell am Himmel, in der noch immer warmen Nacht. Der Benz hatte natürlich eine Klimaanlage, doch bei Temperaturen von »nur« noch 30 Grad Celsius zog Tassos es vor, mit offenen Fenstern zu reisen. Wie in Zeitlupe streckte er irgendwann die linke Hand mit dem Mokkabecher aus dem Fenster und seine Finger lösten sich sanft vom Plastik. Entsorgt, der Müll. Irgendwo in der Wildnis der Argolis. Gedanken an die Umwelt machte sich damals fast niemand in Griechenland. Als Tassos meinen verdutzten Blick sah, lächelte er nur gütlich, dann schaltete er das Autoradio ein. Alte traditionelle griechische Volkslieder erklangen und versüßten uns die weitere Fahrt auf der immer kurvenreicher werdenden Landstraße.

Die Straße von Korinth nach Argos verläuft an den Gleisen der schon damals nur selten verkehrenden Peloponnes-Eisenbahn. Immer wieder kreuzte der poröse Asphalt der E65 die Gleise der Schmalspurbahn und vor jedem Bahnübergang musste Tassos auf Schrittgeschwindigkeit abbremsen. Denn wäre man schneller als mit etwa 10 Stundenkilometern über das nahezu offene Gleisbett gefahren, hätte man sich das halbe Auto zerlegt. Einige Jahre zuvor wäre es Finne und mir in meinem eigenen Wagen an einem dieser Bahnübergänge beinahe so ergangen. Tassos hingegen kannte das Gleisbett wie seine Westentasche. Nach mehreren Querungen der alten, rostigen Schienen näherten wir uns in seinem Taxi einem besonders in Mitleidenschaft gezogenen Übergang. Die Schranke war abgebrochen und nur ein übrig gebliebener Stumpf ragte Schräg auf die Straße. Erstaunlicherweise blinkte ein gelbes Licht inmitten des vorhandenen aber völlig verbeulten Andreaskreuzes. Dazu gesellte sich ein langsam-regelmäßiges, leise schepperndes »ping-ping-ping … «. »Tasso, kommt da etwa ein Zug?«, fragte ich meinen Fahrer. Er lächelte nur wissend, dann antwortete er: »Nein nein, um diese Zeit fährt hier nichts. Die Anlage wird wohl mal wieder kaputt sein.« Dann lenkte er sehr behutsam und ganz langsam das Auto quer auf die Schienen zu. Tassos Blick war konzentriert auf das Gleisbett geheftet, in dem es an Kies oder anderem Füllmaterial fehlte. Wir standen fast, als der erste Vorderreifen in das tiefe Loch hinab glitt. Ich dachte für einen Moment, der Mercedes würde sich nun den Unterboden aufreißen, doch um Haaresbreite passte es. In Zeitlupe bewegte sich der Wagen vorwärts, nach dem zweiten Reifen fast routiniert. Mein Blick wanderte über die Agrarlandschaft. Im Scheinwerferlicht erahnte ich Felder mit Orangen-, Mandarinen- und Olivenbäumen. Sie wechselten sich mit wilder Macchia ab. Noch einmal blickte ich auf das rostige Gleis. Der Mercedes hatte es inzwischen halb geschafft, den Übergang zu queren. Wir standen genau mittig und quer auf der Eisenbahnlinie. Ich sah aus dem offenen Fenster nach unten. Die Gleise berührten fast das Bodenblech des Taxis. Mein Blick folgte langsam den Schienen. Ich hob den Kopf und blickte plötzlich in drei zu einem Dreieck angeordnete Lichter. Zwei Scheinwerfer waren unten parallel, ein dritter oben mittig angebracht. Sie näherten sich. Die Eisenbahn! Bis ich registriert hatte, dass es sich um einen Zug handelte, der uns in wenigen Augenblicken zerfetzen würde, vergingen vermutlich wertvolle Sekunden. Schockzustand. »Ένα τρένο« (éna tréno – ein Zug), entfuhr es meinen ängstlich zitternden Lippen, dann brüllte ich panisch dasselbe noch einmal. Diesmal deutlich lauter, entsetzter, verzweifelter. Ich sah, wie Tasso mit offenem Mund nun ebenfalls in die Lichter starrte. Seine Pupillen verengten sich im Lichtschein des heranrasenden Zuges, das weiße im Auge wirkte Angst erfüllt. Die Schrecksekunde kam mir vor wie eine Ewigkeit, denn Blendung beim Autofahren verzögert die Reaktionszeit. Die drei Lichter waren zum Greifen nah, ein Aufprall nur noch eine Frage von Sekunden und die Lok stieß ein schrilles Warntuten aus. Urplötzlich zeigte Tassos zum zweiten Mal an diesem Tag seine übermenschliche Beschleunigungsgabe. Seine Fingernägel bohrten Riefen ins Wurzelholz-lenkrand als sich der Benz wie ein Jaguar sprunghaft knapp vor dem Zug aus dem Gleisbett katapultierte. In den Armaturen des Taxis knarzte es laut und bedenklich. Gigantische Kräfte mussten in diesem Moment auf das Chassis eingewirkt haben, doch als wir auf der befestigten Straße landeten und direkt hinter dem Heck des Wagens die Peloponnes-Eisenbahn vorbeiratterte, war uns der Zustand des Autos völlig egal. Eine Weile fuhren wir bleichgesichtig und still durch die Nacht. Der Mercedes schnurrte wie eine Katze, als Tassos kurz vor Náfplion das schockbedingte Schweigen brach: »Ihr Deutschen baut wirklich verdammt gute Autos.«

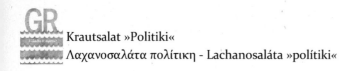

Krautsalat »Politiki«

Λαχανοσαλάτα πολίτικη - Lachanosaláta »polítiki«

Zutaten:
2 Tassen geraspelter Weißkohl, 1 Tasse geraspelte Karotten, 1 Tasse geraspelter Stangensellerie, 1 Tasse kleingeschnittene grüne Paprika, 1 Tasse kleingeschnittene rote Paprika, ½ Tasse feingeschnittene Sellerieblätter, 5 EL Weinessig, 10 EL Olivenöl, Salz, Pfeffer

Zubereitung:
In einer großen Schüssel Olivenöl, Essig, Salz und Pfeffer mit dem Schneebesen zu einer Vinaigrette schlagen. Alle Zutaten hinzufügen und gut miteinander vermengen. Salat im Kühlschrank ca. ½ Stunde ziehen lassen. Servieren Sie den Krautsalat zu Fleisch, Wild oder mit Feta und Oliven als eigenständige Mahlzeit.

8

Mit Käpt'n Stavros nach Méthana

Kurz vor meinem Sommerurlaub im Jahr 2001 hatte ich aus Langeweile im Internet nach meinem eigenen Nachnamen gesucht. Als mir Google einen Artikel über einen Archäologen in Griechenland vorschlug, war meine Neugierde geweckt. Auf der Internetseite www.methana.com fand ich sehr umfangreiche und spannende Informationen über einen gewissen »Michalis« Deffner aus Donauwörth, der von 1871 bis 1934 in Griechenland gelebt und unter anderem als Sprachforscher und Archäologe tätig war. Auf der Vulkanhalbinsel Méthana, die nur durch eine schmale Landzunge mit der Nordküste der Peloponnes verbunden ist, soll er während eines Kuraufenthaltes einen antiken Turm entdeckt und ausgraben lassen haben. Hatte ich durch Zufall einen entfernten Verwandten entdeckt? Kurzerhand beschloss ich, den Betreiber der Internetseite zu kontaktieren. Dieser hatte einige Jahre auf Méthana gelebt, war nun aber wieder in seine Heimat Deutschland zurückgekehrt. Wir verabredeten, uns nach meinem Urlaub im Rheinland zu treffen. Wie sich später herausstellte, hatte er noch viele sehr interessante Hinweise zu Michael Deffner für mich.[1]

Als ich wenige Tage später bei Perikles auf der Terrasse saß, traf ich auch Käpt'n Stavros wieder. Er hatte sich kürzlich bei einem Missgeschick den linken Arm gebrochen. Obwohl er Jahre vorher als Einhandsegler unerschrocken über den Atlantik gesegelt war, schränkte der Gipsverband ihn doch deutlicher ein, als er offen eingestand. Unabhängig davon war er sehr über meine Anwesenheit erfreut, denn wir gingen häufig gemeinsam Segeln. Und so verabredeten wir uns auch diesmal wieder zu einem gemeinsamen Ausflug am nächsten Tag. Ohne mich hätte er sicher nicht einmal den Anker seiner Jacht gehisst bekommen. Eine elektronische Ankerwinde hatte das alte Schiff nicht.

Eine laue Brise schob die Theo's Place II tags darauf sanft aus der Bucht von Toló heraus in Richtung Porto Heli. Irgendwann verschwand Stavros unter Deck, wo er eine ganze Weile blieb. Ich wollte mich bereits nach ihm umsehen gehen, als er die kleine Stiege betrat und aus der schmalen Luke blickte, die zum Führerstand an Deck führte. Den Anblick, der sich mir nun bot, werde ich mein Lebtag nicht vergessen: Stavros' großer, cremefarbener Seglerhut saß schräg auf seinem sonnengebräunten Kopf, als er wieder an Deck kraxelte. Er trug ein dreckig-weißes T-Shirt, das sich hauteng auf seinem Bäuchlein abzeichnete und dazu eine fleckige, kurze Hose. In der Hand hielt er einen verschmierten weißen Lappen. Erst beim genaueren Hinsehen erkannte ich, dass es sich bei dem Lappen um eine scheinbar ungewaschene Feinrippunterhose handelte. Stavros hielt sie am ausgestreckten rechten Arm. Er grinste verschmitzt und gleichzeitig leicht peinlich berührt: »Gar nicht so einfach, sich einhändig den Arsch abzuputzen.« Dann schleuderte er die Unterhose über die Reling. Es war seine. Bis zu dem Zeitpunkt, zu dem er unter Deck verschwunden war um die Toilette aufzusuchen, hatte er sie offenbar noch getragen. Jetzt lachten wir gemeinsam, und anschließend verbrachten wir einen unbeschwerten Tag auf See.

Später am Nachmittag, während der Rückfahrt nach Toló, erzählte ich Stavros von meiner Entdeckung im Internet und von meinem möglichen Vorfahren Michael Deffner. Der Weltumsegler Stavros wusste zwar wo die Halbinsel Méthana lag, jedoch hatte er noch nie einen Fuß dort an Land gesetzt. »Lass uns morgen hinfahren!«, rief er spontan und euphorisch. »Wir nehmen meinen Wagen«, ergänzte er dann. »Ich habe einen in Toló gemietet. Über die Straße sind wir ganz schnell auf Méthana.« Und so trafen wir uns am nächsten Morgen zeitig zu einem Frühstücksmokka bei Perikles.

Stavros hatte den Mietwagen bereits neben der Terrasse, auf der schmalen Tsouderou-Straße geparkt. Kategorie Miniauto. Der älteste Hyundai der Vermietung. Doch die nur rund 80 Kilometer bis Méthana würden wir mit dem Gefährt wohl schaffen. Gegen 9 Uhr fuhren wir los.

Wir wollten nicht in die größte Mittagshitze geraten. Eine Klimaanlage hatte der Wagen natürlich nicht. Obwohl ich angeboten hatte zu fahren, bestand der alte Seebär darauf, selbst das Steuer in die Hand zu nehmen. In die verbliebene bewegliche, die rechte. Den Gips hingegen hatte er lässig aus dem geöffneten Fenster gelehnt. Mit meiner alten Peloponnes-Straßenkarte nahm ich auf dem Beifahrersitz Platz und Stavros lenkte den Hyundai geschickt die steile Tsouderou-Straße hinauf, und nur kurze Zeit später rollte der Wagen gemütlich auf der zypressengesäumten breiten Landstraße in Richtung des berühmten Epidaurus. Noch vor dem historisch wertvollen Theater aus der Antike fanden wir kurz vor Alt-Epidaurus den Abzweig in Richtung Méthana. Nur ein winziges verrostetes und absurd verstecktes Straßenschild wies den Weg nach Galatás und Póros. Die touristisch bedeutende Insel Póros liegt nur wenige Kilometer östlich von Méthana an einer Meerenge, nur etwa dreihundert Meter vom Festland der Peloponnes entfernt. Jeder Segler, der schon einmal in Griechenland war, hat sicher auch von Póros gehört. Méthana jedoch ist erstaunlicherweise sogar unter den Griechen selbst nahezu unbekannt.

Die Straße führte uns steil bergauf. Von oben zeigte sich die Küstenstraße von ihrer bildhübschen Seite. Auf der einen die satten Orangenhaine in der grünen Ebene von Epidaurus, die sich sanft bis an die seichten Sandstrände erstreckten, auf der anderen Seite die steilen Hänge des kargen Adéres-Gebirgszuges, der immerhin bis auf 1.000 Meter anwächst. Am leicht diesigen Horizont – Blickrichtung Nordnordost – zeichnete sich die Silhouette von Méthana im spiegelglatten tiefblauen Saronischen Golf ab. Bizarre Bergkämme, deren Spitzen wie riesige Kristalle in den Himmel ragten. Anthrazitfarbene Hügel, ruhrgebietstypischer Kohlehalden gleich. Die Halbinsel wirkte aus der Entfernung betrachtet deplatziert, aber gleichzeitig magisch anziehend. Ich musste an »Das Schloss« von Franz Kafka denken.

»Ich muss mal Wasser lassen.« Stavros riss mich mit diesen plötzlichen Worten aus meinen kafkaesken Gedanken. Der Hyundai rumpelte am Wegesrand auf eine festgefahrene Ausbuchtung, die wohl als Aussichtshaltepunkt dienen sollte. Während sich Stavros hinter einigen kargen Büschen zu verstecken versuchte, die mit Plastikabfällen und Papiertaschentüchern gesäumt waren, blickte ich fasziniert auf die Vulkan-silhouette. Ich konnte es kaum noch erwarten, endlich nach Méthana zu kommen. Doch vor uns lag noch ein weiter Weg, wie sich jetzt heraus-stellte. Zwar hatten wir die Hälfte der Strecke bereits zügig hinter uns, doch die Straße schlängelte sich von nun an unaufhaltsam in das verlas-sene, gebirgige Küstenhinterland. Immer enger wand sich der Asphalt-streifen den Berg hinauf. Immer weiter. Erst enge Kurven, dann solche, die man anderswo als »Todeskehre« bezeichnet hätte. Der Schweiß trat dem tapferen Stavros jedoch erst auf die Stirn, als die Serpentinen seinen unvergipsten Arm über alle Maßen forderten. In einer engen Kurve lande-ten wir schließlich im Schotterbett des Fahrbahnrandes. Stavros musste zurücksetzen, um den Hirtenpfad wieder zu verlassen, auf dem der Hyundai zu stehen gekommen war. »Soll ich vielleicht weiter fahren?«, fragte ich meinen Kapitän. Doch er ließ sich keine Schwäche anmerken. »Nein, alles gut, es macht mir Spaß!«, antwortete er während sein rechter Arm mit jetzt hervorstehenden Adern das Lenkrad unentwegt kreisen lies. Die Serpentinen schienen unendlich ins Nichts zu führen. Ich konnte mir nicht vorstellen, dass es noch härter für meinen Fahrer kommen konnte.

Nach gut dreieinhalb Stunden erreichten wir endlich Méthana. Die Fahrt hatte gut und gerne zwei Stunden länger gedauert, als wir es erwar-tet hatten. Noch einmal ließ ich ungläubig meinen Blick über die alte Peloponnes-Karte schweifen, dann verschwand sie in der Ablage der Bei-fahrertür. Einen Straßenverlauf auf Méthana konnte man ihr ohnehin nicht entnehmen. Die letzten weiten Kurven vor dem Ortseingang nah-men wir in gelassener Ruhe, der Hyundai rollte erleichtert dahin, als sich Stavros' und meine Blicke trafen. »Jetzt sind wir wohl gleich da«, sagte er und rümpfte die Nase. »Ja, es riecht schon mächtig nach Schwefel«, gab ich zurück. »Das muss das Heilbad am Ortseingang von Méthana sein, von dem ich gelesen habe.« Ich hatte es kaum ausgesprochen, als wir die letzte Kurve passierten und sich vor uns das Kurhaus im glänzenden Son-nenlicht präsentierte. Der Anblick Méthanas ließ uns mit offenen Mün-dern staunen. »Warum zum Teufel, findet man überall auf der Welt die typischen Griechenlandmotive von Santorin und Mykonos, doch keine einzige Postkarte mit diesem bezaubernden Ausblick hier?«, fragte ich

Stavros. Er blickte stumm und staunend auf das Kurbad und hob ahnungslos die Schultern an. An den Hang der steil aufragenden üppiggrünen Vulkanberge schmiegte sich die Stadt Méthana mit ihren kleinen Häusern mit den orangefarbenen Ziegeldächern. Eine Palmenreihe säumte die Promenade, von der aus ein Fährschiffanleger ebenso ins Meer ragte, wie wenige hundert Meter weiter ein schmaler Damm mit einem hübsch gepflasterten Spazierweg zu einer winzigen vorgelagerten Insel mit einer kleinen Kapelle darauf. Aus unserer Blickrichtung links von ihr, schloss sich ein kleiner Jachthafen an, in dem einige wenige Segelboote und mehrere Fischerkaíkis festgemacht hatten. Zwischen dem Hafen und dem altehrwürdigen, im klassizistischen Stil erbauten Kurhaus verlief die Straße, die sich neben der Küste am Dorf entlang schlängelte. Zwischen dem Kurhaus und der Promenadenallee befand sich eine Art swimmingpoolähnliches, künstlich angelegtes, übergroßes Badebecken mit einem türkisfarbenen matten Inhalt, der sich erst bei genauerem Hinsehen als Wasser entpuppte. Die Farbe seltsam anders als das kristallklare tiefblaue Meerwasser nebenan. Ich hatte gelesen, dass am Hauptkurhaus des Ortes, das um das Jahr 1912 von einem deutschen Architekten erbaut wurde, heißes, schwefelhaltiges Heilwasser aus dem vulkanischen Grund aufsteigt. Das Wasser wird für Therapiezwecke in das Kurhaus geleitet, wo Patienten die heilende Wirkung in Badebecken und -wannen genießen können. Der Durchlauf fließt anschließend von dort aus in das große offene Becken vor dem Haus, wo er sich als schwefelig-miefige aber dafür pittoresk türkisfarbene Augenweide niederlässt. Ein Überlauf entlässt das Heilwasser ab einem gewissen Pegelstand ins angrenzende Meer.

Das Kurhaus schien geschlossen, als wir an ihm vorüberfuhren. Das große metallene Eingangstor mit einer Kette gesichert. Vielleicht hätten wir uns nach der strapaziösen Autofahrt ansonsten ein Erholungsbad gegönnt. Doch so konnten wir ungestört den Weg zu unserem eigentlichen Ziel fortsetzen: Wir wollten zur Ausgrabung des Michael Deffner, zum antiken Turm auf der Hochebene Thróni. Scheinbar gab es nur eine einzige Straße, die aus Méthana-Stadt in die Berge führte, denn wir fanden sofort und ohne zu fragen den Weg bergan. Wo genau wir den Turm finden würden, war uns unklar. Stavros jedoch war sich sicher, dass wir die Hochebene entdecken würden. Ein alter Greis war der erste, den Stavros auf der Bergstraße nach dem Weg fragte. Wir sollten nur dem Straßenverlauf folgen, dann würden wir den Turm schon finden. In einem winzigen Dorf verengte sich die Straße zu einem schmalen, einspurigen Nadelöhr. Zwischen zwei uralten baufälligen Häusern krochen wir in Schrittgeschwindigkeit um die S-Kurve und blieben abrupt stehen, als Gegenverkehr vor uns stand. Eine gebückte alte Frau führte ihren mit schweren Säcken bepackten Esel an einem Sisalseil geradewegs auf uns zu. Stavros überlegte nicht lange, nutzte die Gelegenheit und stieg aus. Die Bäuerin war sichtlich erfreut über das Gespräch, in das sie jetzt von Stavros verwickelt wurde. Für einen Moment sah es so aus, als würden die beiden mich alleine hier stehen lassen und mit dem Esel davonreiten, doch schließlich nahm Stavros wieder neben mir Platz. »Wir sind gleich da!«, sagte er, dann brauste er los und sein Gipsarm winkte noch lange der Eselsführerin. In meinem Rückspiegel meinte ich einen verliebten Blick auf ihrem sonnengegerbten Gesicht zu erkennen. »Die junge Dame kennt sich hier bestens aus«, sagte Stavros. »Da vorne gabelt sich die Straße und wir biegen rechts ab. Dann sind wir auch schon da. Wir sollten sie noch mal besuchen.« Stavros blickte erschöpft aber glücklich auf den schlaglochreichen Asphaltstreifen und immer wieder in den Rückspiegel. Einige Minuten später parkte er den Wagen am Straßenrand direkt neben einem dieser braunen Schilder, die auf archäologische Stätten hinweisen. Die Aufschrift in gelben griechischen Lettern: »Αρχάιος πύργος« und darunter in weißer Schrift »Ancient Tower«. Wir hatten es tatsächlich geschafft. Um die Überreste des Turmes zu erreichen, mussten wir uns einen Weg durch einen schmalen verwucherten Olivenhainstreifen bahnen. Es waren zwar nur wenige Bäume, doch das Dickicht aus kniehohem Gebüsch und stachligem Strauchwerk wollte erst einmal überwunden werden. Dennoch gelangten wir unversehrt zu den Überresten des archäologischen Wachturms. Wir standen vor einem etwa zweieinhalb Meter hohen steinernen Torrahmen. Graue, teilweise mit Moos bewachsene Natursteinquader mit einer Länge von etwa 1,5 Meter und einer Höhe von gut 60 Zentimetern bildeten das Mauerwerk. Drei Reihen dieser Steingiganten waren noch erhalten, zusätzlich ein etwa zwei Meter breiter Türsturz, der den Eingang zum Turm auch heute noch optisch erkennen lässt. Das Portal hatte eine ungefähre Breite von siebzig Zentimetern und war gerade so hoch, dass ein großgewachsener Mensch gerade noch hindurchschlüpfen konnte. Im Jahr 1908 war Michael Deffner zur Kur nach Méthana gereist und hatte unter anderem einen antiken Thron an der Stelle gefunden, wo wir jetzt standen. Nach diesem majestätischen Sitz soll die Hochebene später benannt worden sein. Der Deutsche mit feinem Gespür für archäologische Fundorte begann erst nach dem Fund des Throns mit seinen Ausgrabungen, legte anschließend die Überreste des Wachturmes frei und ließ sie sorgfältig dokumentieren. Heute sind einige der zuerst entdeckten archäologischen Artefakte im Museum der Nachbarinsel Póros untergebracht. Ich beschloss, auch dort eines Tages vorbeizuschauen. Jetzt hingegen blickte ich sorgenvoll zu Stavros, der durstig und erschöpft aussah. Die Sonne brannte erbarmungslos aus einem Himmel, dessen Blau mich an die Vereinsfarben des Fußballclubs Schalke 04 erinnerte: Königsblau! Unsere Kehlen waren trocken wie nach einem langen harten Derby mit Verlängerung. In den Olivenbäumen zirpten die Zikaden und die schmalen Blätter raschelten wie vertrocknetes Laub. Da wir zwei Grabungslaien ohne weiteren archäologischen Sachverstand hier eh nichts weiter erfahren konnten, wollte ich den Seebären von seinen Qualen auf der Hochebene befreien: »Πάμε Καπετάνιε!« (Páme Kapetánie! – Gehen wir Käpt'n!)

Bei meiner Kurzrecherche über die Halbinsel hatte ich auf einer Karte gesehen, dass es auf der gegenüberliegenden Küstenseite ein kleines Fischerdorf gab. »Fahren wir nach Agios Georgios!«, rief ich Stavros zu. Er war begeistert. »Das machen wir! Da gibt's sicher was Kühles zu trinken und einen Oktopus als Mezé.« Ich hörte förmlich wie ihm bereits das Wasser im Munde zusammenlief. Stavros trat aufs Gas. Der Wagen schoss die schmale Straße hinauf, immer weiter in Richtung des Gipfels des Chelónas, des höchsten Berges der Halbinsel. Vom antiken Turm bis Agios Georgios konnten es laut meiner alten Karte, die ich – obwohl sie keine Straßen auf Méthana verzeichnet hatte – nun noch einmal zu Rate gezogen hatte, nur gut zehn Kilometer sein. In wenigen Minuten würden wir am Strand in einer urigen Taverne sitzen und frischen Fisch essen. Die

Vorfreude war riesig und dementsprechend flitzte der Hyundai über den Asphalt, der immer gröber und einfacher wurde. Serpentinen führten uns durch einen engen Pinienwald. Der Duft von Tannennadeln und wildem Oregano drang ebenso in unsere Nasen, wie das Läuten der kleinen Glöckchen einer Ziegenherde. Die Steigung auf der inzwischen nicht mehr als Straße zu bezeichnenden Fahrbahn erreichte weit mehr als zehn Prozent und die Kurvenführung verlangte meinem Kapitän alles ab. Der Hyundai wendete mehrfach um mehr als 180 Grad und er kam kaum noch über Schrittgeschwindigkeit hinaus. Sorgenvoll blickten wir mal rechts, mal links aus den offenen Seitenfenstern in tiefe, ungesicherte Abhänge. Dann endete der asphaltierte Weg. Wir standen. Aber nur kurz, denn Stavros hatte entschieden, dass wir den Schotterpfade einfach weiterfahren sollten. Er würde sicher regelmäßig von den Schäfern genutzt und führe daher bestimmt zum nächsten Dorf.

Ein großer Jeep mit starkem Allradantrieb wäre für die Piste auf der wir uns nun befanden ein adäquates Gefährt gewesen. Wir hatten den 740 Meter hohen Chelóna-Gipfel noch immer nicht erreicht. Ich war sicher, dass wir das mit dem Hyundai auch nicht schaffen würden. Großen Felsbrocken und riesigen Schlaglöchern ausweichend, lenkte Stavros bis der Schweiß von der Stirn auf sein T-Shirt tropfte. Wie er hochkonzentrierten Blickes, mit festem Griff das Lenkrad umklammernd, das Auto mit maximal 20 km/h in die luftigen Höhen der vulkanischen Landschaft lenkte, erinnerte ich mich an Stavros' heldenhafte Reise mit der Segeljacht, alleine über den Atlantik. Wie oft hatte er stundenlang in fürchterlich stürmischer See am Ruder gestanden und um sein Leben gebangt. Aber wenn schon der Ozean ihn nicht hatte besiegen können, dann würde es auch eine kleine Vulkanhalbinsel nicht schaffen. Ich lehnte mich also entspannter zurück und genoss die Aussicht auf die üppig grünen Ebenen mit ihren terrassierten Feldern und dem tiefblauen Saronischen Golf rund siebenhundert Meter unter uns. Und irgendwann hatten wir den Gipfel erreicht. Auf einem alten Ziegenpfad, mit einem winzigen Mietauto aber mit großem Seemannsherz, und – Hunger! Vor uns lag die nördliche Küste Méthanas und wir konnten die Umrisse einer kleinen Siedlung erahnen. Das musste Agios Georgios sein. Stavros beschleunigte bergab und nach einigen weiteren stoßdämpferbekämpfenden Kilometern holperte der Hyundai schließlich wieder auf einen derben Asphalt. Wir glitten – jetzt – sanft dahin und nach einer quälend langen Fahrt hatten wir endlich Agios Georgios erreicht.

Eine Handvoll kleiner, einfacher Häuser mit orangefarbenen Dachziegeln lag vor uns, eingebettet in eine grüne Ebene die sich bis ans Meer erstreckte, einst geformt aus der vulkanischen Magma, die sich nach dem historischen Vulkanausbruch um 230 v.Chr. bis an die Küste geschoben hatte. Jahrhunderte später kultivierten die fleißigen methanischen Landwirte hier auf den fruchtbaren Feldern Oliven, Gemüse, Weizen, Wein und Co. Wir parkten das arg in Mitleidenschaft gezogene Mietauto neben einer weißgetünchten kleinen Kapelle. Nur zwanzig Schritte entfernt begann der sichelförmige kleine Fischerhafen, und auf halbem Weg dorthin lag eine einfache, kleine Taverne. Stavros lief freundschaftlich auf den alten Wirt zu, so als kannten sie sich schon seit Jahren. Nach einem fröhlichen Plausch setzten wir uns auf abgewetzte Korbstühle an einem wackligen Metalltisch. Hier am Kiesstrand im Schatten eines Baumes, ließ es sich leben. Es dauerte nicht lang und der Tavernenbesitzer brachte zwei große Gläser mit eiskaltem Ouzo und dazu einen Teller mit köstlichem Oktopus. Für unseren Durst war die 1,5 Liter Flasche Wasser gerade ausreichend; wir bestellten eine weitere. Dann genossen wir einfach nur noch das Meeresrauschen, den zarten Anisgeschmack des Ouzos und die vorzüglichen Happen der marinierten Oktopusbeine auf denen frisch gesammelter, geriebener Oregano seinen kräftigen Duft verströmte. Ich erinnere mich noch, dass wir einen weiteren Ouzo bestellten, dazu einen Teller marinierte Anchovis. Die Zikaden zirpten, der Wind strich zart um die Häuser und sanfte Wellen ließen die Kiesel am Strand zirkulieren. Ein berauschendes Gefühl machte sich breit und die Müdigkeit gesellte sich zu uns. Wäre jetzt der Vulkan erneut ausgebrochen, ich bin sicher, wir wären einfach hier sitzen geblieben und hätten einen weiteren Ouzo bestellt. Man sagt übrigens, dass die Halbinsel Méthana ihren Namen dem altgriechischen Verb μεθάω (metháo) zu verdanken hat. Es bedeutet: Ich betrinke mich!

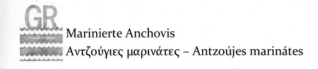 Marinierte Anchovis
Αντζούγιες μαρινάτες – Antzoújes marinátes

Zutaten:

200 g in Salz eingelegte Anchovis
Für die Marinade: 1 Tasse Olivenöl, Salz, Pfeffer, 10 Pfefferkörner, 5 in dünne Scheiben geschnittene Knoblauchzehen, 1 TL Senf, Saft von 1 Zitrone, 1 EL Zitronenabrieb, 2 EL Kapern, 1 Tasse kleingeschnittene Kräuter (Petersilie, Dill, Minze, Basilikum), 1 Rosmarinzweig, 1 kleingeschnittene Chili

Zubereitung:

Fische unter fließendem Wasser waschen (das Salz soll entfernt werden) und auf Küchenpapier abtrocken lassen. In einer Schüssel Olivenöl, Salz, Pfeffer, Senf, Zitronensaft und Zitronenabrieb kräftig zu einer Marinade schlagen. Fische in eine Auflaufform oder tiefe Schüssel legen, Kräuter, Knoblauch, Pfefferkörner, Kapern, Chili und Rosmarinzweige darauf verteilen und mit der Marinade übergießen. Mit Frischhaltefolie bedecken und im Kühlschrank mindestens 12 Stunden marinieren lassen.

Servieren Sie die Anchovis auf Rucola mit einigen Löffeln Marinade. Dazu Weißbrot und Ouzo.

9

Praktikum im Fabelland

Als ich für mein Masterstudium Europäisches Verwaltungsmanage-
ment ein Praktikum im EU-Ausland absolvieren musste, war mir
schnell klar, wo ich hin wollte. Natürlich nach Griechenland. Bereits im
Sommer schrieb ich Bewerbungen, um hoffentlich im nächsten Frühjahr
das erforderliche sechswöchige Praktikum antreten zu können. Da ich zu
jener Zeit noch über nur wenige Kontakte in die griechische Hauptstadt
verfügte und daher nicht sicher seien konnte, eine Stelle zu bekommen,
bewarb ich mich sicherheitshalber auch außerhalb Griechenlands. Nur
wenige Wochen nach Absendung meiner Bewerbungen hatte ich eine
Zusage aus Riga erhalten. Lettland erschien mir als Alternative zu Griechenland sehr geeignet. Sollte es in meiner Lieblingsdestination nicht
klappen, wäre ich weit genug weg, um mich nicht zu grämen. Ich wartete
noch einige Wochen, schickte weitere Bewerbungen nach Athen, Kreta
und Argos, und als absehbar war, dass von dort keine Antwort mehr
kommen würde, sagte ich in Riga zu. Inzwischen war es Herbst. Das Grie-
chenland-Praktikumsexperiment schien gescheitert.

Einige Tage vor Weihnachten bekam ich plötzlich einen unerwarteten
Anruf. Es meldete sich eine Dame aus dem griechischen Gesundheitsministerium. Ich antwortete auf Griechisch, dass ich mich freue, ihre Sprache zu hören und auch in dieser mit ihr reden wollte. Wir plauderten
einfach drauflos. Wie geht es Ihnen? Gut? Und Ihnen? Wie ist das Wetter
in Athen? Wie in Deutschland? Und so weiter. Nach diesem obligatorischen Eingangsgespräch kam sie zur Sache: »Herr Deffner, Sie haben vor
einiger Zeit gefragt, ob Sie ein Praktikum bei uns machen können.«

Damit hatte ich nicht gerechnet. Einen gänzlich anderen Grund für
den Anruf aus Athen hatte ich vermutet, an das Praktikum auch eigent-

lich gar nicht mehr gedacht, denn die Bewerbung lag ja inzwischen fast ein halbes Jahr zurück.

»Also wegen des Praktikums ...«, setzte meine Gesprächspartnerin wieder an, »wann wollen Sie anfangen?«

Ich musste mich verhört haben und so bat ich die gute Frau, das Gesagte noch einmal zu wiederholen. Die Verbindung wäre schlecht und ich hätte kaum etwas verstanden, gab ich vor. Sie wiederholte das Gesprochene und ich war mir nun sicher, dass mein Griechisch doch noch nicht ausreichend sei, um am Telefon alles richtig zu verstehen. Verschämt bat ich, das Telefonat auf Englisch fort zu führen. Zu meinem Erstaunen änderte der Wechsel der Sprache jedoch nichts an meiner Verwunderung.

»Wann wollen Sie anfangen?«

»Entschuldigung, aber ich verstehe nicht ganz«, stammelte ich in den Hörer. Und die Dame schien allmählich ungeduldig zu werden.

»Ja, wann kommen Sie denn?«

»Bedeutet das, dass ich eine Zusage auf meine Bewerbung habe?«

»Hä? ich möchte wissen, wann Sie anfangen.«

»Aber, ähm, na ja, das müssen sie mir doch sagen!«

»Bitte? Was? ich will nur wissen, wann Sie kommen!«

Es musste irgendein Missverständnis vorliegen. Ich erahnte, dass ich mich zu früh gefreut hatte. »Also, ich würde gerne ein sechswöchiges Praktikum im griechischen Gesundheitsministerium machen«, versuchte ich es noch einmal ganz von vorne, in der Hoffnung, dass man mich nun verstehen würde »und ich brauche das für mein Masterstudium.«

»Jaja, das habe ich schon verstanden«, gab die Stimme an der anderen Seite der Leitung jetzt fast etwas ungeduldig zurück, und ergänzte: »aber wann kommen Sie denn nun?«

Kurze Stille am Hörer. Verdutzt suchte ich meine jetzt jubilierenden Gedanken zu ordnen. Dabei geriet Riga ganz weit weg. Die griechische Ministerialbeamtin meinte es ernst. Ich durfte nicht noch länger zögern. »Nun, also, ich muss das Praktikum im Frühjahr absolvieren und ...«

»Wann wollen Sie kommen?«, unterbrach mich die bis kurz zuvor noch so harmonische Griechin. »Wann?«

»Na wann darf ich denn?«, antwortete ich zögerlich.

»Kommen Sie doch wann sie wollen!«

»Also, ich meine, ich brauche irgendetwas schriftliches. Eine Zusage, ein Schreiben. Irgendetwas für die Uni und meinen Arbeitgeber.«

Keine Antwort. Was für ein seltsames Telefonat. Gleich würde die Griechin auflegen, daher ergänzte ich flink: »Ideal wäre es, wenn ich ab Mitte Februar anfangen könnte. Zu genau der Zeit habe ich bereits ein Praktikum in Lettland vereinbart, das ich Ihnen zuliebe gerne absagen würde. Aber ich brauche unbedingt etwas schriftliches von Ihnen.«

Wieder diese Pause. Wie in einem Psychothriller. Irgendwie verstanden wir uns am Telefon nicht richtig. Doch dann die Lösung: »Herr Deffner, ich gebe Ihnen jetzt meine Email-Adresse, sie schreiben mir auf, was ich unterschreiben muss und dann faxe ich es Ihnen mit unserem offiziellen Briefkopf. Das reicht doch hoffentlich?« Es dauerte keine Stunde, da hielt ich ein offizielles Dokument des griechischen Staates in den Händen, welches mir ein Praktikum zum idealen Zeitpunkt bestätigte. Was für ein Tag!

Anfang Februar 2002 machte ich mich schließlich auf dem Weg. Ich hatte noch eine gute Woche Urlaub herausschlagen können, bevor das Praktikum beginnen würde und die wollte ich in Toló verbringen. Mit dem Auto ging es zunächst bis zur norditalienischen Hafenstadt Triest, wo ich über die wackelige Laderampe auf die Fähre nach Patras fuhr. Der Bauch des Stahlungetüms war gut und ausschließlich mit LKW gefüllt. Auffällig viele von ihnen mit osteuropäischen Kennzeichen. Anfang der 2000'er Jahre war nicht nur ein deutlicher Anstieg der Touristenzahlen in Griechenland zu verzeichnen gewesen, auch der Warenaustausch schien zu florieren.

Für die rund 32-stündige Überfahrt hatte ich einen Pullmannsitz gebucht. Diese Sitze, wie man sie aus Reisebussen kennt, waren in langen Reihen in einem separaten Schlafsaal der Fähre aufgestellt. Wie im Bus ging man durch einen Mittelgang, um zu der entsprechenden Sitzreihe zu gelangen. Anders als im bereiften Gefährt, waren hier jedoch rechts und links des Gangs fünf oder mehr anstatt der üblichen zwei Sitze angebracht. Mein Sitz hatte irgendeine Nummer um etwa 150 herum. Mit einer kleinen Reisetasche schleppte ich mich suchend durch die Reihen nach hinten. Noch war ich der Einzige im Schlafsaal. Die LKW-Fahrer würden sicher in ihren Lastern schlafen. Vor meinem geistigen Auge sah ich mich bereits ein gemütliches Nachtlager auf vier, fünf freien Sitzen zu errichten, wo ich in aller Seelenruhe ausschlafen können würde. Die Vorfreude auf die Nacht stieg noch einmal jäh an, als ich meinen gebuchten Pullmannsitz erblickte. Es war der allerletzte in der hintersten Reihe. Glücklich ließ ich mich auf den gut gepolsterten Platz fallen. Rechts von mir und hinter der Sitzreihe die Wand, links neben meinem Sitz fünf weitere unbelegte. Diese Reihe würde mir eine prima Liegefläche bieten.

Im Self-Service-Restaurant des Schiffes machte ich es mir zuvor jedoch bei einem erstaunlich guten Abendessen gemütlich. Original griechische Küche und dazu griechischer Wein. Müde und satt lümmelte ich kurz darauf auf der letzten Pullmannsitzreihe. Doch kurz vor dem Einnicken wurde es belebt im Schlafraum. Die LKW-Fahrer! Mit vollen Plastiktüten behangene Osteuropäer. Tschechen mit Bierbäuchen, Ungarn mit Salamis, undeodorierte Rumänen und reichlich Russen. Laut grölend polterten sie heran. Und: setzten sich neben mich, vor mich umzingelten mich und zwangen mich, es mir nur auf meinem Einzelsitz in der Ecke bequem zu machen. Haben Sie schon versucht, es sich inmitten eines Pulks russischer Fernfahrer gemütlich zu machen, die eine 48stündige, sicher pausenlose Odyssee, hinter sich haben? Ich kann verraten, dass der Moment, in dem die grobschlächtigen Brummilenker den Fusel aus den Tüten zogen und die Schraubverschlüsse abdrehten, fast etwas Befreiendes hatte. Wie der zarte Duft vorweihnachtlicher Spekulatiusgebäckduftkerzen stieg süßlich das Aroma des Wodkas in meine Nase und vertrieb langsam aber stetig das sibirische Wolfsrudelparfüm. Nach einer guten Stunde des faszinierten Zuschauens hatten meine neuen Freunde links neben und in den Reihen vor mir alle ihre jeweils erste Flasche ausgegurgelt. Neue wurden aus den Tüten geholt, die leeren auf den Sitzen, dem Boden und zwischen den Beinen verteilt. Allmählich sorgte ich mich ernsthaft um die Nachtruhe und die trinkfesten Fernfahrer fuhren fort. Noch unzählige Wodkaflaschen warteten darauf, in dieser Nacht geleert zu werden. Nach einer weiteren Stunde gab ich schließlich auf und zog um, ins rund um die Uhr geöffnete Schiffscafé.

Nach einer anstrengenden Nacht im Bordcafé, in der ich nur gelegentlich zwischen den Zügen am Strohhalm meines Frappés einnickte, lag noch ein ganzer Tag an Deck vor mir. Übernächtigt quälte ich mich durch die folgenden 15 Stunden und ging schließlich gegen 23 Uhr, im Hafen von Patras angekommen, zum Parkdeck und lenkte meinen Wagen übermüdet und zügig von der Fähre und nach Toló. Erst weit nach zwei Uhr in der Nacht parkte mein Auto neben der Tavérna To Néon. Perikles war für ein paar Tage verreist und so musste ich leider seine Mutter aus dem Bett klopfen. Eine Klingel hatte die Taverne nicht. Erst nach kräftigem Wummern an die geschlossenen Fensterläden erwachte Oma Vageló schließlich. Sie knipste das schummrige Licht der Taverne an, schlurfte müde durch den Gastraum und fingerte von irgendwo her den Schlüssel für die Tür. Als sie mich erkannte, wechselte ihr Gesichtsausdruck von Müdigkeit zu Freudentaumel. Sie riss förmlich die Türe auf, nahm mich in ihre kurzen Arme und drückte mich umso länger. »Έλα μέσα, καμάρι μου!« (Ela méssa, kamári mu – Komm rein, mein Stolz!), sagte sie und zog hinter mir und meiner Tasche rasch die Tür in die Angeln. Die trotz ihres hohen Alters noch immer rüstige Witwe, war sichtlich glücklich über den unerwarteten Besuch. »Perikles hat gesagt, dass du morgen kommst, ich hatte dich am Vormittag erwartet. Aber gut, dass du schon da bist, alleine fühle ich mich immer etwas unbehaglich.« Durch meine Anwesenheit beruhigt, würde sie jetzt noch besser weiter schlafen. Und so schickte Oma Vageló mich ebenfalls in mein Bett. In das Zimmer über der Küche der Taverne. Am nächsten Morgen wollten wir dann ausgiebig bei Kaffee und Tirópita die Neuigkeiten austauschen.

Ich erwachte in einem Traum. Das kristallklare Winterlicht, in dem die feuerrote Sonne aus dem Meer auftauchte und ihre wärmenden Strahlen durch die Balkontür auf mein Bett schickte, hatte nichts mit dem weich gezeichneten Horizont gemein, der in den Sommermonaten die Küsten der Ägäis umschmeichelt. Ein kühler Glanz lag über der Bucht von Toló, und gleichzeitig lud die bereits warme Sonne dazu ein, ihr Gesellschaft zu leisten. Ich schlüpfte also aus dem Bett, öffnete die knarzende Balkontür und ließ die Februarsonne herein. Es war unmöglich bereits jetzt an das Praktikum zu denken, das erst in zehn Tagen beginnen sollte.

Stattdessen genoss ich einfach nur die Aussicht und die auf der Haut zart kitzelnden Sonnenstrahlen. Aus diesem Morgentraum riss mich erst wieder Oma Vageló. Sie öffnete wie jeden Morgen seit 52 Jahren die Terrassentür und schlurfte langsam die drei Stufen herab auf die marmorplattierte Terrasse der Tavérna To Néon. »Ανδρέα έλα, να πιεις το καφεδάκι σου!« (Andréa, éla, na pjís to kafedáki su – Andreas, komm dein Käffchen trinken!), rief sie in Richtung meines Balkons. Sie wusste genau, dass ich bereits in der Sonne saß. »Αμέσως, έρχομαι. Καλημέρα Βαγγελιό μου!« (Améssos, érchome. Kaliméra Vangelió mu! – Ich komme sofort. Guten Morgen meine Vagelió!), rief ich ihr voller Vorfreude auf den griechischen Mokka über das Balkongeländer gelehnt zu. Wenig später saß ich am Küchentisch der Hausherrin und erzählte der niedlichen, grauhaarigen Oma von meinen Plänen für die nächsten Tage und Wochen.

Die Ferientage am Meer vergingen wie im Flug. Tagsüber badete ich bei frühsommerlichen Temperaturen im Meer, abends bummelte ich mit der dicken Winterjacke durchs Dorf oder besuchte das auch im Winter traumhafte Náfplion. Die Nächte im Februar können selbst auf der Peloponnes kalt werden. Mit Oma Vagelió saß ich abends oft am alten Ölofen im Gastraum der Taverne und sie erklärte, warum sich die Außentemperatur von acht Grad Celsius anfühlten wie minus zehn. »Έχουμε υγρασία« (échume ygrasía. – wir haben hohe Luftfeuchtigkeit) – »γι' αυτό κάνει τόσο πολύ κρύο« (jaftó káni tóso polí krío – deshalb ist es so sehr kalt.) Manchmal verbrachten wir Stunden vor dem Ofen und ich versuchte mein Griechisch für das unaufhaltsam näher rückende Praktikum zu verbessern.

An einem Morgen nach langen Ölofengesprächen schlürfte ich wieder meinen Mokka in der wärmenden Morgensonne, als sich Oma Vagelió zaghaft neben mich setzte. Sie bat ungern irgendwen um Hilfe, hatte ihr ganzes Leben hart gearbeitet und ihr Stolz schien ihr im Wege zu stehen. Ich merkte, dass sie irgendetwas auf dem Herzen trug und so kann ich ihr zuvor. »Vagelió, kann ich dir irgendwie helfen, mir ist gerade so langweilig.« Ihre altersfaltigen meist zu kleinen runden Sehschlitzen verengten Augen schienen sich für einen kurzen Moment zu weiten und sie funkelten hoffnungsfroh. Sie fasste mich großmütterlich am Arm und sagte: »Βαριέσαι; σίγουρα;« (Variésse? sígura? – Du langweilst dich? Wirklich?)

»Ναι, δεν ξέρω καθόλου τι να κάνω σήμερα!« (Ne, den kséro kathólu ti na káno símera – Ja, ich habe überhaupt keine Ahnung, was ich heute machen kann.)

»Μπορούσες να μου κάνεις μία χάρη.« (Mporúses na mu kánis miá chári – du könntest mir einen Gefallen tun.)

»Όλα, ότι θες!« (Ola, oti thes – Alles was du willst.)

»Ξέρεις να οδηγείς, έτσι;« (Kséris na odigís, étsi? – du kannst doch Autofahren, oder?)

»Ναι βέβαια! Ήρθα με το αυτοκίνητό μου.« (Ne, vévea! Írtha me to aftokínitó mu – Ja natürlich! Ich bin doch mit dem Auto hierhergekommen.)

»Λοιπόν, εδώ είναι τα κλειδιά του αυτοκίνητου του Περικλή.« (Lipón, edó ine ta klidiá tu aftokínitu tu Periklí – Also, hier sind die Schlüssel von Perikles Wagen), sagte Vageliό und drückte mir den Opel-Zündschlüssel begleitet von einem verschwörerischen Blick in die Hand. »Το πλαστικό είναι εκεί στη γωνία.« (To plastikó íne ekí sti gonía – Der Plastikkanister ist dort an der Ecke.) Sie deutete auf das ölige 20 Liter-Gebinde, das am Vorabend noch neben dem Kaminofen in der Taverne gestanden hatte. »Ξέρεις που είναι τα λεφτά;« (Kséris pu íne ta leftá? – Weißt du wo das Geld ist?), fragte sie noch.

»Ναι, ναι ... « (Ne, ne ... – ja, ja ...), antwortete ich und musste sicherheitshalber noch eine Frage loswerden: »Το πρόβλημα με την ασφάλεια ξέρεις όμως?« (To próvlima me tin asfália kséris omos? – Das Problem mit der Versicherung ist dir aber bekannt, oder?) Perikles hatte sein Auto nur auf seinen Namen versichert, daher durfte niemand anderes sich hinters Steuer setzen. »Μπορώ να πάω με το δικό μου αυτοκίνητο.« (Mporó na páo me to dikó mu aftokínito – Ich kann mit meinem Wagen fahren.)

»Ανδρέα, τι πρόβλημα είναι αυτό; Έχουμε χειμώνα. Να πας οπωσδήποτε με το αυτοκίνητο του Περικλή!« (Andrea, ti próvlima íne aftó? Echume Chimóna. Na pas oposdípote me to aftokínito tu Periklí! – Andreas, was für ein Problem soll das sein? Wir haben Winter. Du fährst auf jeden Fall mit Perikles Auto.)

Widerstand zwecklos. Vageló war sich sicher: Im Winter würde mich niemand kontrollieren, und wenn, dann gäbe es schon keine Strafe. Was soll ich sagen, die gute Frau hatte immer Recht und am Abend saßen wir wieder am Ofen. Der Plastikkanister war wieder voll.

Wenige Tage später begann das Praktikum. Am Sonntagnachmittag fuhr ich von Toló nach Athen, wo mich mein österreichischer Freund Robert in Empfang nahm. Er hatte mir eine kleine Wohnung besorgt. Möbliert, preiswert, gute Lage direkt an der U-Bahn und von gemütlichen kleinen Tavernen umgeben. Robert zeigte mir zuerst das Appartement. Oberste Etage in einem der typischen Athener πολυκατοικίες (polikatikíes), der vielgeschossigen Mehrfamilienhäuser. Es war die Dachwohnung. Ein Einraumappartement mit winzigem Klo, auf dem man sitzend duschen könnte. Es wirkte beengt. Vom Bett aus konnte man die Wohnungstür ebenso öffnen, wie die Türe zur Terrasse. Robert ging voran.

»Du musst dich übrigens um die zwei Haustiere des Besitzers kümmern. Ich zeig sie dir!«

Hinter Robert trat ich auf die Dachterrasse, die mich verblüffte. Sie erstreckte sich rund um die Wohnung und hatte fast die Ausmaße der gesamten Dachfläche des Hochhauses. Eine gemütliche Sitzecke in der einen, eine halboffene Küche auf der anderen Seite. Und irgendwo dazwischen klapperte etwas.

»Ach, da sind sie ja!« Robert zeigte auf zwei knorrige Schildkröten. »Sie essen am liebsten Salat, also leg ihnen hin und wieder ein paar Blätter hin. Apropos, hast du Hunger?«

»Na ja, ein bisschen, es ist aber auch noch früh.«

»Komm mal hier herüber!« Robert lehnte inzwischen an einer Brüstung der Dachterrasse. »Von hier aus kannst du sogar die Akropolis sehen. Guck, da drüben!«

Zwischen den Hochhausfluchten hindurch blickte ich in Richtung Innenstadt. Am Horizont konnte ich den Saronischen Golf erkennen und die Akropolis erstrahlte im Abendsonnenlicht. Die Dachwohnung beeindruckte. Jetzt. Ich sah mich bereits allmorgendlich auf der Terrasse

Frappé trinken, den Blick gen antiker Agora gerichtet. Robert unterbrach meinen Tagtraum.

»Ich schlage vor, ich zeig dir ein wenig die Gegend, wir trinken einen Kaffee und anschließend essen wir etwas hier unten in einer meiner Lieblingstavernen.«

Robert war bereits aus der Tür raus und ich lief ihm nach. Vor dem Haus stiegen wir auf sein Moped und eine rasante Stadtrundfahrt begann. Von der Bahnstation Ano Patíssia ging es zunächst die Patissionstraße herab in Richtung Zentrum. Lautstark rief mir Robert immer wieder Informationen zu, die mich die Freizeit rund ums Praktikum interessant verbringen lassen würden. Auf direktem Weg, vorbei an der Platía-Amerikís näherten wir uns zwischen hupenden Autoschlangen hindurch dem griechischen Gesundheitsministerium. Helme trugen wir nicht, und mehr als einmal streiften unsere Knie fremde Rückspiegel von im Stau steckenden Autos. Die Patissionstraße schwoll zu dieser abendlichen Stunde von Minute zu Minute an. Alle Athener schienen auf die Straße zu drängen. Die Straßencafés waren gut gefüllt, der Abend mild. An der Platía-Victoría bog Robert in eine enge Seitenstraße ab. Langsam rollten wir an dem mit kleinen Bäumen hübsch gesäumten Platz entlang. »Hier ist eine der größten Drogenszenen der Stadt«, raunte Robert mir zu, und ich solle aufpassen, wenn ich abends dort unterwegs wäre. Dann gab er wieder Gas und brauste auf die Aristoteles Straße. Wenige hundert Meter weiter hielt Robert vor einem grauen Gebäude.

»Dort drin ist ab morgen dein Arbeitsplatz«, sagte Robert. »Das ist das griechische Gesundheitsministerium. Jetzt kennst du den Weg. Und nun auf zum Frappé!«

Der Stau auf der Patissionstraße erstreckte sich inzwischen bis zum zentralen Omónia-Platz. Robert flitzte durch die Seitenstraßen, kreuzte hier und da die Patissionstraße und irgendwo in der Nähe der Platía Koliátsou stellten wir schließlich das Moped ab. In einer belebten Bar tranken wir Frappé und genossen die winterlich-warme Atmosphäre. Athener Februarabende können gemütlicher sein, als Berliner Sommertage.

Gegen halb zehn an Abend führte uns der Hunger schließlich in die angekündigte Taverne. Ο κήπος (O kípos – Der Garten) lag keine zweihundert Meter von meiner Bleibe entfernt. Als wir die unscheinbare Gaststätte betraten, durchdrangen leckere Aromen den Raum. Neben der Eingangstür stand eine lange Theke, auf der die frischen Tagesgerichte in großen rechteckigen Auflaufformen angerichtet waren. Der freundlich laute Kellner stürzte auf uns zu, führte uns an den nächstbesten Tisch, deckte ihn mit einer Butterbrotpapiertischdecke und stellte einen Brotkorb und zwei kleine Gläser darauf ab. »Κρασάκι άσπρο ή κόκκινο? (Krassáki áspro í kókkino? – Weißer oder roter Wein?), fragte er, hörte aber eigentlich gar nicht zu, sondern brachte im nächsten Augenblick bereits einen halben Liter Weißwein in einem blauen Blechkrug. In seiner Hand klebte ein fettiger Block, den er nun mit seinem abgegriffenen Bleistift bekritzeln wollte.

»Τι θα φάτε?« (Tí tha fáte? – Was werdet Ihr Essen?), fragte er und begann die Tageskarte aufzuzählen. Gefüllte Tomaten, Reisnudeln mit Rindfleisch, Hühnchen aus dem Backofen, dicke Bohnen in Tomatensauce, Lamm gegrillt oder gekocht, Auberginen mit Hackfleisch und so weiter. Alles tagesfrisch. Das Gebrachte und der Wein schmeckten vorzüglich und noch bevor das Praktikum begann, hatte ich die Hauptstadt der Griechen in mein Herz geschlossen. Und »Der Garten« wurde mein Stammlokal.

Am nächsten Morgen trat ich meinen ersten Arbeitstag im griechischen Ministerium an. Mit der ISAP, der altehrwürdigen »Elektrischen« wie die Athener ihre älteste U-Bahnlinie nennen, ratterte ich in einem bis zum Anschlag vollgequetschten Waggon von Ano Patíssia bis zur Station Viktória. Am Ausgang der U-Bahnstation wartete ein alter Greis mit einem kleinen Klapptisch auf dem er knusprig frische Sesamkringel feilbot. Die kleinen und größeren Ringe sahen köstlich aus und so kaufte ich an diesem Morgen den ersten Kulúri als Frühstückchen. Den ersten Happen steckte ich mir gleich in den Mund und sofort stand fest: Ich würde jetzt jeden Morgen dem Greis einen Kringel abnehmen. Den Mund fein sesamisiert querte ich in bester Laune den Platz, der am Vorabend noch nach einem finsteren Drogenumschlagsplatz aussah, aber im sonnigen Morgenlicht eine jetzt freundliche Atmosphäre verbreitete. Spatzen und Tauben flatterten aufgeregt hin und her und pickten die runtergefallenen Sesamkringelkrümel. Und beschwingt trat ich die letzten hundert Meter zur Aristotélous-Straße an. Vor dem Gebäude mit der Nummer 7 nahm ich die wenigen Treppen und stand kurz darauf vor dem Pförtner. Ordnungsgemäß meldete ich mich dort an, sagte, dass ich zum Praktikum komme und wo ich hin solle. Er guckte mich verblüfft an. Er hatte keine Informationen, telefonierte kurz verschiedene Nummer durch und wandte sich achselzuckend wieder an mich.

»Niemand weiß etwas von Ihnen. Und die Dame, zu der Sie angeblich sollen ist auf Dienstreise. Aber fahren Sie doch einfach mal nach oben in den fünften Stock.« Der Pförtner zeigte zum Aufzug und nickte mir aufmunternd zu, dann wandte er sich wieder seinem Kollegen zu.

In der fünften Etage angekommen, irrte ich zunächst suchend den Gang entlang. Schließlich fragte mich ein junger großgewachsener Mann wo ich hin wolle.

»Ach, du bist das? Unsere Chefin hatte vor einiger Zeit mal davon erzählt, dass ein Praktikant kommen würde. Ich bin Panajotis. Herzlich Willkommen!«

Und bevor ich antworten konnte schob er mich in ein Büro, in dem zwei weitere Kollegen an ihren unordentlichen Schreibtischen saßen.

»Das hier ist Andreas«, rief Panajotis in die Runde. »Unser Praktikant.«

»Hey, du kommst gerade richtig«, rief eine weitere Kollegin, die gerade ihren Kopf durch die Tür steckte. »Unsere Chefin ist bis Donnerstag auf Dienstreise im Ausland, und wenn sie nicht hier ist brauchen wir auch nicht arbeiten. Trinken wir also erstmal einen Kaffee. Ich heiße übrigens Jovássia. Was für einen Kaffee willst du? Ach, komm erstmal mit zu den anderen Kollegen.« Und bevor ich antworten konnte schob mich Jovássia nach nebenan. Von einem Büro zum nächsten wurden mir alle Kolleginnen und Kollegen der Reihe nach vorgestellt.

»Evgenía, bestell mal Kaffee!«, rief Jovássia einer jungen Kollegin zu, die gerade in der Nähe des Telefons saß.

»Andreas, was trinkst du? Griechischen Kaffee, Filterkaffee, Frappé?«, fragte Jovássia.

»Es gibt auch Cappuccino oder Espresso«, warf Evgenía ein.

»Ich trink immer Mokka«, meldete sich Georgios in entspanntem Tonfall von seinem Schreibtisch aus. Ich hatte ihn kaum gesehen, hinter den großen Aktenstapeln.

»Wenn du irgendwas brauchst kannst du auch mich immer fragen«, sprach mich nun von hinten eine junge, fröhlich lächelnde Frau mit kurzen Haaren an. »Ich bin Maria, immer für dich da!«

»Und wenn du irgendwas nicht verstehst, frag mich«, sprach mit der nächste Kollege von der Seite an. »Ich bin Apóstolos, einer der Dolmetscher hier«, ergänzte der bärtige gut genährte Mann, und schüttelte meine Hand.

»Ich bin Jurist, wenn du rechtliche Fragen hast bin ich genau der richtige für dich«, ergänzte ein kleiner, älterer Herr mit kurzgeschnittenem Vollbart und kleinem Bierbäuchlein, der sich durch die übrigen Kollegen nach vorne gedrängelt hatte.

Die Szenerie wirkte wie in einem Taubenschlag. Es gurrte und tappelte alles wild durcheinander. Ich suchte mir den nächstbesten Stuhl, ließ mich neben Evgenías Schreibtisch nieder und sagte zu ihr:

»Evgenía, also ich hätte total gerne einen Frappé. Métrio me gála. Mittelsüß mit Milch.«

»Kommt sofort!«, antwortet sie, griff zum Hörer und drückte auf die Taste 9. Nach drei Sekunden gab sie eine Kaffeebestellung ab und legte wieder auf. Als sie meinen überraschten Blick sah erklärte sie:

»Wir haben eine Cafeteria im Haus, wenn du Kaffee willst brauchst du nur die 9 zu wählen und bestellen was du willst. Die bringen auch Toast, Sandwiches und Kleinigkeiten zum Frühstück.«

Ich war verwirrt. Wollten mich die neuen, superfreundlichen Kollegen verulken? Nicht arbeiten, wenn kein Chef im Haus, auf die 9 drücken, wenn man Kaffee trinken will? Doch während ich noch verdutzt in die fröhlich lächelnden Gesichter blickte erschien ein junger Mann im Türrahmen, der ein Tablett trug, das an drei Streben hing, die am oberen Ende zu einem Ring als Handgriff verbündelt waren. Er brachte zwei

Frappé, einen Mokka und Cappuccino. Er verschwand fast ebenso schnell wie er gekommen war und ich blickte ihm staunend nach.

Den Rest des Tages verbrachten wir Kaffee trinkend und uns kennen lernend in den unterschiedlichen Büros der insgesamt 15 Mitarbeiter, die zum Arbeitsbereich des Referates für Internationale Beziehungen gehörten. Die Zeit verging wie im Fluge, und um 14:30 Uhr war bereits Feierabend. Pünktlich gingen alle, und ich glaube sogar, dass kaum jemand bis wirklich um halb drei vor der Stechuhr im Flur gewartet hatte. Am Dienstag verlief der Tag ganz ähnlich. Mir dämmerte allmählich, dass es durchaus ernst gemeint war, als sie mir erzählt hatten, dass sie nicht arbeiten, wenn die Chefin nicht im Haus ist. Und auch am Mittwoch tranken wir mehr Kaffee, als Akten angefasst wurden. Erst am Donnerstag änderte sich der Ablauf geringfügig, als die Chefin von der Auslandsdienstreise zurückkehrte. Eine elegante, hochgewachsene blondierte Dame in hochhackigen Schuhen begrüßte mich ausgesprochen freundlich und bat mich in ihr Büro. Auf der tiefen Plüschcouch nahm ich Platz und sie plauderte eine ganze Weile mit mir, ehe sie beschloss, dass die Woche ja eigentlich bald vorbei wäre. So tranken wir wieder Kaffee, lernten uns besser kennen und am Ende der ersten Woche hatte ich das Gefühl in eine neue Familie hereingewachsen zu sein.

Die nächsten Wochen vergingen wie im Fluge. Mir wurden sogar wirkliche Arbeiten übertragen und gleichzeitig hatte ich reichlich Zeit mein Griechisch von Tag zu Tag zu verbessern. An den Wochenenden fuhr ich regelmäßig nach Toló, wo ich meinen Freunden von der Arbeit im Ministerium berichten musste. Von montags bis freitags traf ich mich in Athen regelmäßig mit den Kolleginnen und Kollegen nach Feierabend und an den Abenden. Wir gingen was trinken, gemeinsam Essen oder auch mal Feiern. Teamarbeit wurde großgeschrieben. Nicht nur im Dienst, sondern auch nach Feierabend. Und ich lernte auch, dass nicht nur das völlig anders funktionierte, als die Arbeit in einem deutschen Ministerium.

Der Abschied nach sechs Wochen im griechischen Dienst fiel mir nicht leicht. Ich hatte von einer der exklusivsten Athener Konditoreien Küchlein und Süßigkeiten gekauft und wir genossen sie in großer Runde mit allen Kolleginnen und Kollegen. Irgendwann bat mich die Chefin erneut in ihr Büro. Sie wirkte jetzt etwas ernsthafter, als sie mir erneut bedeutete, mich auf Ihre Couch niederzulassen.

»Andreas, es ist schade, dass du schon gehst«, sagte sie in einem zuckersüßen Ton zu mir und blickte mir fest in die Augen. »Wenn du bleiben willst, gerne. Ich besorge dir einen Job hier im Ministerium, kein Problem.« Und erwartungsvoll wartete sie auf meine Antwort. Schweren Herzens schlug ich ihr verlockendes Angebot aus.

»Aber ich komme euch sicher eines Tages wieder besuchen«, schickte ich hinterher.

»Du bist immer herzlich willkommen!« Dann drückten wir uns zum Abschied und in großer Runde überreichten mir die versammelten Kolleginnen und Kollegen mein Abschiedsgeschenk. In einem blauen Samtetui steckte ein edles Komboloi mit Echtsilber und Kügelchen aus Ziegenhorn. Das traditionelle griechische Spielzeug eignet sich perfekt dafür sich die Zeit zu vertreiben. Ob ich jemals wieder so viel Zeit für Komboloispiele haben würde wie in Athen?

Für den Abend meines letzten Praktikumstages in Athen hatte Jovássia dann noch zu einer privaten Party zu sich nach Hause eingeladen. Fast alle Kolleginnen und Kollegen, die ich im Ministerium kennengelernt hatte, waren ebenso zugegen, wie eine Reihe weiterer Freunde. Es wurde ein langer Abend, eine späte Nacht und ein früher Morgen, der erst mit einem Kaffeetrinken in der Morgensonne endete. Ausdauernder und intensiver konnte der Abschied aus Athen nicht sein. Hundemüde schlich ich gegen halb zehn am Morgen in meine möblierte Übergangsbleibe. Ich warf meine Sachen in den Koffer, gab die Reste der Salatblätter den Schildkröten und als ich gerade den Koffer vor die Tür schob, erschien auch schon Robert zur Schlüsselübergabe. Wehmütig und nicht ohne meinem österreichischen Freund ausgiebig für seine Hilfe zu danken, fuhr ich ab. Noch einmal nach Toló, das Wetter war blendend. Fast sommerliche Temperaturen über 20 Grad. Mir blieben noch zehn Tage Urlaub, bevor ich wieder von Patras die Fähre nach Triest nehmen musste. In Athen hatte ich mir kurz vor der Abreise noch im örtlichen Büro der

Fährgesellschaft ein Upgrade für die Rückreise gegönnt. Den Pullmannsitz hatte ich gegen ein Bett in einer Viererkabine getauscht. Nach so intensivem griechischen Lifestyle und Filótimo der letzten Wochen, hatte ich einfach keine Lust auf eine wodkageschwängerte Pullmannsitzpassage mit russischen Lastwagenlenkern. Stattdessen lag ich auf einem bequemen Bett der Fähre, als das Schiffshorn zum Abschied tutete und ich die Ziegenhornkügelchen des Kombolois zwischen den Fingern spielen und die Gedanken an das unvergessliche Praktikum kreisen lies. In den nur sechs Wochen hatte ich weit mehr gelernt, als nur griechisches Verwaltungshandeln. Eine lebensbereichernde Erfahrung allererster Güte, für die ich den lieben Kolleginnen und Kollegen aus der Aristoteles-Straße ewig dankbar sein werde.

Doch zurück in Deutschland tobte wieder ein anderes Leben. Als mich mein Professor einige Tage nachdem ich meinen obligatorischen Praktikumsbericht abgegeben hatte plötzlich und unerwartet anrief, war ich zunächst neugierig. Er hingegen wirkte eher aufgebracht, fast sprachlos, und dennoch sprach er mich klar und deutlich mit scharfen Worten an: »Herr Deffner, wollen Sie mich eigentlich verarschen?« Ich verstand wieder einmal nichts, obwohl mein Telefonpartner doch ein Landsmann war.

»Na dieser, dieser so genannte Praktikumsbericht ...«, suchte er nach Worten.

»Was ist denn mit meinem Bericht?«, fragte ich zaghaft.

»Das haben Sie sich doch ausgedacht! Das stimmt doch alles hinten und vorne nicht, was da drin steht«, brüllte er fast in den Hörer und ich war völlig baff, konnte mir nicht erklären, was er denn wohl meinen konnte. Und so antwortete ich:

»Herr Professor, ich weiß nicht was Sie meinen. Alles was in meinem Bericht steht, entspricht zu einhundert Prozent der Realität.«

»Das glaube ich Ihnen nicht«, schnaubte er zurück.

»Wieso denn nicht? Es stimmt wirklich!«, verteidigte ich mich guten Gewissens.

»Nein, nein und nochmals nein, ich glaube das nicht. So funktioniert doch keine Verwaltung!« Der Professor war verzweifelt. Ächzte hörbar am

Hörer, schluckte noch einmal nach meinem allerletzten Erklärungsversuch und verabschiedete sich:

»Nun gut, ich werde noch mal in Ruhe darüber schlafen. Aber eigentlich glaube ich Ihnen immer noch kein Wort. Das ist alles viel zu unglaublich«, sagte er und legte auf. Er war sicher noch nie in Griechenland ...

Gefüllte Tomaten
Ντομάτες »γεμιστά« - Domátes jemistá

Zutaten:

8 große reife Tomaten, 1 kleingeschnittene Zwiebel, 2 kleingeschnittene Knoblauchzehen, 1 Tasse Reis, 2 EL Tomatenmark, ½ Tasse kleingeschnittene getrocknete Tomaten in Öl, ½ Tasse Weißwein, 1 Tasse Olivenöl, Salz, Pfeffer, 1 Prise Muskatnuss, 1 TL Thymian, 1 Tasse gehackte Kräuter (Petersilie, Koriander, Minze, Basilikum, Rucola), ½ Tasse Pinienkerne, 1 Tasse getrocknete Früchte (Rosinen, Korinthen, Cranberries, Feigen, Datteln, Aprikosen)

Zubereitung:

Tomaten waschen, Decken abschneiden, aushöhlen und Tomatenfleisch kleinhacken. Auf einem Blech oder in einer Auflaufform Tomaten dicht nebeneinander setzen. In einem Topf die Hälfte des Olivenöls erhitzen, Zwiebel und Knoblauch anbraten, dann Tomatenmark und getrocknete Tomaten mit anrösten und mit Weißwein löschen. Tomatenfleisch, Salz, Pfeffer, Muskatnuss und Thymian dazugeben und kurz aufkochen. Reis, Kräuter, Pinienkerne und getrocknetes Obst dazugeben, umrühren und den Topf vom Herd nehmen. Nachwürzen und mit der Reismasse die Tomaten etwas mehr als bis zur Hälfte füllen. Beachten Sie dass der Reis Platz braucht um aufzugehen. Tomatendeckel aufsetzen, mit dem restlichen Olivenöl übergießen und im vorgeheizten Backofen bei 180 °C ca. 1 Stunde backen bis der Reis weich ist.

Servieren Sie die gefüllten Tomaten mit Bauernsalat, Weißbrot und Weißwein. Sie schmecken auch kalt sehr gut.

10

Rally Toló-Stoúpa – Ausflug mit Hindernissen

Es war August. Irgendwann Ende der 1990'er Jahre. Finne und ich verbrachten wieder einmal unsere Ferien gemeinsam in Toló. Wie auch
in den vergangenen Jahren wollten wir einen Ausflug ins gemächliche
Toló-Programm einschieben. Wir mieteten einen kleinen Fiat bei unseren
freundlichen Autovermietern, packten Badesachen und Wechselwäsche in
die Rucksäcke und fuhren los. Ich hatte die große Peloponnes-
Straßenkarte ins Handschuhfach gelegt, die ich erst kürzlich bei meinem
Freund Adonis, dem Postkarten- und Touristenbedarfsverkäufer von Toló,
erstanden hatte. Ganz neu sei sie, hatte Adonis noch gesagt. »Alle Straßen
der gesamten Peloponnes sind eingezeichnet.« Wir waren also bestens
vorbereitet, und so nahmen wir beschwingt und voller Vorfreude den
kürzesten Weg in Richtung Süden. Unser Ziel war Stoúpa. Man hatte uns
erzählt, dass es wundervoll am Fuße des Taígetos-Gebirges liegen würde
und mit einem traumhaften Sandstrand gesegnet sei. Dort wollten wir
zwei Nächte verbringen. Baden, lecker essen und trinken und vielleicht
noch ein bisschen Party machen.

Die Vormittagssonne brannte bereits teuflisch und der unklimatisierte
Fiat nahm Temperatur an, ganz so, als wollte uns jemand zum Frühstück
Brötchen in ihm aufbacken. Kurze Hosen, aufgerissene Fenster, so ging es
die Serpentinen hinauf in Richtung Tripolis, der Kreisstadt in den Bergen,
rund 60 Kilometer von Toló entfernt. Die Steigung schien dem Fiat ordentlich zuzusetzen, denn in regelmäßigen Abständen drang ein zäher
Benzingeruch zu uns in den Innenraum des Wagens. Die Fahrt die Berge
hinauf dauerte lange. Unsere Sorgen wegen des Gestanks nahmen zu.
»Lass uns lieber mal nachsehen«, sagte ich zu Finne und lenkte den Wagen an den Straßenrand. Wir öffneten die Motorhaube und blickten ge-

spielt fachmännisch auf den überall trockenen Motor. Der Benzingeruch jedoch schien aus einer ganz anderen Richtung zu kommen. Argwöhnisch warfen wir einen Blick auf den Tank und staunten nicht schlecht: Die hintere Seite des Fiat war über und über mit Benzin verschmiert. Der Tankdeckel fehlte gänzlich. Jetzt wurde uns schlagartig bewusst, warum es immer nur in den Linkskurven gerochen hatte. Dann war in schöner Regelmäßigkeit Benzin aus dem Tank geschwappt. Es waren nur noch wenige Kilometer bis Tripolis und so beschlossen wir, ganz langsam bis zur nächsten Tankstelle weiter zu fahren.

Der dortige Tankwart schaute uns überrascht an. Sein Blick wanderte von Finne zu mir und wieder zurück.

»Wo habt ihr den Deckel liegen lassen?«

Achselzuckend machten wir ihm klar, dass wir noch gar nicht getankt und daher den Deckel nicht hätten liegen lassen können. Er musste schlichtweg abgefallen sein.

»Ihr müsst direkt zu Fiat, da passen nur die echten Deckel drauf. Ich hab nichts passendes.«

Der Tankwart sah uns entschuldigend an. Wir ließen ihn sicherheitshalber noch ein paar Liter nachtanken und er beschrieb uns unterdessen den Weg zur Fiat-Vertragswerkstatt im gut 50 Kilometer entfernten Sparta.

Eine Stunde später dirigierte uns der Fiat-Fachmann von Sparta mit dem Wagen in eine alte, unordentliche Werkstatt und machte sich auf die Suche nach einem passenden Tankdeckel. Es dauerte eine gefühlte Ewigkeit. Sollte unsere Reise nun doch zu Ende sein?

»Ich habe keinen passenden Deckel für euch, Jungs.« Ratlos sahen Finne und ich uns an.

»Wir müssen aber weiter!«, sagte ich zum Fiat-Fachmann.

»Dann wartet noch kurz, ich bastele euch was!«, sagte er und verschwand in einem Nebenraum der Werkstatt. Wenig später kehrte er zurück. In den Händen hielt er einige grobe Monteurs-Lappen, eine Plastiktüte und ein Gummiband. Rasch waren die Lumpen zu einer dicken Wurst verdreht, die alsdann flink in unserem Tank gerade so weit verschwand, dass noch ein etwa tennisballgroßer Rest herausblickte. Um diesen band der Fiat-Fachmann geschickt die Plastikfolie, die er abschließend mit dem Gummiband fixierte. Tankdeckel á la Grecque! Wir waren beeindruckt. Es war sicher nicht seine erste Reparatur eines fehlenden Tankdeckels.

Durchgeschwitzt, aber glücklich weiterfahren zu können, nahmen wir von Sparta aus die gut ausgebaute Straße nach Süden in Richtung Gýthio. Es war inzwischen Mittag, ein kleiner Hunger kam auf und so beschlossen wir schließlich, auf schnellstem Weg nach Stoúpa zu fahren. In der Karte war eine zwar kleine, dafür aber direkte Straßenverbindung quer über das Taígetos-Gebirge bis genau nach Stoúpa eingezeichnet. Und fast auf dem Gipfelzug des Gebirges sollte ein kleines Bergdorf namens Àrna liegen. Wir beschlossen, dort etwas zu Mittag zu essen. Die schmale Straße schlängelte sich in der Folge malerisch den Berg hinauf. Rechts und links wuchsen Feigen an alten knorrigen Bäumen und unsere Mägen begannen zu knurren, als wir nach einer knappen Stunde endlich Àrna erreichten. Die Straße endete inmitten eines ansehnlichen Dorfplatzes mit einer riesigen uralten Platane, in dessen Schatten eine Taverne ihre klapprigen Stühle und Tische aufgestellt hatte. Der ideale Platz für eine Mittagspause. Hier oben auf fast 1.000 Höhenmetern war die sommerliche Hitze weniger brennend, wir kühlten uns ab, und der zum köstlichen Essen – es gab Hühnchen aus dem Backofen, Bauernsalat und frischgeschnittene Kartoffelecken – gereichte Weißwein ließ uns die Strapazen der bisherigen Reise vergessen.

Nach einer guten Stunde tunkten wir die letzten Stücke des frischen mit Sesamkörnchen bestreuten Weißbrotes in das vom Salat übriggebliebene Olivenöl. Der Dorfplatz lag etwas erhöht und war zu der Seite hin, an der der Wirt seine Tische aufgestellt hatte, mit einer halbhohen Natursteinmauer abgegrenzt. Von hier oben hatten wir einen unverbauten Blick auf ein weitläufiges Areal, das mit Olivenbäumen bepflanzt war. Und zwar so weit das Auge reichte. Während die silbrigen Blätter der Ölbäume im Sommerwind raschelten und die Zikaden aufgeregt kreischten, steckte ich mir die letzte olivenölgeschwängerte Brotkrume in den Mund. Wir waren herrlich müde und satt, doch wir hatten unser Ziel noch nicht erreicht. »Wir sollten jetzt weiter, wenn wir heute noch in Stoúpa baden wollen. Es ist zwar laut Karte nicht mehr sehr weit, aber eine Stunde werden wir sicher noch brauchen«, sagte ich zu Finne.

Er nickte noch träge, dann setzten wir uns in den Wagen. Nicht jedoch, ohne den freundlichen Tavernenbesitzer vorher noch nach dem Weg aus dem Dorf hinaus zu fragen, denn die Straße, über die wir gekommen waren, endete als Sackgasse auf der Platía. Der äußerst vertrauenswürdige alte Mann deutete auf das Ende der Begrenzungsmauer, wo sich ein schmaler Schotterpfad hinab zum Olivenhain schlängelte.

»Da geht's lang! Folgt dem Verlauf des Weges, dann kommt ihr wieder auf die Straße!«

Es muss seine vertrauenswürdige Art gewesen sein, die uns, ohne weiter darüber nachzudenken, den uns unbekannten Weg einschlagen lies.

Wir fuhren eine Weile am Rand der riesigen Plantage entlang, bis sich der Weg irgendwann im Nichts verlief. Nach über einer Stunde hatten wir die Olivenbaumfelder immer noch nicht verlassen. Stattdessen schwitzten wir porenlos bei 40 Grad im Schatten, beziehungsweise bei geschätzten 80 Grad in unserem Wägelchen. Der Fiat quälte sich inzwischen abseits des Weges durch einen Mix aus vertrocknetem Gras, niederem Gestrüpp und Geröll. Längst war uns klar, dass wir uns verfahren hatten. Alles hier wirkte gleich. Und so war selbst an ein Umkehren nicht mehr zu denken. Unsere Wasservorräte, das kam hinzu, waren für dieses Abenteuer eine echte Herausforderung: Wir hatten exakt gar nichts zu trinken dabei! Der Austrocknung nah, irrten wir weiter, bis wir plötzlich am Horizont ein altes baufälliges, aber offenbar bewohntes Haus entdeckten. Es stand mitten in einer Olivenplantage. Ein kleiner Pferch gehörte dazu, doch von Lebewesen fand sich weit und breit keine Spur. Auch als wir riefen und durch die Fenster blickten, blieben wir allein auf weiter Flur. Ratlos ließen wir uns im Schatten der Bäume nieder, um zu überlegen. Finne schaute zum Himmel, ich tat es ihm nach. Es muss ein Wink aus den nicht vorhandenen Wolken gewesen sein, der uns den kleinen Abhang hinaufblicken lies. Dort oben hinter den Bäumen war doch etwas, das nicht zur Plantage zu gehören schien!? Schlagartig wurde uns bewusst, was wir dort entdeckt hatten. Der Autoschlüssel steckte blitzschnell im Zündschloss, und ohne ein Wort zu sagen, rasten wir den staubigen Abhang hinauf in

Richtung des kleine Hoffnung gebenden Kirchturms. Unterm Auto tropfte es. Wie das Kondenswasser der Klimaanlage, die wir nicht hatten. Unsere gesamte Körperflüssigkeit musste bereits im Fußraum sein und durch das rostige Bodenblech fließen. Die Dehydrierung stand zweifellos kurz bevor.

Wir glaubten an ein Wunder, als sich vor unseren vertrockneten Netzhäuten schemenhaft ein Kiosk in der Nähe der Kirche abzeichnete. Daneben ein Kafeníon. Wir standen auf einem winzigen Dorfplatz!

Die erste Flasche Wasser verschwand in Bruchteilen einer Sekunde in unseren Rachen. Die zweite tranken wir dann entspannter, in Gesellschaft zweier griechischer Mokkas. Leben kehrte zurück, wir fühlten uns wie neugeboren. Und als wir aufbrachen, und unseren 140 Drachmen billigen Kaffee bezahlten, hatte sich bereits wieder so etwas wie Abenteuerlust entwickelt. Es fühlte sich gar nicht mehr schlimm an, als wir wieder im Fiat sitzend, den Weg in die Berge antraten. Wir waren nun genau auf der kleinen holprigen Straße, die auf meiner alten Karte als einzige in dieser Gegend eingezeichnet war. Geradewegs über den Pass würde sie uns auf die gegenüberliegende Seite des Taígetos-Gebirges führen. Und dort am Fuße der Berge wartete das beschauliche Stoúpa auf uns, dessen enge geschützte Bucht wie der Freiraum zwischen großem und Zeigezeh geformt ist. Mit diesem Bild vor Augen gab *mein* Fuß Gas. Der Fiat rumpelte die stetig ansteigende Straße Kilometer um Kilometer herauf. Wir hatten etwa die Hälfte des Weges zum Pass erklommen, als der Asphalt einer feinkiesigen Schotterstraße wich. Unsere Verwunderung nahm noch zu, als Kilometer später der feinkiesige Belag zu einem gröberen Schotter und später zu einem noch viel unangenehmeren Grobkies wechselte. Wir konnten nur noch langsam fahren; es würde noch eine Weile dauern.

Nach etwa einer Stunde kam der Pass in Sichtweite. Es war, so weit oben, merklich kühler geworden. Ein zugiger Wind wehte zudem um den Fiat herum und vor uns sahen wir aus der Ferne bereits einen großen roten Wagen. Als wir uns ihm näherten, bemerkten wir, dass es ein schweres Geländefahrzeug der Feuerwacht war. Neben dem panzerähnlichen Jeep standen zwei Männer in dicken, schweren Schutzanzügen. Sie beäugten uns argwöhnisch und mit Kopfschütteln, als wir – freundlich grüßend – an ihnen vorbei schlichen und wenige Meter weiter den Pass überquerten. Ein traumhaftes Panorama eröffnete sich vor uns. Am Horizont funkelte das tiefblaue Meer und es erschien von so weit oben, als würde es uns zu Füßen liegen. Ganz nah war es und doch so weit. Als ich, nun in Schrittgeschwindigkeit, den Fiat bergab lenkte, sahen Finne und ich uns besorgt an. Das, was vor uns als »Straße« lag, war nicht einmal ein Schotterpfad. Was hier vor uns lag, glich einem ausgetrockneten Flusslauf. Die Piste war ganz offensichtlich nur für schwere Jeeps konzipiert. Riesige Felsbrocken lagen hier und da quer auf der groblöchrigen Fahrbahn. Ich hielt an. Was sollten wir tun?

Finne blickte auf die Uhr. Es war bereits nach 18 Uhr. Sollten wir umkehren? Die Strecke nach Stoúpa über die auf meiner Karte alternativ eingezeichnete große Hauptverkehrsstraße, würde jedoch einen Umweg von rund 100 Kilometern bedeuten. Wir wären sicher nicht vor 22 Uhr in Stoúpa. Eigentlich zu spät, denn wir mussten uns ja auch noch eine Bleibe für die Nacht suchen. Wir entschieden uns daher für das Unmögliche. Wenn wir nur ausreichend langsam fahren würden, wäre es sicher auch mit einem Fiat anstelle eines Land Rovers möglich, diese Bergabfahrt über die perfekte Moto-Cross-Strecke zu meistern. Vor uns lagen etwa 20 Kilometer unwegbarstes Gebiet mit einem geschätzten Gefälle von mindestens 10 bis 15 Prozent. Jetzt schwitzten wir wieder in unserem Mietwagen. Diesmal war es jedoch der pure Angstschweiß. Wie eine Ziege bockte und sprang der kleine Fiat die Piste hinab, obwohl wir zunächst nicht mehr als 10 Stundenkilometer fahren konnten. Während ich versuchte, mich am Lenkrad festzuhalten, krallte sich Finne mit beiden Händen in den Haltegriff oberhalb der Beifahrerscheibe. Durch die geöffneten Fenster tobte der Staub hinein und hinter uns verschwand die Landschaft im beigefarbenen Nebel. Immer wilder ging es bergab, die Felsbrocken auf der Piste nahmen stetig an Größe zu und irgendwann ging es nur noch darum, irgendwie auszuweichen. An ein kontrolliertes Lenken war längst nicht mehr zu denken. Wir hatten irgendwie die Kontrolle verloren. Was für eine absurde Idee war es bloß gewesen, zu glauben, dass man mit einem gemieteten italienischen Kleinwagen heil durch diesen Teil des griechischen Hochgebirges kommen würde. Immer wieder wurden wir von unseren Sitzen an die Wagendecke geschleudert, hin und wieder setzte der Fiat auf. Dann hörten wir das metallene Knarzen des Bodenblechs, das sich über die spitzen Felsbrocken schob. Als uns nach etwa einer Stunde völlig unerwartet ein fremdes Auto entgegenkam, waren wir mehr als überrascht. Wer käme auf die bescheuerte Idee, hier hinauffahren zu wollen? Als sich der Geländewagen näherte, waren wir sicher, dass unser Badeausflug nun endgültig ein jähes Ende nehmen würde. Drei finstere Gestalten in so abgerissenen Klamotten, dass uns nichts anderes einfiel, als dass es sich bei diesen um Menschenfresser handeln müsse. Ja, ganz sicher. Sie würden uns aus unserem völlig unangemessenen Fahrzeug reißen und noch an Ort und Stelle roh verzehren. Maximal verängstigt rollten wir fast stehend an ihnen vorbei. Die Piste duldete an dieser Stelle kein Ausweichen. und schneller Fahren war unmöglich. Fast berührten sich die Außenspiegel unserer Fahrzeuge und ich konnte den dampfenden Atem des Fahrers riechen und fühlte, wie sich eine fürchterliche Gänsehaut auf meinen Armen ausbreitete. Mein Fuß zuckte plötzlich und vom Hirn nicht mehr beeinflussbar. Der Motor jaulte auf, die Räder drehten durch und wir schossen wie vom Teufel beseelt den Abhang hinunter. Es muss an dieser Stelle gewesen sein, wo sich der Fiat einen schweren Schaden an der Achsaufhängung zugezogen hat. Wie durch ein Wunder gelangten wir eine ganze Zeit später am Fuße des Berges auf eine Asphaltstraße. Das letzte Stück unserer Etappe nahmen wir wie in Trance. Als wir nun vor den Toren Stoúpas standen, rieben wir uns verwundert die Augen und den Staub aus den Brauen. Es war unglaublich, wir waren dem Tod bereits zum zweiten Mal an diesem Tag von der Schippe gesprungen. Jetzt war uns nach kühlem Bier und griechischem Wein zumute.

Die Ankunft in Stoúpa war eine Erlösung. Wir blickten auf die wundervolle zehenzwischenraumförmige Bucht mit ihrem feinen, weißen Sandstrand. An der Promenade reihten sich Cafés und Restaurant, Hotels und Pensionen aneinander. Es war nicht leicht einen Parkplatz zu finden. Jetzt im Hochsommer platzte der niedliche Badeort fast aus allen Nähten. Es war bereits nach 20 Uhr als wir von Herberge zu Herberge eilten, nur, um an jeder Tür das gleiche zu hören: »Leider haben wir kein Zimmer mehr frei. Alles belegt. Ihr seid spät dran Jungs.« Es war zum Verzweifeln. Niedergeschlagen hockten wir uns auf einen kleinen Betonsockel, um nachzudenken. Wir hatten nun fast die gesamte Bucht abgelaufen, doch eine Unterkunft schien es für uns nicht zu geben. Wir würden wohl noch am Abend nach Toló zurückfahren müssen. Allein der Gedanke daran ließ uns einen letzten Anlauf nehmen. »Guck mal da Finne!« Ich deutete den kleinen Bachlauf hinauf, der eher einem Abwassergraben glich. In zweiter oder dritter Reihe hing versteckt an einem tiefen Hauseingang ein winziges Schild: »Zimmer« sollten die abgeblätterten Buchstaben wohl einmal bedeutet haben. »Ich geh da jetzt fragen. Besser eine billige Absteige als gar nichts.«

Eine freundliche ältere Dame saß auf einem Plastikstuhl im Eingangsbereich und unterhielt sich angeregt mit einer zweiten, etwa gleichaltrigen Freundin. »Haben Sie vielleicht ein Zimmer für uns?«, unterbrach ich jäh die Frauen in ihrem Gespräch. »Es ist auch nur für eine Nacht«, legte ich in meinem damals noch sehr rudimentären Griechisch nach. »Ja, ihr habt Glück. Zufällig ist unser wundervolles Appartement heute noch frei. Für eine Nacht wird es gehen. Ich mache euch auch einen Freundschaftspreis. Sagen wir 10.000 Drachmen. Kommt, wir gehen gleich runter.« Sie nahm ein Schlüsselbund von einem kleinen runden Metalltischchen und ging voran. Widerstand zwecklos. Der Preis, den sie uns genannt hatte, entsprach eigentlich nicht unseren Vorstellungen. Damals bekam man für das Geld schon sehr ordentliche Hotelzimmer. Aber wir hatten ja ohnehin keine Wahl. Es schien das letzte freie Zimmer in Stoúpa zu sein. Also sagten wir spontan zu. Die jetzt bestens gelaunte, rundliche Frau schlurfte in ihren Plüschsandalen voran, schloss etwas unterhalb des Straßenverlaufs eine dicke Holztür auf und machte drinnen rasch das helle Deckenlicht an, während die Gummilippe an der Wohnungstür noch über den blanken Fliesenboden quietschte. Unsere Bleibe war eine angenehm eingerichtete und blitzsaubere Kellerwohnung. Gut, es war etwas düster, aber das störte uns nicht. Wir wollten ja eh nur eine Nacht hier schlafen. Schnell zeigte die Hausherrin uns das Badezimmer, die Küchenzeile und das separate Schlafzimmer, dann drückte sie uns die Schlüssel in die Hand und verschwand wieselflink. Sie hatte offenbar mit ihrer Freundin noch einige Dinge zu besprechen. Finne und ich stellten unsere Taschen in den Wohnraum. Wir wollten schnell noch an den Strand, bevor es richtig dunkel würde. Badehosen an, Handtuch über die Schulter und zwei Minuten später standen wir endlich auf dem Sand. Wir tauchten in das spiegelglatte Meer. Es fühlte sich an, als hätten wir dreißig Tage nicht geduscht. Nach dem literweisen Schwitzen im Fiat, wähnten wir uns nun im Paradies. Ja, der Ausflug hatte sich gelohnt, auch wenn wir dabei fast ums Leben gekommen wären. Jetzt konnten wir darüber lachen.

»Lass uns mal langsam was Essen gehen, ich habe Hunger.« Finne nickte nur und lief bereits vor. Es war schon dunkel, als wir in unser Appartement eilten. Ich warf das Badehandtuch auf die Couch im Wohnraum. Es blieb halb auf dem daneben stehenden Plastiktisch liegen, aber das war nun erstmal egal. Wir sprangen in trockene Hosen, warfen uns T-Shirts über und wenig später saßen wir auf der zauberhaften Terrasse einer Taverne am Ortsende. Von hier aus konnten wir die gesamte Bucht überblicken. Im Hintergrund zeichnete sich schemenhaft das Relief des Taígetos-Gebirges am sternenklaren Himmel ab. Wie hätte dieser Abend besser enden können, als mit ein, zwei Kilo Wein, Souvláki, Feta, Oliven und Co. Wir mussten nochmal an die Menschenfresser denken und lachten laut in die warme Stoúpa-Luft.

Weit nach Mitternacht wankten wir hundemüde zu unserer Kellerwohnung zurück. Wir überquerten den kleinen Bachlauf, von dem ich nun annahm, dass er auch die Abwässer der angrenzenden Grundstücke ableitete. Finne schloss bereits die Tür auf. Ich hörte die Gummilippe quietschen und wir freuten uns einfach nur noch auf unser Bett. Schnurstracks ging ich in Richtung Schlafzimmer. Ich kam an dem Plastiktisch vorbei, auf dem noch mein schwarzes Badehandtuch lag. Unordentlich ausgebreitet, reichte es bis zum Boden und weiter zur Couch. Im Vorübergehen griff ich es unachtsam und warf es auf die Couch. Im Halbdunkel flog es durch die Luft und gleichzeitig prasselte es. Mein Gehirn versuchte das Geräusch zuzuordnen, doch es gelang nicht. Als hätte ein Hagelschauer den Plastiktisch überrascht. Das alles geschah in Sekundenbruchteilen. Als mein Blick sich zum Tisch bewegte, weiteten sich meine Pupillen unmenschlich und die Gänsehaut, die ich hatte, als ich die Menschenfresser sah, war gegen das, was jetzt auf meinem gesamten Körper einsetzte, eine glatte Oberfläche. Unzählige riesige und tiefschwarze Tiere mit harten Körpern purzelten auf den weißen Kunststofftisch, prallten an ihm ab, fielen von dort auf den Fliesenboden und verschwanden blitzschnell. »Kakerlaken! Finne, da sind hunderte Kakerlaken!« Ein grässliches Bild, wenn sich eine Hundertschaft dieser flinken Gesellen aufgescheucht in allen Winkeln des Zimmers verteilt. Die allermeisten der etwa kleinfingerlangen Schaben flüchteten blitzartig unter die Bodenleiste der holzvertäfelten Küchenzeile, als Finne das große Deckenlicht einschaltete. Nur noch ihr rauschendes Scharben war zu hören, doch das genügte, und ein böses Ekelgefühl stieg in uns auf. Was sollten wir bloß tun? Insektengift gab es nicht, alle totschlagen wäre aufgrund der schieren Menge unmöglich und eine Ausweichunterkunft hatten wir nicht. Wir mussten also mit unseren kleinen, flinken Zellengenossen gemeinsam in diesem Keller übernachten. So langsam fügte sich alles zu einem Gesamtbild. Der dreckige Bachlauf nebenan, die muffige Kellerlage und die außerordentlich schnelle Wohnungsbesichtigung mit der Hausherrin. Kein Wunder, dass hier in diesem Kakerlakennest kein Mensch übernachten wollte. Doch wir waren gefangen.

Nachdem einige Minuten, die wir in Schockstarre mitten im Raum stehend verbracht hatten, vergangen waren, sahen wir kein einziges dieser schnellsten Insekten der Welt mehr. Sie hatten sich ganz offensichtlich in ihr Versteck, die Einbauküche, zurückgezogen. Es bestand kein Zweifel, sie hatten ihr Zuhause hinter der Bodenleiste der Küchenzeile. Wir hatten uns auf allen Vieren auf den Boden gestreckt und versucht unter die Schränke zu blicken, doch der Schlitz war zu schmal. Nur die lustigen Kakerlaken hatten es geschafft, sich durch ihn hindurch zu drängen. Hinter der Verkleidung raschelte es, wie die Blätter eines Laubwaldes im Herbststurm. Wir hatten nichts, womit wir der Armee dieser vorwitzigen Krabbler hätten begegnen können. Und wir waren müde, unendlich müde.

»Lass uns versuchen zu schlafen, es hat keinen Sinn«, sagte ich. Finne nickte, obwohl er offenbar lieber auf der Stelle ausgezogen wäre. Nur wo

sollten wir mitten in der Nacht hin? Es blieb uns also nichts anderes übrig, als hier zu versuchen in den Schlaf zu finden.

Das Schlafzimmer, ein separater Raum mit zwei Betten, lag direkt neben der Küche. Es war ordentlich gefliest, und außer den beiden Betten
und einem schmalen Kellerfenster fand sich nichts in dem Raum. Beim
Eintreten das gleiche, uns bereits von der Haustür bekannte Geräusch,
diesmal jedoch etwas tiefer. Eine dicke Gummilippe schloss die Tür zum
Boden hin dicht ab. Nicht der geringste Schlitz war zu sehen. Unter dem
Türsturz waren die Bodenfliesen fugenlos verlegt. Wir schlossen rasch
diese vermeintlich dichte Kakerlakensicherung. Hier drinnen sollten wir
sicher sein. Zwar war es unerträglich warm-stickig, dafür würde uns sicher
keines dieser länglichen Ekeltierchen des Nachts ins Bett kriechen.
Sicherheitshalber ließen wir im Schlafzimmer noch eine Weile das Licht
an. Es war still. Kurzzeitig. Dann hörten wir aus dem Wohnraum nebenan
wieder das schabende Geräusch der umhereilenden Kakerlaken. Sogar
durch die Zimmertür war es deutlich zu hören. Wir spürten, wie sie an die
Gummilippe stießen, doch zu uns hinein schafften sie es nicht. Irgendwann übertönte Finnes Schnarchen die Schabereien und auch ich dämmerte ein. Der Schlaf war jedoch alles andere als tief. Immer wieder wach-
te ich auf. Manchmal mit Finne gemeinsam, manchmal alleine. Wir
träumten abwechselnd von riesigen Kakerlaken, die sich während des
Schnarchens in unsere geöffneten Münder hinabließen, woran wir uns
verschluckten. Es war ekelhaft. Allein die Vorstellung in einem von Kakerlaken umzingelten Zimmer gefangen zu sein, ließ Albträume gedeihen. So
malträtiert, wachten wir am extrem frühen Morgen unsagbar müde auf.
Der einzige Vorteil: Wir waren zeitig am Strand, hatten das Meer für uns
allein und konnten den Sonnenaufgang genießen. Allein schon der Gedanke, noch einmal in unsere Kellerbleibe zurückkehren zu müssen, um
die Sachen einzusammeln, war ekelerregend. Nach einer Weile in den
zarten Wellen der Bucht von Stoúpa beschlossen wir schließlich, ganz
schnell zu packen. Wir eilten zur Herberge, schlossen auf – die Gummilippe quietschte über die Fliesen – und in weniger als fünf Minuten war
alles abreisefertig gepackt. Vor der Tür erwartete uns bereits die

plüschpantoffelig bestückte Hausherrin, die alsbald den vereinbarten Betrag kassieren wollte.

»Das ganze Haus ist voller Kakerlaken. Wieso haben Sie uns das nicht gesagt?«, fragte ich sie frei heraus in einem brüchigen, aber verständlichen Griechisch.

»Kakerlaken? Bei uns gibt's keine Kakerlaken.«

»Doch, hinter der Küche wohnen sie. Tausende. Das gesamte Zimmer war voll, als wir abends zurück kamen. Ich schlage vor, wir bezahlen die Hälfte und damit sind wir quitt.«

»So eine Unverschämt, zu behaupten, wir hätten Ungeziefer. Was fällt Ihnen eigentlich ein?«

»Gehen wir runter, ich zeig Sie Ihnen!«

»So ein Quatsch. Nein. Sie bezahlen jetzt den vereinbarten Übernachtungspreis, sonst, sonst ...« Die Hausherrin entwickelte sich zu einem Drachen. Die Diskussion ging noch eine ganze Weile hin und her. Irgendwann behauptete sie, uns nicht zu verstehen. Zu schlecht sei unser Griechisch. Wir sollten sofort zahlen, Verhandlungen ausgeschlossen!

Wir waren zu müde, hatten keine Lust die Kakerlaken zu wecken und steckten ihr schließlich das Geld in die gierige Pranke. Dann stiegen wir ins Auto und verschwanden. Der Kakerlaken hatten wir genug gesehen, aber nach Stoúpa würden wir sicher noch einmal zurückkehren. Dann aber in eine andere Unterkunft.

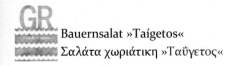 Bauernsalat »Taígetos«
Σαλάτα χωριάτικη »Ταΰγετος«

Zutaten:
2 reife Tomaten in Scheiben geschnitten, 4 Mini Salatgurken in Scheiben geschnitten, 1 Tasse Kalamata-Oliven, 1 Tasse kleine grüne Oliven, 10 eingelegte Peperoni, 2 EL große Kapern, 200 g fester Feta (zerbröckelt), 3 zerbröckelte Paximádia (Zwiebackbrötchen), 1 Tasse grobgeschnittene Wildkräuter (Rucola, Basilikum, Thymian, Oregano, Bitterkraut-Schwefelkörbchen, Hirtentäschel, Portulak, Löwenzahn, Acker-Rettich oder ähnliches), Salz, Pfeffer, ½ Tasse Olivenöl

Zubereitung:
Tomaten, Salatgurken, Oliven, Peperoni, Kapern, Feta, Paximádia und Wildkräuter in eine Schüssel geben. Mit Salz, Pfeffer und dem Olivenöl mischen und einige Minuten ziehen lassen. Salat dekorativ auf einer Platte anrichten. Mit Weißbrot und gekühltem Weißwein servieren.

11

Der Ouzo ist des Seemanns Freund
Käpt'n Stavros geht baden

Wieder ging ein entspannter Abend auf der Terrasse der Tavérna To Néon zu Ende. Käpt'n Stavros wünschte uns eine gute Nacht und setzte sich angetrunken in sein Ruderboot, um hoffentlich heil zu seiner Jacht zu gelangen. Nur der sichelförmige Mond warf noch etwas Licht auf die Bucht, sonst war als dunkel. Auch Perikles und seine Schwester Irini hatten schon Feierabend gemacht und das Licht gelöscht. Seit ihre Mutter nicht mehr lebte, kochte Irini meist alleine für die Gäste und blieb oft bis spät in die Nacht in der Küche. Todmüde machte sie sich anschließend auf dem Weg nach Hause, zu ihrer Wohnung im Zentrum von Toló.

Es musste bereits Stunden nach Mitternacht gewesen sein, als die letzten Lichter auf der Terrasse der Taverne gelöscht wurden. Stavros verschwand langsam in der Nacht, nicht jedoch ohne mich noch einmal an den nächsten Tag zu erinnern.

»Und vergiss nicht, wir fahren morgen früh schon um 10 Uhr ab. Notos und seine Frau werden ganz sicher pünktlich sein.«

Dann rammte der rückwärts rudernde Stavros noch ein Fischerboot, fluchte, lachte dann kurz und schon wenige Dollenschläge weiter hatte er die Theo's Place II erreicht. Ich hörte, wie er an Deck kraxelte, sein Dingi festmachte und schließlich die Luke zu seiner Kajüte verschloss. Eine gute, kurze Nacht wünschte ich noch in die Stille der Nacht hinein, dann verschwand auch ich in meiner Koje.

Am nächsten Morgen warteten wir pünktlich, aber auch müde, und doch war die Vorfreude auf den Segeltörn mit Käpt'n Stavros riesig. Schon oft war ich mit ihm gesegelt, doch für meine Frau und ihre Schwester war es Neuland. Perikles machte uns Kaffee, während wir vom Ufer aus zusahen, wie der Käpt'n sein Schiff aufräumte. Um kurz vor zehn war auch er pünktlich am Treffpunkt vor der Terrasse, nur Notos und seine Frau waren noch nicht da. Das immer gut gelaunte Paar in den besten Jahren, wollte an diesem Samstagmorgen extra aus Athen anreisen, um mit uns einen ausgelassenen Tag auf dem Meer zu verbringen. Seit vielen Jahren sind sie mit Perikles befreundet und verbringen häufig die Sommerwochenenden in Toló. Ihre Gesellschaft ist immer eine Bereicherung. Schon alleine beim Anblick von Notos' stattlichem Bart fühlt man sich ins antike Griechenland zurück versetzt. In eine weißen Tunika gehüllt, wäre er der ideale Gesprächspartner für Sofokles, Platon oder Perikles auf der Athener Agora oder für Dionysos und seine Freunde bei einem feucht-fröhlichen Symposium. Und die Frau an Notos' Seite hätte sicher auch eine interessante Beute für die Trojaner dargestellt. Voller Vorfreude warteten wir also – und warteten auch um zwanzig nach zehn noch. Der Käpt'n wurde ungeduldig. Um halb elf hatte er schließlich die Hoffnung aufgegeben, dass die beiden doch noch kommen würden.

»Es hat keinen Sinn, wir können nicht länger warten, wenn wir unseren Ausflug noch ohne Hast schaffen wollen. Vielleicht ist den beiden was dazwischen gekommen.«

Den letzten Satz hatte er nur zögernd heraus gebracht. Es kam auch ihm seltsam vor, dass Notos unpünktlich war. Wenige Minuten später stand ich auf dem Vordeck der Theo's Place II und lichtete den Anker. Der Käpt'n hatte unterdessen den Schiffsdiesel gestartet, und vorsichtig begann er uns zwischen all den Fischerbooten unversehrt aus der Bucht von Toló heraus zu navigieren. Als ich gerade die Ankerkette zusammen legte und zufällig noch einmal zum Ufer blickte, sah ich wie Notos und seine Frau die enge Straße zum Strand herunter gerannt kamen. Wild wedelten sie mit den Armen, damit wir auf sie aufmerksam werden würden. Am Strand angelangt sprangen sie auf und ab und riefen abwechselnd nach Käpt'n Stavros. Der hatte jedoch am Steuerrad alle Hände voll zu tun und bemerkte von all dem nichts. Erst als ich ihm zurief, dass unsere Begleitung doch noch aufgetaucht sei, blickte er blitzartig und hocherfreut zum Ufer. Seine Augen strahlten urplötzlich noch gleißender, als ohnehin immer.

»Geht dort vorne zum Anleger. Wir sammeln euch da ein«, brüllte der Käpt'n aus voller Kehle, und sein kurzer Arm winkte auf und ab immer auf die besagte Stelle deutend. Dann riss er blitzschnell das Ruder herum, nahm Kurs auf die Heimatküste und manövrierte die Jacht geschickt durch das Kaíki-Labyrinth. Als das Athener Paar kurz darauf nur mit Badehandtüchern im Gepäck an Bord gingen, war die Wiedersehensfreude groß.

»Wir haben im Stau gesteckt. Halb Athen will heute scheinbar raus ans Meer«, sagte Notos und ergänzte: »Es ist aber auch ein verdammt heißer Tag.« Und dann wischte er sich den Schweiß aus dem Bart. Seine Frau hatte da bereits begonnen, die Überraschung auszupacken. In einem der Handtücher war eine Flasche eingerollt, die sie nun aus dem Stoff wickelte. Stavros' Augen glänzten und Notos ergriff wieder das Wort.

»Käpt'n, wir hatten schon befürchtet, dass ihr ohne uns lossegeln würdet. Zum Glück haben wir es noch geschafft. Darauf müssen wir anstoßen!« Und Notos, dessen Name in der griechischen Mythologie den warmen Südwind beschrieb, zog den Korken aus der Ouzo-Flasche, während Käpt'n Stavros vorausschauend bereits Plastikbecher und eiskaltes Wasser brachte. Die Becher wurden gefüllt, das Segel gehisst und die Stimmung näherte sich derjenigen auf einem Party-Boot auf Ibiza.

Ein eiskalter Ouzo kurz nach dem Frühstück mag nicht jedermanns Sache sein, doch der versammelten Crew gefiel der appetitanregende Anisschnaps. Heiter berauscht nahm die Jacht Kurs auf die am Abend zuvor ausgesuchte Badebucht. Käpt'n Stavros hatte seinen großen weißen Seemannshut aufgesetzt und sang laut am Ruderstand stehend, während wir es uns auf dem Vordeck bequem machten und eine kombinierte Ilio- (Sonnen) und Ouzo-Therapie absolvierten. Gegen Mittag steuerte der Käpt'n eine geschützte Bucht mit langem Kiesstrand an. Übermütig vom Alkohol war es seine oberste Priorität, die Jacht so nah als irgend möglich ans Ufer zu setzen. Ich wollte ihn noch davon abhalten, doch Stavros lachte nur und sagte:

»Das Meer fällt hier ganz steil ab. Wir können fast trockenen Fußes an Land steigen. Du wirst sehen.«

Kaum zu Ende gesprochen saßen wir fest. Wir hörten das Knirschen des Kieses unter dem Rumpf, sahen uns kurz erschrocken an, und dann lachte Stavros bereits wieder. Tief einatmend in den pummeligen, strammen Bauch.

»OK«, sagte er und unterbrach sein Lachen. »Alle Mann aufs Achterdeck!« Dann blickte er zu uns nichtgriechischen Gästen an Bord: »Wisst ihr eigentlich, dass OK aus dem Griechischen abgeleitet ist? Es bedeutet Ola Kalá, alles gut!«

Er legte den Rückwärtsgang ein, wir sprangen nach hinten und das Bug des Schiffes hob sich sanft vom Grund. Wir waren wieder frei. Und lachten erlöst. Nachdem wir die Jacht zwei Meter weiter geparkt hatten, war dann wirklich alles gut und dem abkühlenden Baden stand nichts mehr im Wege. Es war ein wahrlich heißer Sommertag und das Sonnenbad mit Ouzo auf dem vorderen Deck hatte uns der Abkühlung sehnlichst entgegen sehen lassen. Jetzt sprangen wir über die Reling. Einer nach dem anderen und die Erfrischung ließ uns wie neugeboren fühlen. Wir tobten und planschten wie die Kinder, und Stavros' ausgelassenes Gekicher wurde mit einem Mal verstärkt, als urplötzlich am nahen Strand ein uns wild zuwinkendes Paar erschien. Stavros hatte überall Freunde und so wurden wir ganz spontan eingeladen, in der nahen, freistehenden Taverne gemeinsam zu Mittag zu essen.

Die knapp hundert Meter über den glühend heißen Kieselstrand schafften wir nur deshalb ohne Brandblasen an den nackten Füßen, weil wir so wie wir waren dem Meer entstiegen und mit tropfenden Badesachen zum Lokal flitzten. Stavros strahlte bis über beide Ohren. Er hatte seine Freunde Jahre nicht gesehen und dementsprechend groß war die Wiedersehensfreude. Wir ließen uns auf die Korbstühle fallen, die direkt auf dem Strand unter einem Schatten spendenden Strohdach standen. Dann ging alles Schlag auf Schlag. Eine Vorspeise nach der anderen wanderte auf den Tisch, dazu Ouzo und Wein. Kiloweise eiskalter Retsína in beschlagenen, bunten Blechkaraffen. Zu unserer fröhlichen Runde gesellten sich frittierte Kalamaris, gegrillte Riesenkrabben und Hühnchen aus dem Ofen mit Backkartoffeln. Der Appetit war erstaunlicherweise noch größer als unsere sonnige, beste Laune. Es wurde ebenso viel gegessen wie gelacht, und irgendwann sackte unsere fröhliche Runde in eine satte Mittagsmüdigkeit. Irgendwer erklärte sich bereit das Beiboot von der Jacht zum Strand zu bringen, damit wir nicht alle mit den dick gefüllten Bäuchen schwimmen mussten. Träge setzten einige von uns über zum Schiff und als wir uns faul aufs Deck fläzten, drang bereits wieder lautes beschwipstes Lachen herüber. Stavros, Notos und die alten Freunde hatten es sich spontan doch noch einmal anders überlegt und weiteren Ouzo und Wein bestellt. Die Party dauerte an. Wir hingegen genossen einen wohligen Mittagschlaf. Und eine gute Stunde später gingen wir erneut im Meer baden und wunderten uns über die Ausdauer der Partyseelöwen. Denn die waren nach wie vor damit beschäftigt, anzustoßen und Wein nachzubestellen. Der nach der Mittagspause ausgenüchterte Teil der Gruppe sah nun in immer kürzeren Abständen zunehmend besorgt auf die Uhr. Wenn wir noch vor Sonnenuntergang nach Toló zurückkehren wollten, wurde es höchste Zeit aufzubrechen.

Nach einer weiteren halben Stunde schien sich der gesellige Gruppenteil immer noch nicht von der hübschen Taverne lösen zu wollen. Ich schwamm an Land und rannte über die glühenden Kiesel zum Käpt'n.

»Stavros, die Damen wollen langsam zurück. Es ist spät geworden. Wenn wir noch bei Tageslicht in Toló sein wollen, müssen wir uns beeilen.«

Es tat mir beinahe leid, mit ansehen zu müssen, wie schwer Stavros das nahende Ende dieses Gelages beschäftigte. Er blickte in die Runde, so als wollte er nun auch noch die Nacht durchzechen, sagte dann aber:

»Andreas hat recht, wir müssen aufbrechen. Herrlich war's, das wiederholen wir bald!«

Schwankend erhob sich Stavros und begann sich nach und nach von allen minutenlang zu verabschieden. Er umarmte, drückte und küsste seine alten Freunde auf die Wangen. Immer wieder. Dann ging er zu den gutmütigen Tavernenwirtsleuten, bedankte sich überschwänglich und herzte die Köchin hinter ihrem Herd so sehr, dass ihr heiß ums Herz wurde. Mit einer verborgenen Träne setzte sich Stavros schließlich auf die

Ruderbank seines Dingis. Als er endlich die Riemen zur Hand nahm und langsam losruderte, saß ich bereits wieder auf Deck der Jacht. Auch Notos und seine Frau waren zurück geschwommen, und so blickten wir nun wehmütig dem Ende eines überragend fröhlichen Tages entgegen. Mit jedem Ruderschlag dem uns Stavros näher kam, zog er den Vorhang weiter zu, und die griechische Komödie die uns heute auf der Bühne einer authentischen Strandtaverne geboten wurde, sollte bald in den Hintergrund geraten.

In Schlangenlinien erreichte Stavros mit dem Dingi kurz darauf die Theo's Place II. Trotz seines üppigen Alkoholpegels hielt er sich erstaunlich gut, wenn auch das Beiboot heftig ins Wanken geriet, als sich Stavros an der auf der Steuerbordseite hinabgelassenen Strickleiter festhielt, um sich einigermaßen sicher aufzurichten.

»Hier Käpt'n, halt dich fest, ich helfe dir hoch!«

Ich streckte ihm von der Jacht aus meinen Arm entgegen, damit er sich an ihm festhalten und so leichter die wackligen Sprossen hinauf an Deck schaffen würde.

»Es geht schon, kein Problem. Ich bin schon in ganz anderen Situationen auf mein Schiff gestiegen«, sagte er und lachte.

Ich hingegen machte mir große Sorgen als ich ihm in die rot geäderten Augen blickte. Seine Pupillen pulsierten, als er einen schwankenden Fuß vor den anderen setzend, die Strickleiter hinauf zu steigen versuchte. Als er schließlich die oberste Sprosse erreicht hatte, geschah es. Der ausgetretene Bootsschuh an seinem linken Fuß glitschte weg, Stavros tat einen überraschten, ausnüchternden Schrei, ruderte plötzlich hektisch mit beiden Armen und fiel noch bevor ich ihn packen konnte rittlings in sein Dingi. Ein markerschütterndes obwohl nur leises Jammern begleitete den dumpfen Aufprall im Ruderboot. Reflexartig bekreuzigte ich mich wie ein echter Grieche. Mit zusammengeführtem Daumen und Zeigefinger tippte ich erst auf Stirn, Brust, linke und dann rechte Schulter. Das Ganze drei Mal. Dann erst wagte ich die Augen zu öffnen und erneut zu unserem Käpt'n zu blicken, der halb liegend halb hängend auf der Sitzbank des Dingis aufgebahrt schien. Jetzt entfuhr auch Notos' Frau ein spitzer Schrei. Für Sekunden blickten wir uns alle gegenseitig mit von schrecklicher Angst erfüllten Augen an. Doch dann bewegte sich Stavros. Wie ein umgedrehter dicker Käfer quälte er sich in Bauchlage, blickte aus der Tiefe zu uns herauf und …

… lachte laut sein typisch herzliches Lachen, das seinen Bauchspeck beben ließ. Stavros war kein weinerlicher Typ, kein Jammerlappen. Doch dass er sich nach diesem fiesen Sturz nichtmal helfen lassen wollte, an Bord zu kommen, empfand ich leicht übertrieben eitel. Dennoch, wir konnten nichts für ihn tun. Jegliche Hilfe, die den Eindruck hätte entstehen lassen können, er sei ein gebrechlicher alter Mann, lehnte er kategorisch ab. Aus eigener Kraft schaffte er es letztlich mit einem schmerzverzehrten Gesicht, sprachlos und gespielt fröhlich, an Deck seiner Jacht. Wir sahen ihn mit besorgten Blicken an.

»Alles okay Käpt'n?«, fragte ich. »Ola kalá?«

»Mir geht's prima, alles in Ordnung«, japste er, und keuchend fügte er hinzu: »Lasst uns mal schnell den Anker lichten.«

Wenig später stampfte der alte Schiffsdiesel und die Theo's Place II nahm Kurs auf Toló. Als ich nach hinten sah, grinste mich unsere wellenförmige Kiellinie trunken an.

»Ruh dich doch ein wenig aus«, sagte ich zu Stavros, der schwankend am Ruder stand und es hin und her schwappen lies. Und ohne eine Antwort abzuwarten, griff ich ihm in die Speichen und verdrängte ihn vom Ruderstand. Stavros wirkte erleichtert und verschwand unter Deck.

»Ich werde mich mal ein Stündchen hinlegen«, sagte er noch, dann hörten wir bereits sein Schnarchen. Auch Notos und seine Frau hatten es sich bequem gemacht und dösten auf dem Vordeck. Ich blieb allein am Steuerrad zurück und fühlte mich nun ein kleines bisschen wie der Käpt'n selbst. Einhandsegler. Die sich jetzt langsam senkende Sonne schien mir tief ins Gesicht, während ich mit zu Schlitzen verengten Augen am Horizont bereits die Küstenlinie von Toló erahnen konnte. An diesem windstillen Nachmittag war nur der tuckernde Schiffsdiesel und das röhrende Atmen des schlafenden Käpt'n zu hören. Spiegelglatt das Meer, und auch unsere Kiellinie hatte sich, seit ich das Schiff lenkte, begradigt. Wie eine lange Schnur schien sie auf die Wasseroberfläche gelegt worden zu sein. Fasziniert folgte ich ihrem Verlauf vom Horizont bis zum Ruderboot, das

Stavros wie immer am Heck der Jacht mit einer Leine festgemacht hatte. Es folgte uns wie stets in einem Abstand von etwa zehn Metern und tanzte auf der seichten Heckwelle. Doch da war noch etwas. Entsetzt über das drohende Unheil blickte ich ins Wasser, zu der zweiten Linie, die uns parallel zur Hecklinie folgte. Mir schwante Böses, und schon vernahm ich ein ungewöhnlich knirschendes Geräusch. Ich begriff, was sich gerade unter uns abzuspielen begann. Oder besser gesagt: aufzuwickeln.

Blitzartig drückte ich den abgewetzten roten Knopf neben dem Zündschlüssel für die Dieselmaschine. Abrupt hielt die Schiffsschraube inne. Und als hätte er etwas geahnt, erwachte Stavros und kam gähnend den Niedergang hinauf an Deck.

»Was ist passiert?«, fragte er, als er mein erschrecktes Gesicht erblickte.

»Irgendwie ist uns wohl etwas in den Propeller geraten.« Ich sah ihn schuldbewusst an.

»Gut, dass du den Motor sofort gestoppt hast«, sagte er, während er sich weit über die Reling lehnte und nach unten blickte. »Ach, halb so wild. Das haben wir gleich«, sagte er noch zu mir und kramte bereits in einer Kiste. »Hier, nimm das und steig ins Dingi!« Er drückte mir ein kleines Küchenmesser in die Hand. »Du hast eine dieser Langleinen eines Fischers gekreuzt. Die übersieht man leicht, weil sie meist viele hundert Meter lang sind, und nicht selten am Anfang und am Ende nur mit einer leeren Plastikflasche als ›Boje‹ gekennzeichnet sind.« Der Käpt'n blickte erneut über die Reling. »Die Schnur hat sich mächtig um die Schiffsschraube gewickelt. Du musst sie durchschneiden.«

Dann zog er bereits an der Leine, mit der das Dingi befestigt war und führte das Beiboot längsseits. Als der Käpt'n meinen fragenden Blick sah ergänzte er:

»Du steigst ein und ich versuche das Dingi auf Höhe der Schraube zu halten. Pass nur auf, dass du nicht rein fällst.«

Es blieb mir nichts anderes übrig, als mich über die Bordwand zum Beiboot hinab zu lassen. Ein leichter Wind kam auf und machte es mir nicht leichter, als ich bäuchlings über den Rand des Ruderbootes hängend versuchte, einen ersten Eindruck vom Angelsehnenknäuel zu erhaschen.

Zu allem Überfluss hisste Stavros nun auch noch das Focksegel und der auffrischende Wind packte ausgehungert in das große weiße Tuch. Von oben rief mir der Käpt'n zu:

»Wir dürfen keine Zeit verlieren, es ist spät. Bald wird es dunkel. Du kannst die Verhedderung auch lösen während wir segeln.«

»Okay, ich versuche es«, rief ich ihm mulmig entgegen und wäre beinahe ins Meer gestürzt, weil das Dingi nun auf den Wellen reitend immer wieder gegen die Bordwand gespült wurde. Mit einer Hand musste ich also fortan versuchen, mich immer wieder von der Jacht fern zu halten, während die andere Meter um Meter der Angelleine zerschnitt. Dabei galt es, auch auf die in regelmäßigen Abständen angebrachten Angelhaken zu achten, die allesamt köderlos blank gefressen waren. Es dauerte eine ganze Weile bis sich das Durcheinander langsam lichtete. Bis Toló war es nicht mehr weit und es dämmerte bereits, als plötzlich die wenigen letzten Meter der verwickelten Langleine zu leben begannen. Erschrocken hätte ich fast das Messer verloren, doch die Neugier war zu stark. Ich zog die Reste der Leine gnadenlos zügig zu mir heran und mit einem geschickten Griff brachte ich eine erschöpfte, armlange Große Goldmakrele ins Beiboot. Fast zeitgleich enthedderte sich der Rest der Leine aus der Schiffsschraube. Erschöpft, stolz und schwankenden Ganges wankte ich kurz darauf übers Deck der Jacht, wo mich eine erstaunte und angesichts des Fisches nun bereits wieder hungrig werdende Crew in Empfang nahm. Der thunfischähnliche Κυνηγός (Kinigós) ist einer der beliebtesten Angelfische und gilt als Delikatesse, doch als wir eine gute halbe Stunde später endlich in Toló vor Anker gingen, wollte die gesamte Besatzung der Jacht nach dem anstrengenden Gelage nur noch nach Hause und ins Bett. Ich hingegen war froh, dass mir Irini auch noch spät am Abend den Gefallen tat, den »Jäger«, wie der Kinigós übersetzt heißt, zu grillen. Er hätte kaum frischer sein können. Während ich an den Gräten der Edel-Makrele nagte, wehte eine sommerliche Brise ein dumpfes Schnarchen an die Küste. In diesem Moment war ich sicher, dass es Käpt'n Stavros gewesen sein musste, der in seiner Kajüte an Bord der Theo's Place II seinen Rausch ausschlief.

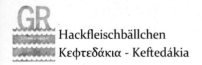

Hackfleischbällchen
Κεφτεδάκια - Keftedákia

Zutaten:

500 g Kalbshackfleisch, 2 geriebene Zwiebeln, 2 geriebene Knoblauchzehen, 1 feingeraspelte Karotte, 1 Tasse gehackte Kräuter (Petersilie, Minze, Basilikum, Oregano), Salz, Pfeffer, 5 EL Olivenöl, 1 Ei, 1 TL Senf, 5 EL Bier, 1 getrocknetes Brötchen, Olivenöl zum Einölen der Hände, Frittieröl

Zubereitung:

In einer kleinen Schüssel mit warmem Wasser das Brötchen einweichen und anschließend ausdrücken. In eine andere Schüssel das Olivenöl für die Hände geben. In eine große Schüssel Hackfleisch, Zwiebeln, Knoblauch, Karotte, Kräuter, Salz, Pfeffer, Ei, Senf, Bier, Olivenöl und Brötchen geben und zu einer geschmeidigen Masse kneten. Mit geölten Handflächen aus der Masse kleine Hackfleischbällchen formen und auf eine Platte legen. In einem großen Topf oder Pfanne Frittieröl erhitzen und Hackbällchen portionsweise von allen Seiten knusprig braten. Auf Küchenpapier abtropfen lassen und warm halten bis alle Hackbällchen gebraten sind.

Servieren Sie die Hackbällchen zu Salat oder zu einem Mezé-Teller mit Weißbrot und Fetacreme.

12

Teuflisch leckerer Fisch, vom Boden auf den Tisch

Wenn man, wie Perikles, sein Leben lang in greifbarer Nähe zum Meer gelebt hat und wenn man zudem eine Fischtaverne sein Eigen nennt, dann entwickelt man zweifellos eine besonders enge Bindung zur See. Zu Zeiten, als Perikles Vater Aristides noch täglich zum Fischen aufs Meer gefahren ist, waren die Fanggründe rund um Toló phänomenal. So verwundert es nicht, dass Toló zu einem der bekanntesten Fischerdörfer der Peloponnes, wenn nicht sogar ganz Griechenlands, heranwuchs. Aristides war ein begnadeter Fischer. Von den vielen großen Fängen die er in seinem Leben von Hand an Deck seines Kaíkis gezogen hatte und die anschließend von seiner Frau Vagelió in der Taverne liebevoll verarbeitet wurden, zeugen noch heute einige Fotos an den Wänden der Fischgaststätte. Doch Aristides hatte es nicht nur auf die Großen abgesehen. Noch bis kurz vor seinem Tod im hohen Alter, legte er Reusen aus, um geschickt wie sonst keiner, auch kleinere Arten zu fangen. Diese schmeckten dann nicht nur wie frische Fische, sondern vielmehr wie etwas himmlisch Magisches. Aristides hatte eine besondere Gabe im Umgang mit den Meeresbewohnern. Was er der See entnahm, war schlichtweg göttlich. Doch nicht nur wegen seines Vaters verglich sich Perikles gerne im Spaß mit dem Nachfahren einer griechischen Gottheit.

Eines Tages im Spätsommer musste spontan ein alter Ruderkahn umgesetzt werden. Perikles und ich packten kurzerhand mit an. Das Boot war zwar irre schwer, doch Perikles hat, verglichen mit seiner sportlich-schlanken Figur, kaum zu erahnende Kräfte. Mit blankem Oberkörper stand er in der Sonne, die helle Haut leuchtete strahlend und sein Bizeps wuchs zu überproportional kantigen Hügeln heran. Die Arbeit war schnell erledigt und wir blickten respektvoll zum Titanen an unserer Seite. Perikles freute sich über das Geleistete, er packt gerne mit an. Und er macht ebenso gern kleine Späße. Nach vollbrachtem Werk posierte er wie ein gestählter Spartiat, reckte die muskulösen Arme in die Höhe und rief: »Ich bin der Sohn des Poseidon!«

Poseidon war in der griechischen Mythologie der Gott des Meeres und Bruder des Zeus. Seine Kräfte waren sagenumwoben und er beherrschte mit natürlichen und übernatürlichen Phänomenen die Meere, die Küsten und ganze Länder. Mit seinem legendären Dreizack konnte er Stürme und Erdbeben verursachen und das Land überschwemmen. Für die Seeleute war er Fluch oder Segen. Sie beteten zu ihm und brachten ihm Opfer dar, damit sie sicher wieder das Land erreichten. Denn wenn Poseidon erzürnte, konnte er mit seinem Dreizack Tod bringende Stürme verursachen.

Später am Tag, nachdem ich mit dem Sohn des Poseidon das Boot umgesetzt hatte, wollte ich unserem Sohn zeigen, wie man einen »echten« Poseidon-Dreizack baut. Im Dorf hatte ich einen etwa handgroßen aus Messing geschmiedeten Dreizack mit Widerhaken gekauft, an dessen Ende eine Hülse angebracht war, deren Durchmesser etwa für einen Besenstiel gereicht hätte. Da ich keinen handelsüblichen Stiel verwenden wollte, sägte ich hinter Perikles Taverne einen langen Bambusstecken ab, auf dem ich den Dreizack verschraubte. Mit meinem gut zwei Meter langen, selbstgebastelten Spieß stand ich kurz darauf am Strand. Ich hatte einmal beobachtet, wie ein Fischer auf der Insel Rómvi mit einer ähnlichen Konstruktion Tintenfische gefangen hatte. Auf die drei Zacken seines Spießes hatte er einen kleinen toten Fisch als Köder gesteckt und diesen präsentierte er vor erfolgversprechenden Stellen an der Küste, in der Nähe von größeren Felsbrocken, zwischen denen er einen Oktopus vermutete. Und in der Tat, es klappte. Der Fischer hatte den Spieß aus den Händen gelegt um sich unauffällig am Ufer zu positionieren. In der Hocke kauerte er unbeweglich direkt neben dem langen Stab und konnte von dort aus leicht in das seichte Wasser blicken. Er bemerkte sofort, als der Oktopus aus seinem Versteck kam und sich am Köder zu schaffen machte. Rasch griff er zum Stecken des Dreizacks und stieß beherzt zu. Auf den drei Zacken wand sich der Tintenfisch, doch gegen den unbarmherzigen Griff des Fischers hatte er keine Chance. Der Oktopus landete im Kochtopf.

Mit den Bildern vom Oktopus-aufspießenden Fischer vor Augen und mit meinem ersten selbstgebastelten Dreizack in den Händen, packte nun auch mich das Jagdfieber. Wenig später stand ich in Badehose und mit Dreizack im knietiefen Wasser. Wie oft hatte ich vergeblich versucht, die hier immer wieder umher schwimmenden ellenlangen Meeräschen zu angeln, bis ich eines Tages gelesen hatte, dass diese Fische kaum mit der Angelrute zu überlisten seien und an manchen Küsten sogar als nicht angelbar gelten. Aber hatte es schon mal jemand mit Poseidons Dreizack ausprobiert? Regungslos stand ich also da und musste nicht lange warten. Ein kleiner Schwarm von zehn bis fünfzehn Fischen näherte sich und drehte seine Kreise, nur wenige Meter entfernt. Mein Wurfarm war in die Höhe gestreckt, die Anspannung groß. Jede Muskelfaser konzentrierte sich auf den nun bald folgenden Stoß. Er folgte wie ein Blitz. Der Abwurf ähnelte dem eines Sperrwurfs bei Olympia, nur nicht nach oben sondern schräg nach vorn ins Wasser. Beim Auftreffen auf die Oberfläche zischte es nur leicht. Der Dreizack erreichte eine Eintauchgeschwindigkeit, die selbst Poseidon zum Zungenschnalzen gebracht hätte. Nur: Erfolg hatte ich nicht! Der Dreizack steckte im sandigen Grund, doch keine Meeräsche, kein anderes Fischchen, nicht einmal einen Krebs hatte ich erlegt. So ging es eine Weile munter weiter. Die Fische schienen mich ärgern zu wollen. Ich sprang umher und schleuderte den Dreizack. Immer wieder. Ich wurde fast ein bisschen sauer, wegen dieser cleveren Fische. Κέφαλος (Kéfalos) heißt die Meeräsche auf Griechisch. Der Name kommt vom griechischen Wort für Kopf. Angeblich wurden die Äschen so genannt, weil sie die Angewohnheit haben, oft mit dem Kopf die Wasseroberfläche zu durchbrechen. Man sieht ihre kleinen Köpfchen häufig auf dem spiegelglatten Meer auftauchen. Ich hingegen vermutete, dass sie ihren Namen deshalb tragen, weil sie in der Tat »Köpfchen« haben. Meines Erachtens mindestens an diesem Tag etwas zu viel davon. Wäre ich Poseidon gewesen, hätte ich vermutlich einen kleinen Tsunami veranlasst, der mir einen großen Schwarm Meeräschen an Land gespült hätte. So aber verließ mich nach einer guten halben Stunde die Lust und ich warf den Dreizack lieblos in eine Ecke im Garten neben der Taverne. Die Fischer, Gäste und Nachbarn schmunzelten. Mein peinlicher, erfolgloser Auftritt war ihnen nicht verborgen geblieben. Als wir am Abend bei Fisch und Wein auf der Terrasse zusammen saßen, lachten wir über mein Gastspiel als Meeresgott und genossen die leckere gegrillte Dorade.

Obwohl es wie üblich spät geworden war, erwachten wir am nächsten Morgen zeitig. Die Sonne brannte bereits von einem strahlend-blauen Himmel direkt in unser Zimmer und meine Frau Kristin, die es liebt am frühen Morgen mutterseelenallein im Meer einige hundert Meter zu schwimmen, stand schwungvoll auf. Wenig später schon stand sie im knietiefen Wasser, während ich gemütlich auf dem Korbstuhl vom Vorabend auf der Terrasse Platz genommen hatte. Der Morgen zeigte sich von seiner allerbesten Seite. »Η θάλασσα είναι λάδι« (I thálassa íne ládi – Das Meer ist wie Öl). Das sagen die Griechen, wenn die Wasseroberfläche völlig unbewegt ist. Und an diesem Morgen kam es mir sogar wie besonders dickflüssiges Öl vor. Kein Lüftchen wehte, kein Boot fuhr vorüber und die jetzt im Spätsommer nur noch wenigen Touristen schliefen noch in ihren Betten. Es wirkte fast leblos am Strand. Ein surreales Postkartenmotiv. Das einzig Bewegte wäre die Sonne gewesen, wäre nicht Kristin nun im knietiefen Wasser langsam auf und ab gegangen. Im klaren, unbewegten Meer vor der Haustür der Taverne konnte man jetzt über dem feinen Sandgrund jedes noch so kleine Tierchen beobachten. Verschiedene Muscheln, Krebse, Seesterne, kleine Fischchen wie μουρμούρα und μαρίδα (murmúra und marída – Marmorbrasse und Schnauzenbrasse), oder kleine Babyseezungen tummeln sich früh morgens. Aber auch hübsch anzusehende Quallen, kleine Oktopusse, Kalamari oder sogar Seepferdchen haben wir hier schon entdeckt. Kristin watete ganz langsam, Schritt für Schritt, umher. Hin und wieder bückte sie sich, griff vorsichtig ins Wasser und fischte die eine oder andere besonders hübsche Muschel heraus. Ich beobachtete sie und wartete darauf, dass Perikles erwachen, die Taverne öffnen und uns beiden unseren morgendlichen griechischen Kaffee kochen würde.

Ich kann stundenlang aufs Meer blicken, und dieser Morgen war so faszinierend, dass ich gar nicht bemerkte, wie die Zeit verging. Auch Kristin hatte scheinbar völlig vergessen, wieso sie ins Wasser gestiegen war. Geschwommen war sie jedenfalls noch keinen Meter. Völlig untypisch für sie. Ich war so in Gedanken, dass ich gar nicht bemerkt hatte, dass Perikles inzwischen wach und auch Wilina, die Küchenhilfe, bereits zum Dienst erschienen war. Auch Irini wuselte bereits in der Küche und war mit den Vorbereitungen für das Mittagessen beschäftigt. Allmählich erwachte Toló. Kristin jedoch watete immer noch durchs Meer und ich blickte noch interessierter, seit ich einen Schwarm Meeräschen entdeckt hatte. Die Kéfali streckten ihre Köpfchen an die Oberfläche und schwammen umher. Immer wieder kreisten sie um Kristin herum und ihre kleinen Schädeldeckchen ragten dabei etwa ein bis zwei Zentimeter aus dem Wasser heraus. Die »Kopffische« schoben kleine Kringel auf die spiegelglatte Oberfläche und ich versuchte einen Sinn in ihren Kreisschwimmenden Bewegungen zu finden. Warum bloß sind diese Fische so schlau? Wieso kann man sie nicht mit der Angel überlisten? Mit dem Dreizack würde ich es jedenfalls nicht noch einmal versuchen, zu groß war die Schmach vom Vortag. Was fressen diese Fische eigentlich? Ich beschloss, einen der Fischer zu fragen. Am besten den alten Jannis, den sie auch Skáros nennen, nach einem anderen Fisch benannt.

Σκάρος (Skáros) heißt der europäische Papageifisch, auch Seepapagei genannt. Ob der bodenständige, aber manchmal etwas wirr daherkommende Jannis wegen der bunten Färbung des Fisches seinen Spitznamen bekommen hatte oder weil er sich papageienähnlich gerne beim Reden wiederholt, weiß ich nicht. Der echte Seepapagei dürfte jedoch ebenso schwierig zu angeln sein, wie die Meeräschen, denn mit seinem harten, schnabelähnlichen Maul schabt der Skáros Algen von den Felsen und ernährt sich fast ausschließlich davon. Auch Jannis' Ernährung ist recht einseitig. Zähne hat das hochbetagte Fischerurgestein nämlich schon seit Jahren nicht mehr im Mund. Aber gekochtes Gemüse, Weißbrot und Fisch lassen sich auch ohne Kauwerkzeuge verspeisen. Er müsste jeden Augenblick kommen, dachte ich bei dem Gedanken an den Skáros. Er schlürft üblicherweise seinen morgendlichen Mokka gemeinsam hier mit uns auf der Terrasse. Ich nahm mir vor, irgendwann einmal den Versuch zu unternehmen, einen echten europäischen Papageifisch zu angeln.

Noch nie hatte ich einen dieser putzigen bunten, bis zu einem knappen halben Meter groß werdenden Exemplare am Haken. Doch wie angelt man Algenfresser? Gedankenversunken starrte ich aufs Meer, als sich plötzlich die Ereignisse überschlugen.

Skáros kam gerade die zwei Stufen zur Terrasse herauf, als ein ohrenbetäubender Schrei mich aus meinen Gedanken und die noch schlafenden Tolóner aus ihren Träumen riss. Ich sprang auf, der Korbstuhl fiel um, doch das interessierte jetzt niemanden. Jannis rief noch »τι έγινε?« (ti éjine? – was ist passiert?), aber ich antwortete nicht mehr. Nur Sekunden später stand ich neben meiner Frau im knietiefen Wasser. Sie blickte verängstigt zum Grund. Ich glaube, sie zitterte sogar noch. »Ich bin auf etwas ganz ekeliges getreten. Guck, es ist noch da!« Sie stand jetzt in sicherer Entfernung und deutete auf die Stelle, wo sie eben noch ihre Füße hatte. Ich blickte ins Wasser. Mein Gesicht ganz nah über der Oberfläche. Ich konnte das Salz riechen und sah den Meeresboden. Und tatsächlich. Wenn man genau hinsah, dann konnte man etwas erkennen, das wie ein Auge aussah. Etwa murmelgroß lugte es aus dem Sand des Grundes hervor. Weiter war nichts zu erkennen. Und: es rührte sich auch nichts. Kristin sah mich mit fragenden, neugierigen Augen an. Einen Augenblick lang standen wir regungslos da, dann hatte ich einen Geistesblitz. Vorsichtig schlich ich an Land.

Auf der Terrasse blickte der alte Skáros verdattert drein. Ich sah, wie er mit den Achseln zuckte, als ihn ein Gast fragte, was geschehen sei. Perikles erschien nun ebenfalls: »Ανδρέα, τι έγινε?« (Andréa, ti éjine? – Andreas, was ist passiert?), fragte er mich besorgt. »Περίμενε!« (perímene! – Warte!) rief ich ihm in Eile zu und setzte, als ich den Strand erreicht hatte, zu einem ungeahnten Spurt an. In einer Ecke des Gartens neben der Taverne fand ich sofort das, wonach ich gesucht hatte, und nur Sekunden später war ich damit ausgestattet wieder neben Kristin. Jetzt musste sie lachen. »Hey Poseidon, willst du dich wieder so blamieren wie gestern?«, feixte sie. Ich hingegen blieb ernst, weil hochkonzentriert. Etwas breitbeinig aufgestellt, um sicheren Halt zu haben, stand ich da, den rechten Arm nach schräg oben gereckt. In meiner Hand: der Dreizack! Unter Hochspannung krallten sich meine Finger in den Bambusstab. Ich wusste, ich würde nur einen Versuch haben. Ein letzter konzentrierter Blick auf den Grund, dann sollte es losgehen. Noch einmal stutzte ich kurz. Zu dem augenähnlichen Ding am Grund hatte sich ein identisches Zweites gesellt. Augen im Sand. Augen zu und durch! Noch kräftiger als am Vortag durchstach der Dreizack die Wasseroberfläche, schoss durch das Schaum aufwirbelnde flache Wasser und ... steckte im Sand! In Bruchteilen von Sekunden ging mir durch den Kopf, dass ich nun wohl endgültig die Peinlichkeit vom Vortag überboten haben würde. Wieder nichts am Dreizack. Doch das war offenbar nur die Schrecksekunde meines Unterwasseropfers. Denn, urplötzlich, riss es mir fast den Dreizack aus der Hand. Sand wirbelte auf und im aufschäumenden Meerwasser war nichts mehr zu erkennen. Kristin sprang schreiend zur Seite und mich packte das Jagdfieber. Was auch immer das sein mochte, ich musste es schnellstmöglich in Sicherheit an Land bringen.

Ich riss meinen Arm so kraftvoll wie möglich hoch und wunderte mich schlagartig über die mächtige Gegenkraft, die am Dreizack zog. Doch für Nachdenken blieb keine Zeit. In zwei großen Sprüngen war ich an Land und reckte den Arm mit der Poseidonwaffe in die Höhe. Jannis, Perikles und weitere herangeeilte Schaulustige waren baff oder applaudierten. Augenblicklich lief ich mit dem Dreizack in die Küche und ließ meinen Fang ins große Waschbecken plumpsen, in dem Perikles seine Fische säubert. Wilina eilte heran, fragte mich, was ich gefangen habe. Erst dann blickte sie in das Becken. Erschrocken schrie sie spitz auf. »Χριστός και Παναγιά, τι είναι αυτό?« (Christós ke Panajiá, ti íne aftó? – Christus und Heilige Mutter Gottes, was ist das?)

»Αυτό είναι μία πεσκανδρίτσα.« (aftó ine mía peskandrítsa – das ist ein Seeteufel!)

Vor uns lag dieses knapp fünfzig Zentimeter große Ungetüm, mit seinem weit überproportional breiten Kopf und den zahlreichen starken Zähnen im riesigen Maul. Der Körper schuppenlos und dunkelbraun gefärbt, wirkte schleimig, obwohl hart und knochig. Im Becken ruckte der sehr schmackhafte Seeteufelschwanz jetzt noch wild-lebendig hin und her. Der starke Dreizack hatte den Fisch zwar sauber getötet, doch die Nerven ließen ihn noch eine ganze Weile unregelmäßig zappeln. Ich musste an die Geschichte einer Kollegin denken, die ihren Mann einmal beauftragt hatte Fisch zu kaufen. Als er vom Markt zurückkehrte und den Inhalt seiner Tüte in der Küche auspackte, erschrak seine Frau fürchterlich. Er hatte einen ganzen Seeteufel gekauft. Ihr Kommentar: »Du solltest einen Fisch kaufen und kein Monster!«

Es gibt wohl viele Geschichten über diese ganz besondere Spezies Fisch. Der Legende nach haben die Fischer früher, wenn sie eines dieser furchteinflößenden Tiere im Netz hatten, den gesamten Fang wieder ins Meer gekippt. Man wusste zum einen nichts mit ihm anzufangen, aber vor allem hatten die Fischer Angst vor dieser monströsen Bestie. So verzichteten viele lieber auf den kompletten Netzinhalt. Der seltsame Fisch soll so zu seinem Namen gekommen sein. Die Fischer nannten ihn schlicht Teufel. Schon Aristoteles hatte sich Gedanken über diesen seltsamen Meeresbewohner gemacht, der gerne im Sand vergraben auf Beute lauert. Der Seeteufel gehört zur Ordnung der Armflosser. Seine Bauchflossen sind seitlich zu »Armen« ausgebildet, mit denen er sich auf dem Meeresboden fortbewegen kann. Wie alle Fische aus der Familie der so genannten »Anglerfische« hat auch der Seeteufel an der ersten Rückenflosse ein Illicium. Eine Art fadenartige Angel, die aus dem Flossenstrahl ausgebildet ist und an deren Ende sich ein fiktiver Köder befindet, die Esca. Diesen Köder bewegt der Seeteufel, wenn er im Sand vergraben auf Beute lauert, oberhalb seines Maules verführerisch hin und her. Sobald sich andere Fische der Esca nähern, weil sie sie für einen Wurm oder etwas ähnlichem halten, reißt der geschickte Teufel blitzartig sein monströses Maul auf und verschlingt die Beute. Selbst große Beutetiere sollen nicht vor ihm sicher sein. Auch Meeresvögel sollen regelmäßig dem gefräßigen »Frosch«, wie ihn Aristoteles auch nannte, zum Opfer fallen. Und noch eines wusste der altgriechische Philosoph zu berichten: Zum Beutefang zieht es den Seeteufel gerne ins Flachwasser. Vermutlich war es die Angel dieses teuflischen Wesens, die auch an diesem Morgen wieder so zahlreich die Meeräschen angelockt hatte. Einen »Kopffisch« hatte ich zwar immer noch nicht geangelt, dafür aber hatte mein Seeteufel einen noch viel größeren schmackhaften Kopf und einen sagenhaft leckeren Schwanz. Davon konnten wir uns am Abend überzeugen, als uns Perikles ein leckeres Süppchen aus dem Seeteufelkopf bereitete und den vorzüglichen Schwanz mit seinem festen, weißen Fleisch servierte. Ein Festmahl. Und der Dreizack bekam einen Ehrenplatz in unserem Gästezimmer.

Am nächsten Morgen erzählte mir Jannis, wovon sich Meeräschen ernähren: Wie der Skáros hauptsächlich von Algen. Allenfalls mit einem winzigen Haken und einem klitzekleinen Köder aus Brot mit Fetakäse könne man sie an die Angel bekommen. Ich nahm mir vor, Jannis Ratschlag zu befolgen.

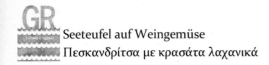

Seeteufel auf Weingemüse
Πεσκανδρίτσα με κρασάτα λαχανικά

Zutaten:
1 kg Seeteufelmedaillons, 4 Fleischtomaten in Stücke geschnitten, 1 Tasse
schwarze Oliven, 1 grobgeschnittene Zwiebel, 2 kleingeschnittene Knoblauchzehen, ½ Tasse Kapern, 1 Tasse grobgeschnittener Fenchel, 1 Tasse
Weißwein, Saft von ½ Zitrone, 1 TL Senf, Salz, Pfeffer, 1 Tasse Kräuter
(Fenchelgrün, Petersilie, Dill, Basilikum), 2 EL Butter

Zubereitung:
In einer Auflaufform Tomaten, Zwiebeln, Knoblauch, Oliven, Kapern und
Kräuter mischen. Seeteufelmedaillons mit Senf bestreichen und auf das
Gemüse legen. Salz, Pfeffer, Zitronensaft und Weißwein darüber gießen.
Butter in Flocken über den Fisch verteilen. Auflaufform im vorgeheizten
Backofen bei 180 °C ca. 20 Minuten backen. Fisch mit dem Gemüse und
einigen Löffeln vom Weinsud auf Tellern anrichten. Mit Weißwein, Kar-
toffeln und grünem Salat servieren.

13

Käpt'n Stavros auf Klassenfahrt

Es war einer dieser unzähligen geselligen Abende auf der Terrasse der Tavérna To Néon. Der Wein floss reichlich und die vielen griechischen Gäste und Touristen unterhielten sich lautstark beim Essen. Wild gestikulierend genossen sie die warme Abendluft. In der Mitte der Terrasse hatte Perikles mehrere der kleinen quadratischen Tische aneinander gereiht. An der langen Tafel hatte eine deutsche Schulklasse aus Göttingen Platz gefunden und offenbar fürstlich zu Abend gegessen. Zahlreiche leere Teller stapelten sich und satte Schülerinnen und Schüler starrten gebannt und fasziniert auf Käpt'n Stavros. Die betreuenden Lehrer blickten zufrieden auf ihre vorbildliche Klasse. Wissbegierige Pennäler kurz vor dem Abitur, die tagsüber während der Exkursionen zu den vielen archäologischen Stätten und den historischen Sehenswürdigkeiten hart gearbeitet hatten. Käpt'n Stavros liebte solche Abende. Wenn ausländische Gäste anwesend waren lief er zu Höchstform auf. Den Klassenlehrer kannte Stavros seit Jahren. Regelmäßig kam Martin vom Göttinger Max-Planck-Gymnasium mit seinen Abiturklassen nach Griechenland. Und wann immer es ging, versuchte Stavros den Fremden ein Stückchen von der reinen griechischen Kultur zu präsentieren. So auch an diesem Abend. Unterhaltung pur!

Es wurde viel erzählt und gelacht, und schon bald hatte sich Stavros das Akkordeon umgehängt. Nun wirbelte der kleine pummelige Mann mit den nur noch wenigen Haaren wie ein Wirbelwind über die Terrasse. Er sang und spielte. Die Griechen johlten bei den traditionellen Volksweisen, die deutschen Schüler, wenn sie ein Lied erkannten. Wie ein Quirl vermischte der Käpt'n die kulturellen Unterschiede, so dass sich alle Gäste der Taverne als eine zusammenhängende Gemeinschaft verstanden. Eine große Familie. Völkerverständigung à la Grecque. Stavros mutierte zu Alexis Sorbas. Ein Akkordeon spielender, pyknischer Freddy Quinn, der den niedersächsischen Schülern griechische Leichtigkeit lehrte. Perikles feuerte ihn immer wieder an, wenn er in seinen ausgetretenen Slippern und mit dem Tablett in der Hand über die Terrasse flog und neuen Wein brachte. Dem Käpt'n standen Schweißperlen auf der altersfleckigen Stirn, aber er wirbelte unaufhörlich weiter. Ein Gefühl von Freiheit lag in der Luft – und gemeinsamer Gesang. Schülerinnen mutierten zu Nana Mouskouri, Schüler zu Costa Cordalis, Lehrer zu Mikis Theodorakis. Ein Grieche, ehemals Gastarbeiter im Ruhrgebiet, stimmte in den berauschenden Gesang ein und wurde zu Udo Jürgens: »Griechischer Wein, ist so wie das Blut der Erde. Komm schenk mir ein!« Und die Lehrer bestellten noch ein halbes Kilo Wein.

Spät in der Nacht verließen junge und alte Europäer die Terrasse, um todmüde und selig in ihre Betten zu wanken. An viel Schlaf war für die Schulklasse jedoch nicht zu denken. Zwar stand am nächsten Tag keine offizielle Exkursion auf dem Programm, doch Käpt'n Stavros hatte darauf bestanden, die 25 Personen auf seiner Segeljacht mitzunehmen. Eine Exkursion ins Filótimo. Mit griechischer Leidenschaft ins wahre Hellas. Stavros wollte die Abiturienten zur Rückseite der Insel Rómvi segeln, wo sie einige fröhliche Badestunden verbringen und im Oktober den griechischen Spätsommer genießen wollten.

Gegen halb zehn am Morgen ruderte Stavros mit seinem kleinen Dingi an Land. Gutgelaunt, voller Tatendrang und froher Erwartung frühstückten wir gemeinsam einen griechischen Kaffee. Die Sonne schien aus einem, wie fast immer, strahlend-klarblauen Himmel. Eine leichte Brise wehte einen Hauch Oregano-Aroma von der Insel über die Bucht. Der perfekte Segeltag! Wenig später, wir hatten gerade den Mokka geleert, erschien Martin. Im Schlepptau des Lehrers, seine Schulklasse. Verschlafen und mit Rändern unter den Augen, aber angesichts des bevorstehenden Segeltörns voller Vorfreude. Der begeisterte Griechenlandfreund Martin reist seit vielen Jahren mit seinen Abiturklassen nach Hellas. Das dichtgedrängte kulturelle und archäologische Programm lässt den Schülern meist wenig Zeit, die Einheimischen näher kennen zu lernen. Doch an diesem Tag hatten die Pennäler Freizeit. Alle hatten die Einladung zum Segeln gerne angenommen. Und angesichts des Ausflugsprogramms mit Käpt'n Stavros war die Erwartungshaltung riesig. Stavros begann daher eilig sein Fährprogramm. Er schien heute noch besser gelaunt, als ohnehin stets. Mit dem Dingi brachte er im Pendelverkehr immer zwei Schüler zu seiner Jacht, ruderte allein zurück und brachte die nächsten. Ein Dauerlächeln auf dem Gesicht, und er strotzte nur so vor Kraft. Die hübschen Schülerinnen schienen ihn zusätzlich motiviert zu haben. Der alte Mann ruderte wie ein Leistungssportler. Unter dem engen weißen T-Shirt wuchsen seine Oberarmmuskeln zu sehenswerten, den Baumwollstoff dehnenden, Paketen. Die Freude fuhr mit an diesem Morgen und auch die Abiturienten strahlten eine selten gesehene Glückseligkeit aus, als sie sich langsam auf dem alten Holzdeck der Jacht sammelten. Sie lehnten sich lässig an die Reling oder räkelten sich in Bikinis auf dem Sonnendeck. Der sonst so furchtlose Stavros hatte angesichts der Größe der Schulklasse Sorge, dass die kleine Jacht zu eng werden könnte, und so beschloss er, die Klasse in zwei Gruppen aufzuteilen. Zunächst wollte er die erste Hälfte der Schüler auf die Rückseite der Insel bringen, wo ein einsamer Kiesstrand zum Verweilen einlädt. Dann würde er zurückkehren, um den Rest einzusammeln. Und so lichtete der Käpt'n kurze Zeit später den Anker und segelte mit den ersten Abiturienten los. Das fröhliche Lachen und herzerfrischende Kichern war noch zu hören, als die Jacht bereits hinter den Felsen der Insel Rómvi verschwunden war. Etwa eine Stunde würde es dauern, bis der Käpt'n wieder zurück bei Perikles wäre. Der zweite Teil der Gruppe, der mit Martin wartete, erfrischte sich daher mit einem kurzen Bad im Meer und einem kühlen Kaffee-Frappé. Urlaub total! Als Käpt'n Stavros mit dem leeren Boot zurückkehrte, sammelten alle Schüler flink ihre Sachen. Es würde nun auch für sie bald losgehen. Endlich!

Vom vielen Hin- und Herrudern mit dem Dingi war Stavros wohl doch mehr erschöpft, als er den Schülern eingestehen wollte. Jedenfalls fuhr er sehr viel näher mit seiner Jacht an die Küste heran, als üblich. Zwischen den vielen kleinen Fischerbooten ankerte er und schwang sich beherzt in sein Ruderboot, um die letzten wartenden jungen Menschen an Bord zu bringen. Einige von ihnen schwammen direkt zur Jacht, die jetzt nur etwa zwanzig Meter vom Ufer entfernt vor Anker lag. Wieder legte sich Stavros mächtig in die Riemen und ruderte die restlichen Schüler in Windeseile zum Schiff. Ich winkte noch zum Abschied, als Käpt'n Stavros sich auch schon an die Ankerkette machte. Und plötzlich merkte ich, dass etwas nicht stimmte.

Zwar versuchte Stavros Ruhe zu bewahren, gleichwohl sah ich, dass er irgendein Problem mit dem Anker hatte. Die aufgepumpten Oberarmmuskeln schienen noch größer, auf seiner Stirn standen wie am Vorabend die Schweißperlen. Er bekam den Anker nicht angehoben. Eine Winde hatte das alte Ding nicht. Stavros musste ihn per Hand einholen. Doch er war routiniert und normalerweise erledigte er diese Arbeit mit links. Normalerweise, denn jetzt schien ihn etwas davon abzuhalten. Was war geschehen? Die fröhliche Gelassenheit an Deck wich einer gewissen Anspannung. Der Lehrer musste mit anpacken, doch auch zu zweit und später mit der weiteren Unterstützung einiger Schüler gelang es nicht, den Anker zu lösen. So ging es eine Weile, bis Martin sich schließlich mutig in die Tiefe stürzte. Er wollte dem Problem auf den Grund gehen und tauchte an der Ankerkette abwärts. Schnell erkannte er dort unten, dass sich das schwere Eisen in mehreren Ankerseilen und -ketten der vielen Fischerboote verheddert hatte. Ein Ankerknäuel so vielleinig, wie das U-Bahnnetz Berlins. Es begann ein stundenlanges Geduldsspiel. Martin und seine Schüler tauchten abwechselnd ab und auf, bald japsten sie, doch tapfer stiegen sie immer wieder ins Wasser. Käpt'n Stavros dirigierte von oben geschickt die Rettungsarbeiten. Die übrigen Schüler blickten ebenfalls gebannt in die Tiefe. Allerdings nicht alle.

Auf der Rückseite der Insel Rómvi planschten die Kinder noch fröhlich im kristallklaren Wasser, doch wurden die ersten Mädchen inzwischen nervös. Ihr Segelchauffeur hätte längst wieder dort sein müssen. Was, wenn er sich einen Spaß gemacht und sie hier auf der einsamen Insel einfach ausgesetzt hatte? Immer eifriger wurde diskutiert und allmählich sorgten sich auch die coolen Jungs. Wo blieb nur dieser Stavros? Keiner der gestrandeten Abiturienten konnte sich erklären, wieso ausgerechnet dieser so freundliche Käpt'n sie hier einfach sitzen lassen sollte. Wollte er etwa Lösegeld erpressen? Sich einen bösen Scherz erlauben? Die Pennäler badeten inzwischen seit Stunden am rückwärtigen Strand der Insel und die bösen Vorahnungen wurden immer Furcht einflößender. Von der einsamen Badestelle aus, konnte man nichts als das weite Meer und die gegenüberliegende Küste der Peloponnes sehen. Hübsch, aber ohne Proviant würden sie bald auf Hasenjagd gehen und außerdem auf Regen warten müssen. Wasser gab es hier jedenfalls nur in reichlich gesalzener Form. So blieb ihnen nichts übrig, als zu warten. Toló war zwar in greifbarer Nähe, aber auf der anderen Seite der Insel. Um sich bemerkbar zu machen, hätten die Schüler den Berg erklimmen und auf der Vorderseite der Insel wieder herabsteigen müssen. Durch das wilde, dornige Gestrüpp würde es ewig dauern und zudem die inzwischen knappe Wasserreserve noch rascher aufbrauchen. Sie hatten nur das Nötigste dabei, denn des Käpt'ns Versorgungsschiff war voll mit Wasser, Wein und Bier, dazu reichlich Picknickmaterial. Es sollte ein unvergesslicher Ausflug werden, mit einem griechisch-gastfreundlichen Mahl an Deck. Sie hatten es sich so schön ausgemalt. Romantisch in der abgelegenen Bucht baden, spärlich bekleidet in der Sonne trocknen, mit den Mitschülern flirten, ein paar Oliven und Feta als Vorspeise knabbern und sich anschließend an Fisch, Oktopus und Gegrilltem satt essen. Bei diesen Gedanken bekamen die ersten Schüler Appetit. »Sicher wird Stavros bald kommen.«

»Ja, bestimmt.«

»Es kann nicht anders sein. Er ist ein toller Kerl. Er kommt sicher gleich.«

Gegenseitig machten sie sich Mut und harrten weiter aus, doch gleichzeitig stieg die nervöse Unruhe und schlug allmählich in echte Sorge um.

Vor Perikles' Haustür tauchten währenddessen Martin und seine Schüler eifrig weiter.

»Wir tauchten wie die Schwammtaucher«, erzählte Martin später. »Immer wieder ging es runter, um am Meeresgrund zu suchen. Nicht nach Schwämmen, aber nach der Lösung des Verwirrspiels.« Auf der Terrasse von Perikles Tavérna To Néon hatte sich inzwischen eine illustre

Runde Einheimischer eingefunden. Das Malheur des Käpt'ns hatte sich herumgesprochen. Michalis führte die Gruppe der Neugierigen an, die sich an den Tisch mit der besten Aussicht positioniert hatte. Stolz holte Perikles' Schwager seinen neuen Feldstecher hervor. »Wollen wir mal sehen, was genau dort vor sich geht!« Er hielt sich die Gläser vors Gesicht und berichtete den Übrigen. Stavros standen Schweißperlen auf der Stirn. Diesmal aus Zeitdruck, denn er ahnte bereits, dass es spät geworden sein musste. Als er auf seine vom Salzwasser gezeichnete Armbanduhr blickte, weiteten sich seine Pupillen erschrocken schnell. Michalis sah den entsetzten Blick. »Meint ihr, wir müssen die Küstenwache informieren?«, fragte er in die Runde. Natürlich hatte sich herumgesprochen, dass Stavros den ersten Teil der Schulklasse bereits auf der Rückseite der Insel abgesetzt hatte. So sorgte sich inzwischen nicht nur Stavros um das Wohl der Kinder. »Sie werden sich wundern, wo ihre Mitschüler bleiben«, ergänzte Michalis. »Ach, nun mach mal langsam«, hallte es ihm entgegen. »Keine Eile, Stavros macht das schon. Er ist doch ein alter Seebär.« Und weil es auf der Jacht nicht viel Neues zu entdecken gab, schwenkte Michalis das Fernglas die Küste entlang. Auf seinem eigenen Kaíki war alles in Ordnung, auf der Insel Koroníssi flaggte der Pope das Kirchlein für eine orthodoxe Feier und auf der Insel Rómvi war wie immer keine Menschenseele weit und breit. Bis plötzlich ...

Michalis riss das Fernglas wieder herum. Er wollte es gerade noch einmal zu seinem Fischerboot ausrichten, als er glaubte, eine Bewegung auf dem Gipfel der Insel gesehen zu haben. Abwegig zwar, dennoch gab sich Michalis Mühe irgendetwas zu entdecken. Manchmal sind Jäger illegal auf dem Eiland unterwegs um Vögel oder Hasen zu jagen. Doch was Michalis nun vor die Linsen trat, war kein einsamer Gesetzesbrecher. Erst schemenhaft, dann bald deutlich zu erkennen, kamen immer mehr Personen aus dem Dickicht der Macchia hervor. Es waren die gestrandeten Schüler. »Sie kommen!« Michalis sprang auf, deutete in Richtung der Insel. Es wurde lebhaft auf der Terrasse. Schmunzeln, Lachen, Schadenfreude, aber auch Erleichterung waren zu sehen und zu hören, als sich der Tross der Schüler, angeführt von dem größten der Runde, daran machte den steilen bewaldeten Abhang hinunter zu kraxeln. »Käpt'n, die Kinder kommen!«, brüllte jemand aus der neugierigen Runde in Richtung der gerade noch verhedderten Jacht. Fast zeitgleich gab der Käpt'n das Zeichen zur Abfahrt. Endlich! Sie hatten es doch noch geschafft. Irgendwie löste sich der Anker, Stavros zog in alter Routine die Ankerkette an Deck und der Dieselmotor jaulte auf, als sich die alte Dame unter voller Fahrt aus der Gefahrenzone der vielen Fischerboote befreite und stramm ihren Kurs auf die Insel Rómvi aufnahm. Jetzt auf die Vorderseite. Denn es war spät geworden. Nun war es an der Zeit, die Kinder davon zu überzeugen, dass es tatsächlich keine böse Absicht war, dass er sie so lange hat warten lassen. Erleichtert kamen schließlich alle wohlbehalten zurück an Land. Der Ausflug hatte zwar einen etwas anderen Ausgang genommen als geplant, aber niemand konnte Käpt'n Stavros böse sein. Am Abend, als man sich wieder gemeinsam auf der Terrasse der Tavérna To Néon traf, lachten alle über den missglückten Törn. Und als Stavros sich das Akkordeon umhängte und seine vom vielen Rudern geschwächten Arme den Balg kräftig auseinanderzogen, dachte niemand mehr daran. Stavros' seebärige Stimme packte die Schüler aus Deutschland und nahm sie mit auf eine bezaubernde Reise, so wie der Meltémi die salzige Luft über die Ägäis peitscht. Der Geruch des frischen Oreganos, der sich über den Souvlákis und Lammkoteletts der hungrigen Schüler ausbreitete, wehte herüber bis zur Insel Rómvi. Stavros' Lippen bebten und die Abiturienten fühlten sich, als seien *sie* die Kinder von Piräus, von denen ihr Käpt'n immer wieder mit Melancholie in der Stimme sang.

Lammkoteletts mit Oregano-Tomaten-Butter
Παιδάκια με Βούτυρο Ρίγανης-Ντομάτας
Paidákia me voútiro ríganis-domátas

Zutaten:
1 kg Lammkoteletts mit Stiel
Für die Gewürzmischung: 1 TL Meersalz, 1 TL frischgemahlener Pfeffer,
1 TL getrockneter Oregano, 1 TL frische Oreganoblätter
Für die Butter: 200 g weiche Butter, 1 Tasse frischer Oregano, ½ Tasse
getrocknete Tomaten in Öl , 1 EL Rosenpaprika, 1 EL Orangensaft, 2 Knoblauchzehen, Salz, Pfeffer, 1 TL Chili, 1 Prise Zucker, 3 Tomaten

Zubereitung:
Tomaten kreuzweise einritzen und für ca. 1 Minute in kochendes Wasser
geben. Herausnehmen, in kaltem Wasser abschrecken und die Haut entfernen. Tomaten zuerst in kleine Würfel schneiden. In einem Mixer oder
Küchenmaschine die getrockneten Tomaten, Oregano, Rosenpaprika,
Knoblauch, Chili und Zucker fein hacken. In eine Schüssel die Butter
geben und mit dem Handrührgerät schaumig schlagen. Tomatenmasse
und Orangensaft dazu geben und unterrühren. Mit Salz und Pfeffer würzen. Zum Schluss die gewürfelten Tomaten unterheben. Butter in den
Kühlschrank stellen.

In einer kleinen Schüssel Meersalz, Pfeffer und Oregano mischen. Grill
vorbereiten und Lammkoteletts von beiden Seiten saftig grillen. In eine
Auflaufform geben und erst jetzt mit der Gewürzmischung von allen Seiten kräftig würzen. Im Backofen warm halten bis alle Koteletts gegrillt
sind.
Mit Hilfe eines Eisportionierers kleine Butterkugeln formen. Koteletts auf
dem Teller servieren und mit je einer Kugel Oregano-Tomaten-Butter
garnieren. Dazu passen Blattsalate, Weißbrot, Feta und Rotwein.

14

Pfeifen-Georgios' Vogelparadies

»Paradiesbaum, so heißen diese Bäume angeblich auf Deutsch über-setzt.« Perikles schaute mich mit glänzenden Augen an. Der Herbstwind ließ die feinen Blätter rascheln und die überreifen kleinen, kugeligen Früchte zart aneinander klopfen.

»Das haben deine Eltern wirklich gut gemacht, als sie damals diese Bäume hier an die Terrasse gepflanzt haben«, sagte ich zu Perikles und blickte aufs Meer. »Es ist wirklich das Paradies hier.«

»Das hat Stavros auch immer gesagt.« Stolz blickte sich Perikles um. »Und der musste es wissen. Schließlich hatte er nicht nur die gesamte Küste Griechenlands gesehen.«

Unwillkürlich musste ich wieder an diesen Haudegen denken, der zwar auf dem Meer Zuhause war, gleichwohl sein Toló aber immer als das Paradies bezeichnet hatte. Irgendwann war er mit seinem Boot aufgebrochen zu einer längeren Reise und nicht zurückgekehrt. Die Küstenwache fand sein Schiff, das an einer steilen Klippe zerschellt war. Seine Leiche wurde nie gefunden.

Ich ließ meinen Kopf in den Nacken fallen und dachte an die alten Zeiten. Als wir jung waren und die Nächte zu Tagen machten. Als wir Toló-Urlauber nach durchtanzten Diskobesuchen morgens früh die ersten beim Bäcker waren und als wir unseren Eltern handgeschnitzte Olivenholzpfeifen als Souvenirs mitbrachten. Jetzt, im Jahr 2013, fast 20 Jahre später, war es ruhiger geworden im ehemals stark frequentierten Touristendorf.

»Mensch, Perikli, was ist eigentlich aus dem Holzschnitzer Georgios geworden?« Ich musste spontan an diesen freundlichen Kretaner denken, der früher mit seiner Familie in Toló gelebt und eine Holzschnitzerwerkstatt betrieben hatte. Eine Zeit lang waren die handgearbeiteten Pfeifen aus Olivenholz ein echter Renner. Georgios Tochter hingegen spielte lieber am Strand. Oft direkt vor Perikles Taverne. Irgendwann wurde klar warum. Sie hatte sich in Dennis, den jüngsten Sohn von Stefan, verguckt.

»Ich weiß auch nicht, wo die abgeblieben sind«, sagte Perikles achselzuckend. »Irgendwann als der Tourismus Ende der 1990'er Jahre in Toló nachließ, haben sie den Laden aufgegeben. Hat sich wohl nicht mehr gelohnt.«

Ich fragte mich, ob Georgios damals so oft bei Perikles war, um besser ein Auge auf seine pubertierende Tochter werfen zu können. Unvergessen der Moment, als mein Freund Finne Bekanntschaft mit ihm machte. Und das war so, Mitte der 1990'er Jahre:

Es war ein heißer Sommertag, den wir zwischen Baden im Meer und einer Abkühlung im Schatten der Paradiesbäume verbrachten. Vermutlich war die Tochter von Georgios auch im Meer oder am Strand unterwegs, denn sie hielt fast täglich Ausschau nach Robins kleinem Bruder.

Einer meiner Lieblingsplätze auf der Terrasse ist und war auch damals schon der Tisch direkt neben der Treppe zum Strand, wo man sich regelmäßig den Kopf beim Aufstehen am knorrigen, im rechten Winkel zum Stamm abstehenden Ast stößt. Hier saß ich, las ein Buch und trank einen Frappé, als Pfeifen-Giorgios mit einem Vogelkäfig erschien, in dem ein knallgelber Kanarienvogel saß. Georgios grüßte mich freundlich, stellte kurz den Käfig auf meinem Tisch ab und lehnte sodann eine hölzerne Leiter an den ungeliebten dicken Ast. Was hatte er vor? Finne badete unterdessen im quietschwarmen Meer und bekam von all dem nichts mit. Georgios griff zum Vogelkäfig und kraxelte damit die Sprossen der Leiter hinauf, bis er oben im Baum offenbar das gefunden hatte, wonach er suchte. Ein sicheres Plätzchen für den Käfig. Er befestigte ihn so, dass er im Wind nicht herunterfallen konnte, dann stieg er ohne ihn wieder herab und entschwand die Straße zum Dorf hinauf. Er wollte, so mutmaßte ich, seinem geliebten Vogel sicher nur ein wenig Abwechslung gönnen.

Manche Leute fahren ihre Sittiche im Auto spazieren, andere bringen ihre Kanarien an den Strand.

Nach einer Weile kam Georgios zurück. Zwischenzeitlich waren wir mehrmals baden gegangen und den Vogelkäfig hatte ich fast vergessen gehabt, da stand plötzlich Finne direkt neben dem Baum, an dem Georgios wieder seine Leiter angestellt hatte. Der Pfeifenschnitzer fuchtelte im Blattwerk der Baumkrone herum. Finne beachtete ihn erst, als er ein paar Sprossen herab stieg.

Georgios wandte sich plötzlich an Finne: »Hier, halt das mal bitte!«

Und augenblicklich drückte ihm Georgios etwas in die Hand, das Finne nicht erwartet hatte. Er sah mich perplex an, als etwas Piependes ängstlich aus seiner Faust schaute. Mein Freund hielt einen Spatz zwischen seinen ängstlich zitternden Fingern. Doch Zeit, über seine Furcht nachzudenken, hatte er nicht. Denn Georgios war wieselflink wieder die Leiter hinauf gestiegen, hatte den Vogelkäfig vom Ast geholt und stand bereits wieder neben Finne.

»Danke!«, sagte der Vogelfreund knapp, ergriff die spatzgefüllte Hand und entnahm ihr fachmännisch den Piepmatz. Dann steckte er diesen rasch in den Käfig, schloss das Törchen und zog fröhlich pfeifend von dannen. Finne sah ihm mit offenem Mund nach und fragte mich schließlich: »Was war das?« Ich hatte genau wie er nicht die geringste Ahnung, warum Georgios mit seinem Vogel im Dorf spazieren geht. Was wir nicht beachtet hatten war, dass er nur mit einem Kanarienvogel hergekommen war, die Anzahl der Vögel in seinem Käfig nach seinem Besuch auf unserer Terrasse jedoch zugenommen hatte.

Viele Jahre erzählten wir immer wieder diese kurze Episode unserer Bekanntschaft mit Pfeifen-Giorgios. Spatzen und andere kleine Vögel gab es damals selten in Toló, stattdessen reichlich Katzen und so vermuteten wir, dass sich Georgios eventuell mit seinem Federvieh hatte schmücken wollen, wenn er den Käfig mal wieder demonstrativ in den Baum auf Perikles Terrasse gehängt hatte.

Zurück im Krisenjahr 2013: Ich knabberte auf der Terrasse unter den Paradiesbäumen zu meinem Frühstückskaffee an einem Sesamkringel, als ganze Heerscharen kleiner Sperlinge die Terrasse einnehmen zu wollen schienen. Die vor einiger Zeit erneuerte Regenrinne der Taverne glich einer Voliere in der es zirpte und zwitscherte.

»Guck dir diese Vögel an«, sagte Perikles zu mir, als er mich grübeln sah.

»So viele Spatzen habe ich ja noch nie hier gesehen«, sagte ich verblüfft.

»Ach, es ist eine richtige Plage. Es werden von Tag zu Tag mehr.« Perikles blickte entnervt zum Dach. »Nur gut, dass ich das Dach so gut abgedichtet habe. Da kommt so schnell kein Vogel rein! Früher, als ich noch jung war, haben wir die Spatzen geschossen. Da gab es nicht zu viele!«

Ich verschluckte mich jäh an meinem Mokka. »Du hast die Vögel abgeschossen?«

»Ja! Mein Vater hatte so ein Kleinkalibergewehr, damit ließ sich gut auf die Piepmatze feuern.«

Ich blickte meinen friedlichen Freund, den Tavernenwirt, überrascht an. Wieso schoss er auf Spatzen? Gerade er, einer der tierliebsten Griechen. Mir wurde klar, ich musste nachhaken:

»Aber sag mal«, setze ich zaghaft an. »Du hast doch gerade gesagt, früher gab es noch keine Vogelplage hier auf eurer Terrasse.«

»Natürlich nicht. Spatzen waren rar. Ist doch klar, bei diesen Delikatessen!«

»Du hast die doch nicht etwa gegessen? Hahaha!« Es entfuhr mir ein verkrampftes Lachen. Wollte mich Perikles verulken? Seine ernste Miene ließ allerdings etwas anderes vermuten. Dann huschte ein verliebtes Lächeln über sein Gesicht.

»Ja natürlich haben wir die gegessen. Hmmm, lecker, in der Pfanne gebraten mit Ei. Köstlich!«

Also doch. Hätte ich mir denken können. Griechen sind doch immer für eine Überraschung gut. Jetzt hieß es Empathie beweisen. Umdenken und andersrum fragen:

»Wie bereitet man die Vögel denn zu?«, fragte ich und ergänzte, jetzt neugierig: »Kann ich das auch?«

»Na klar, das ist super einfach. Du schneidest die Köpfe ab, nimmst die Vögel aus und legst sie in einen großen Topf. Dann kochendes Wasser drüber und schon kannst du die Tiere rupfen. Die Federn gehen dann ganz leicht raus.«

»Und dann?«, fragte ich stirnrunzelnd, »was mache ich dann mit den gerupften Spatzen?«

»Also mir schmecken sie am besten aus der Pfanne. Gebraten mit Ei. Hmmm lecker!« Perikles schien das Wasser im Munde zusammen zu laufen, während ich ihn vermutlich etwas schräg anschaute. In diesem Moment musste ich dann wieder an Pfeifen-Georgios denken. Ich sah zu Perikles, der auf einem imaginären Sperlingshappen zu kauen schien.

»Sag mal Peri, kennst du eigentlich die Geschichte, als Georgios dem Finne den Vogel in die Hand gedrückt hat?«

»Nein«, antwortete er, und ich erzählte. Als ich zum Ende kam lachte Perikles. Mit Vögeln habe er damals viel zu tun gehabt, meinte er und ergänzte dann:

»Georgios war oft hier. Aber was er mit den vielen Spatzen gemacht hat, weiß ich auch nicht.«

Einige Wochen später hatte ich die Gelegenheit eine der beiden Töchter von Pfeifen-Georgios zu fragen. Die Antwort war verblüffend: »Unser Vater hat die Vögel gesammelt. Nun ja, er hatte einen Spezialkleber. Damit hat er die Äste der Bäume eingestrichen. Wenn dann die Spatzen im Kleister klebten, hat er sie von den Bäumen gepflückt und in seinen Lockvogelkäfig gesteckt, den er im Blattwerk aufgestellt hatte. Die Vögel hat er dann entweder selbst gegessen - ich konnte die nie leiden, bäh! - oder er hat sie gegen andere Vogelarten getauscht.«

Offenbar war das Vögelsammeln ein beliebter Zeitvertreib damals. Und gebratene Spatzen eine Delikatesse. Nur kurz habe ich mich gefragt, ob Georgios seine Sperlinge auch in den handgeschnitzten Olivenholzpfeifen geraucht hat. Doch den Gedanken habe ich sicherheitshalber schnell verworfen.

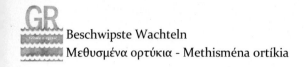

Beschwipste Wachteln
Μεθυσμένα ορτύκια - Methisména ortíkia

Zutaten:

8 küchenfertige Wachteln, Salz, Pfeffer, 1 TL Oregano, 5 EL Olivenöl, 1 feingehackte Zwiebel, 1 feingehackte Knoblauchzehe, 1 kleingeschnittene Fenchelknolle, 2 Tassen Weißwein, 2 EL Zitronensaft, 1 Tasse feingeschnittene Kräuter (Petersilie, Majoran, Minze, Basilikum, Rucola, Zitronenmelisse, Rosmarin)

Zubereitung:

Innen- und Außenseiten der Wachteln mit Salz, Pfeffer und Oregano einreiben. Olivenöl in einem großen Topf erhitzen und Wachteln von allen Seiten kräftig anbraten. Zwiebel, Knoblauch und Fenchel mit anrösten und mit Weißwein ablöschen. Deckel auf den Topf setzen und bei schwacher Hitze ca. 30 Minuten garen. Mit Zitronensaft, Salz und Pfeffer würzen, Kräuter untermischen. Topf vom Herd nehmen und einige Minuten ruhen lassen.

Wachteln auf Teller anrichten und mit dem Fenchel-Wein-Sud übergießen. Dazu passen Offenkartoffeln und gemischter Blattsalat.

15

Geheiligt werde der Fagrí!

Vassilis hieß eigentlich anders, aber er hat einen eigentümlichen Verwandlungsprozess hinter sich, so dass ich ihn nicht mit seinem echten Namen nennen möchte. Er war jedenfalls leidenschaftlicher Fischer und Angler, wobei sich diese Obsession lediglich auf einen ganz bestimmten Fisch bezog: Auf den großen Fagrí! Der lateinische Name »Pagrus pagrus« wird im Deutschen als »Gemeine Rotbrasse« bezeichnet. Dieser kompakte, hochrückige Fisch, kann für mediterrane Verhältnisse eine enorme Größe von bis zu einem knappen Meter und ein Gewicht von bis zu 15 Kilogramm erreichen. Ein lohnender Zielfisch, besonders wenn man mit der Handangel fischt.

Vassilis war ein geselliger Kerl. Mehrfach war ich mit ihm in den frühen Morgenstunden gemeinsam zum Fischen aufs Meer hinaus gefahren. Die Zeit auf seinem kleinen Motorboot verging immer wie im Fluge. Aber besonders an Land redeten wir oft stundenlang über das Angeln. Im Kafeníon fachsimpelten wir zwischen Kaffee-Frappé und Ouzo über die besten Köder, Angelstellen und die richtigen klimatischen Bedingungen. Vassilis war ein ausgewiesener Experte. Gerade wenn es um seinen Lieblingsfisch, den Fagrí ging, zeigte er ungeahntes Fachwissen. So erfuhr ich unter anderem, dass die Gemeine Rotbrasse, die auch Sackbrasse genannt wird, eine ganze besondere Spezies ist: Ein protogyner Zwitter! Ein was? Doch gerade, als mir Vassilis die Details erläutern wollte, kam Mítsos der Oktopusfischer zur Tür des Kafeníons herein und lenkte uns ab. Er bestellte ein Amstel-Bier und prostete uns zu. Und während Mítso noch den Kopf im Nacken und die Flasche am Mund hatte, fragte ihn Vassilis bereits: »Hast du noch Sepien für mich? Ich hab keine Köder mehr!«

Die Vorbereitungen für einen erfolgreichen Angeltag waren für Vassilis nicht immer einfach, manchmal zeitaufwendig schwierig. Er wollte immer den perfekten Köder dabei haben, wenn er zu seiner geheimen Angelstelle aufbrach, die ich nicht verraten darf. Ich glaube, er vertraute mir. Jemand anderen habe ich jedenfalls nie auf seinem Boot gesehen, wenn er zum Fagrí-Angeln aufs Meer hinaus fuhr. Er verriet mir schließlich sogar das Geheimnis seiner Köder, die leider so schwer zu finden waren. Nur mit kleinen lebenden Sepien fischte Vassilis außerhalb von Toló an der steilen Felsküste auf die nächsten großen Rotbrassen, die sich am liebsten in einer Tiefe bis 150 Meter aufhalten.

Oft war Vassilis tagelang auf der Suche nach dem perfekten Köder. Die Fischer, die mit Netzen fischten, hatten häufig Sepien in den Maschen, die dann in Vassilis Köderbox landeten. Eine rote, etwa einen Meter hohe Plastiktonne mit verschraubbarem Deckel, diente ihm als Frischebehälter für die zehnarmigen Tintenfische mit den kurzen Armen, dem großen Körper und den zwei zusätzlichen längeren Fangtentakeln. Vassilis hatte Löcher in das rote Plastikfass gebohrt, so konnten die Sepien tagelang frisch bleiben. Durch die Löcher zirkulierte immer genügend Frischwasser, wenn die Tonne neben seinem Boot im Meer hing. Wenn Vassilis seine Zeit im Kafeníon oder in der Oúzerie verbrachte, war die Suche nach neuen Ködern oftmals *das* Thema. Er sprach wild gestikulierend mit den Fischerkollegen, wie auch jetzt mit Mítso, telefonierte vom Festnetz oder vom Handy. Auch tagsüber an der Küste hielt er immer die Augen auf und rief den Fischern zu, sie sollen Ausschau nach Sepien halten. Mítso hatte häufiger die zehnarmigen Tintenfische im Netz, auf die Vassilis so erpicht war.

Eine Tages, ich badete gerade im Meer, rief Mítso noch während er heimkommend sein Kaíki an den Anleger lenkte, Vassilis zu, der gerade am Strand beschäftigt war: »Hey, Vassilis, komm her! Ich hab einen schönen Köder für dich. Beeil dich!« Doch der Fagrí-Angler steckte in irgendeiner wichtigen Arbeit und so gab er diesen »Auftrag« kurzerhand an mich weiter: »Andreas, schwimm mal schnell zu Mítso, lass dir einen Sepia geben und bring ihn bitte in die Ködertonne, damit wir für morgen früh einen Köder haben.«

Die wenigen Meter zu Mítsos Boot waren schnell zurückgelegt. Einen Augenblick später stand ich in Badehose auf seinem Kaíki und bemerkte erst jetzt, dass auch er eine durchlöcherte Sepia-Tonne hatte.

»Ich soll den Köder für Vassilis holen?«, sagte ich fragend zu Mítso, der dabei war sein Boot zu vertäuen.

»In der Tonne sind drei Stück. Einen kann er haben. Such dir einen aus!« Mítso griff wieder zu seinem Bier.

Interessant, dachte ich. Nur weil ich hin und wieder auch mit ihm zum Fischen rausgefahren war, schien mich Mítso bereits für einen echten Fischerkollegen zu halten. Das Selbstverständnis, mit der er mir zutraute den Sepia zu packen, irritierte mich. Doch Mítso war ohnehin zu beschäftigt, also wagte ich das Experiment. Ich zog die Tonne an Deck des schmuddeligen Kaíkis und schraubte den Deckel auf, während das Wasser langsam aus den Bohrlöchern auf die Schiffsplanken tropfte. Ich blickte in das Köderfass und sah drei Tintenfische mit etwa handlangen Körpern, die hektisch umher spritzten. Es dauerte eine Weile, bis es mir gelang, eines der drei glibberigen Tiere fest zu packen zu bekommen. Jetzt musste es schnell gehen! Mítso drehte sich nur kurz zu mir um und sagte dann: »Geh ruhig schon, die Tonne mach ich gleich zu.« Also schwang ich mich auf, zu Vassilis Boot zu schwimmen. Merkwürdig fühlt es sich an, mit einem Sepia in der rechten Schwimmhand.

Am Boot angekommen, gelang es mir irgendwie über die Bordwand zu klettern, obwohl ich mit dem zappeligen Sepia gut beschäftigt war. Auf den letzten Meter hatten die Kräfte des Tintenfisches jedoch deutlich nachgelassen. Fast schlaff, wie ein ausgewrungener Putzlappen, hing er mir aus der fest geschlossenen Faust. Der Sepia wirkte bewusstlos, als ich ihn auf die Sitzbank in Vassilis Boot legte. Er zuckte jetzt nur noch zaghaft, während ich in Windeseile die Ködertonne ins Boot zerrte. »Halbtote Sepia sind ganz schlechte Köder für einen wirklich guten Fagrí«, hatte Vassilis einmal beim Angeln zu mir gesagt. Hatte ich es vermasselt? Doch als ich die Ködertonne von ihrem Deckel befreit hatte und den Sepia aufhob, um ihn in sein neues kurzzeitiges Zuhause zu setzen, war nicht nur ich plötzlich hellwach. Der Tintenfisch bäumte sich scheinbar ein letztes Mal auf. Sein harter, papageienähnlicher Schnabelzahn, der mittig an der

Unterseite des Körpers zwischen den zehn Armen die Maulöffnung verschließt, bekam meine Hand zu packen und bohrte sich blitzschnell und schmerzhaft in meine Haut. Ich schrie auf, Blut lief über meine Handfläche und ohne nachzudenken lies ich den Beißer fallen. Er plumpste in die Plastiktonne, wo er alsdann wild herumflitzte. Glück gehabt! Würde der Schmerz nachlassen und die Hand nicht abfallen, stünde uns also am nächsten Morgen ein interessanter Angelausflug mit quietschfidelem Köder bevor. Voller Vorfreude blickte ich auf meine blutende Hand. Dann sprang ich mit einem großen Kopfsprung von Bord und schwamm zurück ans Ufer. Glücklicherweise wird die Bucht von Toló nur sehr selten von Haien heimgesucht.

Vassilis erwartete mich im Morgengrauen des nächsten Tages am Strand. Mit einem breiten, alten Trainingssurfbrett, das Jannis, der Besitzer vom Wassersportzentrum Poseidon ausrangiert und einfach am Strand liegen gelassen hatte, setzten wir über zum Motorboot. Dort angekommen bereiteten wir die Angeln vor und starteten den Außenborder. Außer dem samtweichen Geräusch des nagelneuen 4-Takt-Motors war an diesem Morgen nichts zu hören. Spiegelglatt lag das Meer uns scheinbar zu Füßen und wir konnten es kaum erwarten, die geheime Angelstelle anzusteuern. Nur eine gute Viertelstunde später stoppte Vassilis den Motor. Auf dem wellenlosen Wasser schaukelte das Boot seine Fahrtbewegung aus und lag schließlich wie aufgebettet auf dem tiefblauen Meer. In der Ferne konnten wir zwei weitere Angler erahnen, die ebenfalls in ihren kleinen Booten unterwegs waren und den Fischen nachstellten. Vassilis aber hatte nur noch Augen für seine Handangel, deren mächtige 0,8 Millimeter dicke Schnur sich vor seinen Füßen im Boot kringelte. Vassilis fingerte ein schwarzes Gummiteil aus seiner Tasche. Ich blickte ihn fragend an. Doch er sah meinen Blick nicht, beachtete nur akribisch seine wie von selbst agierenden Finger. Das schwarze Etwas wanderte über seinen Zeigefinger, seinen Daumen. Eine Art dicklippiger Überzieher klebte wie ein halbes Kondom hauteng an den beiden Fingern. Seine Angelhand war präpariert! Geschickt fischte er nun den Sepiaköder aus der Tonne, und dann zeigte er mir in professoral erörterndem Ton, wie er den Sepia an den Haken köderte. Die kurzen Beinchen des Lebendköders vollzogen einen merkwürdigen Tanz, während die Tentakel versuchten einen Ausweg vom Haken zu finden. Vergeblich. Das 300 Gramm schwere Bleigewicht am Ende der Angelleine zog den Sepia kurz darauf in die Tiefe und mit ihm die bis hierhin so gesellige Stimmung meines Fischerfreundes. Etwa 100 Meter tief musste das Meer an dieser Stelle sein. Vassilis blickte von nun an gebannt auf die Schnur, die jetzt zwischen seinem Gummi ummantelten Daumen und dem Zeigefinger auf Spannung gehalten wurde. Als wäre mit dem Sepia auch seine Stimme in die Tiefe gesaust, saß er wie verwandelt da. Still. Fast wort- und reglos. Nur hin und wieder zuckte Vassilis Hand kurz nach oben, um dem Köder einen zusätzlichen spielerischen Reiz zu verleihen. Jetzt hieß es warten.

Mangels weiterer Lebendköder musste ich für meinen Haken auf Fetzen toter Tintenfische zurückgreifen. Dementsprechend lagen meine Chancen auf einen Fagrí bei 0 Prozent. Ich verbrachte dennoch eine kurzweilige Stunde, in der ich zahlreiche etwa handlange Barsche fing. Vassilis hingegen war fixiert auf seine eigene in den gummierten Fingern gehaltene Angelleine. Er blickte nicht einmal zu mir auf, als ich keine zwanzig Meter von unserem Boot entfernt einen an der Oberfläche jagenden Schwarm größerer Fische ausmachte. Da mir die kleinen Barsche genügten, baute ich schnell meine Angelmontage um, warf mitten in den Schwarm und bot dort meinen Köder nur knapp unter der Oberfläche an. Es dauerte keine fünf Minuten, da tauchte meine Pose blitzartig ab und ein wilder Jäger sprang mehrfach aus dem Wasser, während er versuchte meinen Haken abzuschütteln. Doch unbarmherzig zog ich die etwa 40cm große Goldmakrele an Deck.

»Schön«, sagt Vassilis nur, und blickte umgehend wieder konzentriert auf seine gummierten Finger. An meiner Angel folgten zwei weitere Makrelen, ohne dass Vassilis sich dazu äußerte. Doch dann plötzlich das: »Andreas, jetzt beißt einer. Es muss ein Fagrí sein.« Seine Augen schienen sich zu weiten, er zwinkerte nicht mehr, sondern gaffte gebannt auf die Angelschnur in seinen Händen.

»Bei mir auch«, gab ich zurück, schlug an und wenig später folgte Makrele Nr. 4 den Vorgängerinnen. Sie plumpste gerade aufs Deck neben die anderen Fische, als Vassilis seinen Arm blitzschnell und ansatzlos nach oben katapultierte. Vassilis hatte den Anhieb genau zur richtigen Zeit gesetzt. Die Schnur zeigte deutlichen Widerstand, als er sich halb erhoben neben die Bordwand kniete.

»Ich hab ihn«, sagte Vassilis stoisch und führte nach einem strammen Kampf, der seine Adern an den Händen hervortreten lies, einen großen Fagrí an die Wasseroberfläche. Als der Fisch schließlich neben den Makrelen zu liegen kam und wild zu zappeln begann, wirkte mein Fang mickrig. Der Fagrí hatte geschätzt gute sechs Kilogramm Gewicht. Ein Sackbrassen-Prachtexemplar. Vassilis blickte stolz, aber irgendwie nachdenklich, vorsichtig. Er schien zu überlegen. Während ich noch versuchte, eine fünfte Makrele zu fangen, begann Vassilis das Boot aufzuräumen. Die Sonne stand inzwischen schon gleißend heiß am Himmel und wir würden bald zurück nach Toló aufbrechen. Ein Kaíki näherte sich unterdessen langsam tuckernd. Ein junger Grieche stand an Deck und hielt nach uns Ausschau. Direkt neben uns legte er den Leerlauf ein. Der Fischer schien Vassilis zu kennen, doch dieser war offenbar nicht erfreut über den unerwarteten Besuch.

»Guten Morgen, na wie läuft es? Habt ihr schon was gefangen?« Der Fischer blickte neugierig in unser Boot.

»Nein, gar nichts«, antwortete Vassilis.

»Und was ist das da?« Der Fischer deutete mit einer weit ausgestreckten Hand auf einen Plastiksack auf dem Schiffsboden. Es war die Abdeckhülle seines Außenbordmotors, die Vassilis kurz vor der Ankunft des anderen Fischers hektisch über den Fagrí geworfen hatte.

»Nichts, was soll da sein?«, tat Vassilis unwissend.

»Na der Plastiksack da am Boden!«, hakte der Fischer nach.

»Das ist nur die Abdeckung meines Außenborders.« Vassilis wandte sich um, seinen Motor zu starten.

»Aber wieso zappelt es da im Sack so?«, fragte der Fischer. Und ich sah, wie tatsächlich der Fagrí im Plastiksack zappelte und ruckte, und allmählich seine große Schwanzflosse aus seinem Versteck hervor schob.

»Da zappelt nichts«, sagte Vassilis stur.

»Aber was ist das da für eine große Schwanzflosse eines Fisches, die aus dem Sack hervorguckt?« der Fischer schmunzelte erst und blickte dann leicht verärgert.

»Da ist keine Flosse«, versuchte Vassilis zu beteuern.

»Was erzählst du da, du versteckst doch einen Fisch!« Der Fischer fühlte sich veralbert.

»Da ist rein gar nichts, wir haben nichts gefangen. Und jetzt müssen wir los.« Vassilis zog an der Zündschnur des Außenbordmotors und legte den ersten Gang ein. Wir ließen den Fischer an der geheimen Angelstelle zurück und schalteten zwei Gänge höher.

»Warum hast du den Fagrí versteckt?«, fragte ich Vassilis als wir Kurs auf Toló nahmen.

»Es ist meine Stelle. Die anderen wollen sich keine Mühe machen und sich stattdessen direkt ins gemachte Nest setzen. Ohne mich!«, sagte Vassilis und steuerte zielstrebig weiter. Er wirkte jetzt ernst und sprach bis Toló kein Wort mehr. Bevor wir an Land gingen, verpackte er seinen Fang in einem großen Eimer, den er zusätzlich mit einer undurchsichtigen Folie abdeckte. Dann legten wir an Vassilis Boje an und paddelten mit dem kaputten Surfbrett wieder zurück an Land. Ich griff mir die Makrelen und wir verabschiedeten uns zunächst voneinander. Der Angeltag hatte einen etwas merkwürdigen Ausgang genommen. Doch es sollte noch interessanter kommen ...

Etwa eine Stunde später erschien Vassilis auf Perikles Terrasse, hatte ein Mobiltelefon dabei und in der anderen Hand einen Kaffee-Frappé. Er setzte sich in eine leere Ecke der Terrasse und begann zu telefonieren. Er gestikulierte, zeigte, redete und legte auf. Wenig später wählte er erneut, sprach wieder, wirkte beunruhigt, legte auf. Wählte erneut, legte auf, wählte, sprach und legte schließlich das Handy weg. Vassilis schaute leer aufs Meer. Was hatte das zu bedeuten? Ein Freund gesellte sich zu ihm an den Tisch und diskutierte mit ihm. Langsam hellte sich sein Blick auf. Es schien, als hätte die undurchsichtige Situation eine halbwegs hoffnungsfrohe Wendung genommen. Als ich Vassilis Bekannten später fragte, was denn los gewesen sei, antwortete er völlig unberührt: »Ach, nichts Besonderes. Vassilis hat mit dem Priester telefoniert. Du warst doch dabei, dir kann ich es ja sagen. Es geht um den Fagrí. Vassilis will ihn segnen lassen.«

»Segnen lassen?« Ich blickte völlig verdutzt.

»Ja, der Fisch ist doch sehr groß. Ein echter Glücksfang. Da kann man schon mal den Popen rufen. Doch leider hat der Priester gerade keine Zeit, daher ist Vassilis etwas, nun ja, traurig.«

Mit allem hatte ich gerechnet. Damit, dass Vassilis den Fisch hätte verkaufen wollen, natürlich ohne Steuern abzuführen, damit, dass er bereits nach neuen Ködern suchte, oder dass er seine Schwester gebeten hatte den Fagrí zu grillen. Selbst ein eigenes Fischlotto mit der Sackbrasse hätte ich ihm zugetraut. Doch sein wahres Anliegen lies mich rätselnd zurück.

In den nächsten Monaten und Jahren geschah dann etwas noch viel Seltsameres: Vassilis, der einst so gesprächsfreudige, immer gut gelaunte Angler, wurde zunehmend stiller, so als würde er ununterbrochen angeln. Er zog sich mehr und mehr zurück. Alle seine Freunde, Verwandte und Nachbarn bekamen es mit. Doch jegliche Versuche, ihn zum alten Vassilis zurück zu verwandeln, scheiterten. Eines Tages sprach Vassilis dann kein einziges Wort mehr. Nicht mit mir und nicht mit den allermeisten Menschen um ihn herum. Ich bin sicher, dass es nichts mit mir zu tun hatte. Sicherlich war auch der Fagrí nicht schuld daran. Doch bei den vielfältigen Überlegungen, wie es zu seiner so unglaublichen Verwandlung gekommen sein konnte, musste ich wieder an das Besondere der Sackbrasse denken: Ein »protogyner Zwitter«, hatte Vassilis mir einst erklärt, sei dieser Fisch. Jeder Fagrí wird als Weibchen geschlechtsreif, um sich dann später in ein Männchen zu verwandeln. Zwar war Vassilis nie eine Frau, doch eine wahrhaftig eigenartige Verwandlung hatte auch er durchgemacht. Er hatte sich mental seinem Fagrí angenähert und war genauso sprachfaul geworden. Und ich habe seitdem nie wieder eine so große Sackbrasse zu Gesicht bekommen.

Sackbrasse in Backpapier
Φαγκρί στη λαδόκολα - Fagrí sti ladókola

Zutaten:
4 mittelgroße, küchenfertige Sackbrassen, 8 Backpapierabschnitte, 4 EL Olivenöl, Salz, Pfeffer, 2 Zitronen in Scheiben geschnitten, 4 kleine Rosmarin-Zweige, 1 TL Oregano

Zubereitung:
Fische auf je 2 Backpapierabschnitte legen. Zitronenscheiben und Rosmarinzweige in den Bäuchen der Fische verteilen. Mit Salz, Pfeffer und Oregano außen und innen bestreichen. Fisch zuerst mit dem einen Backpapier umwickeln. Das zweite Backpapier mit Olivenöl bepinseln und den verpackten Fisch damit nochmal fest verschließen. Fischpäckchen auf ein Blech legen und im vorgeheizten Backofen bei 180 °C ca. 30 Minuten backen.
Servieren Sie jedes Päckchen auf einem Teller und reißen Sie das Backpapier soweit auf, dass der Fisch zu sehen ist. Garnieren Sie mit etwas Petersilie und reichen Sie dazu Weißbrot, Kartoffeln, Salat und griechischen Roséwein oder einen fruchtigen weißen Malagouziá.

16

Fischesuchen auf Rómvi

An einem trüben Wintermorgen wurde ich in Toló von einem welt-fremden Starkregen geweckt. Vom Wind gepeitscht, prasselten die Wassermassen an meine Balkontür. Dicke knubbelige Wolken hingen tiefschwarz über der Bucht und schienen fast ins Meer zu stürzen. Vollgesogen mit Ägäisregen.

Nach dem sonnigen Vortag wollte ich an diesem Tag eigentlich ein Winterbad im Meer nehmen, doch das Wetter schien mir einen Strich durch diese Rechnung machen zu wollen. Draußen hatte sich eine feuchte Kälte an die Stelle der lauen gestrigen Frühjahrsluft gesetzt. Der Morgen bot nicht mal mehr 10 Grad! Ein echter Wintertag für die Tolóner. Dementsprechend traf ich auch Perikles in seiner dicken Winterjacke in der Taverne an. Er saß schon mit dem alten Jannis zusammen, der seine alten, fellgefütterten Stiefel trug. Die zwei Toló-Ikonen hatten bereits auf mich gewartet, und Perikles eilte nun umgehend in die Küche, um griechischen Kaffee zu kochen. Wenig später wärmten wir uns an den kleinen Mokka-tässchen und der alte Jannis sinnierte über die κακοκαιρία (kakokería - das schlechte Wetter). Es würde heute nicht aufklaren, war er sich sicher. Vielleicht auch morgen nicht. Stattdessen würde es weiter kräftig regnen. »Siehst du diese Wolken dort hinten?« Jannis deutete aus dem Fenster aufs Meer. Die dunklen Knubbelwolken hatten jetzt fast die gesamte Bucht erobert. »Solche Wolken bringen Regen. Man kann ihn sogar riechen, wenn er noch in der Wolke ist.« Jannis blickte wie ein forschender Professor in den Wolkenhimmel. »Ich habe den Regen schon gestern gerochen.«

Bei Dauerregen fällt es einem in Toló nicht immer leicht, eine passende Freizeitbeschäftigung zu finden. Nahezu alles ist auf gutes Wetter ausgerichtet. Selbst die Arbeiten des Winters, wie Oliven ernten oder Fischerboote streichen, finden ausschließlich im Freien statt. Ich beschloss daher, Oma Kontílou einen Besuch abzustatten. Die greise Frau lebte nur zwei Häuser weiter und sie war die beste Freundin von Perikles Mutter. Regelmäßig besuchte ich die kleine greise Frau, die mit ihrem gebückten Gang wie eine gutmütige Kräuterhexe wirkte. Sie freute sich immer unermesslich über meine Anwesenheit. Wir plauderten dann über ihr langes, über 90-jähriges Leben und ich genoss das Ambiente ihres kleinen Heims. Dass es das »älteste Haus der Welt« ist, habe ich schon in meinem Buch »Filótimo!« ausführlich beschrieben.

Als ich an diesem Regentag an die kleinen Fensterläden klopfte, dauerte es nicht lange und Oma Kontílou öffnete mit einem breiten Lächeln. »Καμάρι μου!» (Kamári mu - Mein Stolz!), entfuhr es ihr voller Freude. Wir hatten uns einige Monate nicht gesehen, umso größer war daher ihre Überraschung über den unerwarteten Besuch aus dem Regen. Sie führte mich rasch in ihre heimelige Hütte und schloss geschwind die Türe, um das schlechte Wetter auszusperren. Dann köchelte sie mir mit ihren kräftigen aber zitternden, schwieligen Händen einen Kaffee auf dem kleinen Gaskocher. Jeder Besuch bei ihr war für mich wie eine kleine Zeitreise. Wie ein Ausflug in ein peloponnesisches Heimatkundemuseum mit Live-Animation. Das uralte Gemäuer, dessen Decke ich beim Laufen fast mit dem Kopf berührte, das uralte Bettgestell im Wohnraum, auf dem eine liebevoll großmütterlich gehäkelte Tagesdecke ausgebreitet war und die viele Jahrzehnte alten Milchkannen, Kaffeetöpfchen und Ölkännchen in der winzigen Küche verzauberten mich immer wieder. Der Starkregen war schnell vergessen. Und als wir uns nach einem langen Plausch gegen Mittag verabschiedeten, hatte es sogar aufgehört zu regnen.

Ich lief über die Tsouderou-Strasse die wenigen Meter zum Meer hinab, blickte auf das jetzt friedlich, unbewegte Küstengewässer, als urplötzlich die Sonne durch eine kleine Wolkenlücke lugte. Es schien aufklaren zu wollen und da die wenigen Sonnenstrahlen bereits genügt hatten, um mich aufzuwärmen, war schnell der Entschluss gefasst, nun doch noch ins Wasser zu gehen. Jedoch mit dem kleinen, am Ufer liegenden Ruderboot von Oma Kontílous Nachbarn. Es war das ideale Wetter, um auf der nahen Insel Rómvi frische Kräuter zu sammeln. Oma Kontílous Anblick hatte mich spontan dazu animiert. Ich zog rasch einen warmen Pullover an und schon konnte es losgehen. Kaum, dass ich im kleinen Ruder saß, zogen sich die gerade noch aufgelockerten Wolkenberge wieder zusammen. Die Schlechtwetterfront hielt sich hartnäckig, und noch etwas anderes war an diesem Tag spektakulär. Als ich etwa auf halbem Weg zur Insel Rómvi war, bemerkte ich plötzlich Bewegung auf dem bis zuvor noch spiegelglatten Meer. Keine einhundert Meter von mir entfernt, tümmelte ein Schwarm Delfine an der Oberfläche. Fasziniert stellte ich das Rudern ein und beobachtete mit staunend weit offen stehendem Mund. Filigran bewegten sich die Tiere, tauchten eine Weile ab, um dann erneut und noch viel verspielter durch die Meeresoberfläche zu spritzen. Etwa die Größe meines kleinen Ruderbootes hatten sie alle, wie ich aus leider zu sicherer Entfernung ahnen konnte. Zu gerne wäre ich jetzt mit diesen intelligenten Burschen geschwommen, oder hätte mich im Schlepptau von ihnen zur Insel ziehen lassen. Doch plötzlich waren sie abgetaucht und hatten nur seichte Wellen auf der ansonsten bereits wieder spiegelglatten Meeresoberfläche hinterlassen. Ich blickte noch eine Weile begeistert auf die Stelle, wo sich die Delfine so ausgiebig vergnügt hatten, dann nahm ich wieder die Ruderriemen in die Hand. Es waren nur noch knapp fünfhundert Meter zur Insel und trotz der schweren Wolkendecke blieb es trocken. Mit dem Blick auf Toló rückwärts rudernd, war der Ausflug selbst bei dieser kakokería ein einmaliges Erlebnis. Und dann bemerkte ich Blasen, die ganz in meiner Nähe an die Oberfläche strömten. Wie aus heiterem Himmel, aber aus der Tiefe kommend, waren sie wieder da. So blitzschnell, dass ich vor Schreck zusammen zuckte. Keine fünf Meter von mir entfernt brodelte das Wasser, als der Schwarm Delfine erneut zu tanzen begann. Elegant glitten sie aus dem Meer, um zu einer finalen Flugeinlage anzusetzen. Knapp an mir vorbei! Nur wenige Schwimmzüge weiter und die Tierchen hätten mich mitsamt meines Bootes versenkt. So jedoch musste ich nur kurzzeitig mit den Wellen kämpfen, die sie beim Eintauchen hinterließen.

Als ich kurz darauf an Land ging, war ich gedanklich noch bei den Delfinen. Doch die Anmut der Insel Rómvi, die in einem satten, frischen

Grün vor mir lag, lenkte mich umgehend ab. Der Duft der Kräuter, die an den vom vielen Regen feuchten Hügeln wuchsen, stieg in meine Nase. Ich roch Oregano, Lavendel, Salbei und Bergtee, die mich förmlich anlockten. Zügig kraxelte ich den steilen Abhang vom schmalen Kiesstrand empor. Hier, auf einer ersten Anhöhe hatte ich schon des Öfteren Kräuter gesammelt und auch heute waren reichlich davon zu entdecken. Sie bildeten zusammen mit vielen bunten Blumen eine farbenfrohe Sommerwiese, mitten im Winter. Innerhalb weniger Minuten hatte ich meinen Kräuterbeutel gefüllt. Dieser Vorrat sollte locker für ein ganzes Jahr reichen. Zufrieden verstaute ich den Beutel im Rucksack und genoss von einem steil ins Meer abfallenden Felsen aus die Aussicht auf das Fischerdorf Toló. Wie schlanke Blitze durchbrachen einzelne Sonnenstrahlen die tief hängenden trüben Wolken. Etwa 20 Meter unter mir lag die Oberfläche des hier tiefschwarzen Meeres. Die See geht hier fast bis auf einhundert Meter hinab. Zum Ufer hin verändert sie tiefenabhängig ihre Farbe von fast schwarz, über dunkel-blau-grün bis hell-türkis, um am Kieselstrand kristallklar die Insel zu streicheln. Das Farbenspiel mit reichlich Blautönen beeindruckte mich. Ich beobachtete, wie winzige Regentropfen ihre Ringe auf die noch immer spiegelglatte Oberfläche malten. Da, wo noch vor wenigen Augenblicken ganze Schwärme kleiner Meeräschen ihre Köpfchen aus dem Wasser gestreckt hatten. Faszinierend diese in Griechenland auch Kopffischchen genannten Leckerbissen, die so schwierig zu angeln sind. Ein leichter Appetit machte sich plötzlich breit, und ich wollte gerade zum Boot zurück schlendern, als ich ruckartige Bewegungen im flachen Wasser unter mir bemerkte. Ein großer Fisch war urplötzlich aus der Tiefe erschienen und lag nun fast unbeweglich nur wenige Meter vom Strand entfernt in der hell-türkisen Zone des Meeres. War er tot? Plötzlich zuckte er wieder. Dann lag er reglos auf der Seite, um sich erneut ruckartig drehen zu wollen.

Ich schnappte mir den Kräuter-Rucksack, stolperte den rutschigen Abhang hinunter, griff gedankenblitzartig nach einem am Ufer liegenden großen Stock und sprang in mein Boot. Der Fisch war noch an der Stelle, an der ich ihn von oben ausgemacht hatte. Unbewegt, aber dafür viel größer als er vom Felsen aus gewirkt hatte. Fast halb so lang wie mein

Ruderkahn! Sein Körper trieb jetzt an der Bordwand. Fest hielt ich den mitgenommenen Stock in den Händen. Er besaß eine Astgabelung an seinem einen Ende, mit der er wie ein hölzerner Bootshaken aussah, und auch genauso benutzt werden konnte. Nur ein gezielter Griff und der Holzhaken saß sicher hinter dem Kiemendeckel. Ich zog, und das Boot neigte sich bedenklich zur Fischseite. Erschrocken wurde mir klar, dass das Tier noch schwerer war, als ich vermutet hatte. Ein Riese! Nach längerem Balancieren gelang es mir, den unbekannten Meeresbewohner über die Bordwand zu hieven. Fischig plumpste der Kamerad auf meine Füße und zeitgleich setzte ein fieser Nieselregen ein. Wind kam auf. Wellen schlugen an den Strand der Insel Rómvi. Ich griff zu den Rudern. Jetzt schnell zurück ans Festland!

Schaumkronen. Urplötzlich pustete der Wind so stramm durch die Bucht, dass ich befürchtete, ich hätte des Meeresgottes liebsten Schatz geraubt. Sollte ich tatsächlich Poseidon verärgert haben, weil ich diesen offenbar gerade eben verendeten Fisch in mein Boot geladen hatte? Ich ruderte gegen die Wellen an und – kam nicht voran. Um zu Perikles Taverne zu gelangen, musste ich schräg gegen den jetzt tosenden Wind ankämpfen. Wie gegen Windmühlen. Ein Kampf, der nicht zu gewinnen war, wie ich bereits nach wenigen Minuten feststellte. Der Regen nahm immer mehr zu, und ich hatte nur eine Chance: Wenn ich quer zum Wind Rudern würde, sollte es zu schaffen sein. Auf kürzestem Weg würde ich so das Festland erreichen, etwa in Höhe des Hafens von Toló. Der Regen peitschte mir von Steuerbord ins Gesicht und der Wind trieb mich ab, allerdings wie erhofft in Richtung des Hafens. Pitschnass stieg ich entkräftet vor der Barbaressa-Bar aus dem Ruderboot.

Dimitris, der Barbesitzer, nahm mich in Empfang. Er rieb sich verwundert die Augen, denn er war erstens überrascht, dass ich im strömenden Regen und völlig erschöpft vor seiner Taverne an Land ging, und zweitens hatte er mich jetzt im Winter hier überhaupt nicht erwartet.

»Hey Dimi, wie geht's?«, keuchte ich knapp. Dann hob ich mit letzter Kraft den Fisch in die Höhe. »Guck mal, was ich gefunden habe!«

»Wo hast du den denn her?« Dimitris war sichtlich baff.

»Den hab ich gefunden. Was für ein Riesenfisch ist das?«, japste ich.

»Das ist ein Sfiráda, ein Zackenbarsch. Die sind schwer zu angeln. Wo hast du ihn gefangen?«

»Ich habe ihn nicht geangelt, ich habe ihn gefunden«, gab ich zaghaft zurück. Dimitris beäugte mich wie einen Wirrkopf. Er kam aus einer alteingesessenen Fischerfamilie, und da war Fischesammeln nun mal nicht sehr verbreitet.

»Was soll das heißen? Du hast ihn gefunden?« Dimitris nahm einen Schluck aus seiner Flasche. Zitronenlimonade. Der Regen trommelte weiter auf die Markise seiner Kneipe und durchweichte uns bis auf die Haut. Dimitris beugte sich zum Sfiráda, der auf der Sitzbank des Ruderbootes lag. Fachmännisch wie ein Fischhändler klappte er die Kiemendeckel auf und befühlte die Atmungsorgane. »Er ist noch ganz frisch. Sieh dir die Kiemen an!« Mit seinem Daumen blätterte er durch die tiefroten, feinen Häutchen. »Er ist höchstens ein oder zwei Stunden tot. Du hast ihn gefunden?« Aus der Hocke blickte er zu mir hinauf.

»Ja, drüben auf der Insel Rómvi. Als ich ihn entdeckt habe, hat er sich im Wasser noch seltsam bewegt.«

Dimitris nickte nun wissend. Er griff dem Sfiráda geschickt ins Maul und hielt mir den weit geöffneten Rachen vor die Nase. »Schau her, siehst du das? Die Schwimmblase!« Der Fischersohn sah mich wenig überrascht an, obwohl das Schwimmorgan nicht an seinem ihm angestammten Platz war, sondern fast vorne aus dem Maul ragte. Er sah meinen verwirrten Blick und erklärte: »Manchmal, wenn ein Fischer einen so großen Brocken am Haken hat, versuchen sie ihn möglichst schnell an die Oberfläche zu bekommen. Die Barsche leben ziemlich weit unten, musst du wissen. Gleich hier um die Ecke ist das Meer schon über einhundert Meter tief.« Dimitris deutete auf die Felswand am Dorfende, hinter dem Hafen. »Es kann passieren, dass die Schwimmblase des Fisches nach vorne verrutscht, wenn man ihn zu schnell nach oben pumpt. Wenn er sich dann vom Haken losreißt, verendet er. Deinem ist genau das passiert, vermute ich.«

Dimitris hatte unzweifelhaft Recht. Der Sfiráda hatte noch gelebt, als ich ihn vom Felsen oberhalb des Strandes erblickt hatte. Jetzt war er tot, aber gleichzeitig um Tage frischer, als jeder in Deutschland im Supermarkt angebotene Hering. Nach der fachmännischen Begutachtung durch den Fischersohn Dimitris, war ich nun endgültig in meiner Meinung bestärkt, den Fisch sehr bald zu verzehren. Irini würde ihn mir sicher braten. Ich bekam Hunger. Es regnete noch immer, mein Magen knurrte, der Fisch war frisch und mir kalt. Schnell verabschiedete ich mich von Dimitris und zog das Ruderboot am Strand entlang zurück zur Taverne. Und dann ...

... öffnete ich wenige Minuten später die Tür. Der Sfiría in meinem Arm. Eng umschlungen traten wir ein. Irini entfuhr ein spitzer Schrei der Verwunderung. »Wo hast du den gefangen? Der ist ja riesig. Was ist das für ein Fisch?« Selbst Irini, die Tochter des besten Fischers Griechenlands, sah offenbar äußerst selten einen so stattlichen Kameraden. Perikles eilte herbei. »Andreas, wo hast du denn den Sfiría her?«, fragte er verblüfft, und ich erzähle die ganze Geschichte von Anfang an. Perikles nickte wissend. Noch während ich berichtete, griff nun auch er geschickt in die Kiemen. »Er ist wirklich ganz frisch«, sagte er schließlich beeindruckt. »Komm wir wiegen ihn!« Perikles ging in die Küche und räumte die uralte Waage leer. Das mechanische, metallene Gerät, das man sonst nur noch bei alten Marktfrauen an deren Ständen sieht, war viel zu klein. Dennoch schaffte es Perikles, dass der Sfiría irgendwie darauf liegen blieb. Zumindest ein kleiner Teil seines Körpers. Während ich nun versuchte, den glitschig feuchten Fisch auf der einen Waagschale zu balancieren, setze Perikles ein Gewicht nach dem anderen auf die gegenüberliegende Schale. Nachdem er alle der neben der Waage bereitstehenden Bleie aufgeladen hatte, bewegte sich die Waage noch immer keinen Deut. Stirnrunzelnd sah er mich an, überlegte kurz und verschwand dann im Abstellraum. Es polterte und rumpelte, dann war der Tavernenchef wieder neben mir. In den Händen hielt er einige große blanke Bleigewichte. Offenbar war die Waage, die täglich zum Fisch wiegen im Einsatz ist, noch nie mit einem solch schweren Exemplar konfrontiert gewesen. Als Perikles das vorletzte Blei aufsetzte, kamen Fisch und Wiegevorrichtung endlich in Einklang. Der Fischtavernenwirt blickte über den Rand seiner Brille fast ungläubig zu mir. »Wahnsinn. Fast zehn Kilo! Es sind genau 19 Pfund«, sagte er und schüttelte dabei den Kopf.

Ich sah uns bereits vor meinem geistigen Auge an einer reich gedeckten Fischtafel sitzen und den frischen Fang mit Freunden verzehren. Doch Perikles machte meinem Kopfkino einen Strich durch die Rechnung: »Ich pack dir den Sfirída ein. Wir frieren ihn über Nacht ein und morgen nimmst du ihn tiefgefroren mit ins Flugzeug nach Deutschland«, sagte er im überzeugenden Brustton eines Fischhändlers.

»Perikles, ich kann ihn unmöglich mitnehmen. Meine Tasche ist voll.«

»Ach was, ein frischer Fisch passt immer!«

»Aber, ich darf nur 20 Kilogramm Gepäck aufgeben. Meine Tasche wog schon auf dem Hinweg fast so viel.«

»Für einen solchen Fisch hat aber doch jeder Verständnis am Flughafen. Das geht!«

Ich verzweifelte. Perikles meinte es gut. Einen so riesigen Sfirída darf man natürlich nicht zurücklassen, aber ich konnte ihn definitiv nicht ins Flugzeug schmuggeln. Es ging eine Weile hin und her. Wir tauschten die Argumente aus. Schließlich war ich erschöpft: »Ok, ich nehm was mit. Aber nur die hintere Hälfte! Den vorderen Teil schenke ich euch. Diesen Wunsch dürft ihr mir nicht abschlagen!« Jetzt blickte Perikles verwirrt. Kurz zögerte er, überlegte, dann rief er seine Schwester: »Irini, schneide den Fisch mal in der Mitte durch. Andreas nimmt den einen Teil mit nach Deutschland, den anderen essen wir.« Geschafft! Zumindest die erste Hürde.

An diesem Abend versuchte ich die Reisetasche möglichst knapp beladen zu halten. Alles Schwere verstaute ich vorsorglich bereits im Handgepäck. Am Mittag des nächsten Tages ging mein Flug nach Berlin. Bis dahin wäre die Fischhälfte schockgefrostet und ich würde ihn wohl oder übel zwischen die Hemden legen müssen. Als ich am nächsten Morgen ausgeruht zum Kaffee auf der Terrasse erschien, traute ich meinen Augen nicht. Perikles war nicht allein. Michalis war bereits da, außerdem Vangelis und Theodoros. Sie diskutierten aufgeregt. Etwas schien passiert zu sein. Als sie mich erblickten prasselten die Fragen nur so auf mich ein: »Wo ist der Fisch? Wo hast du ihn gefangen? Stimmt es, was man sich im Dorf erzählt, du hast einen riesigen Sfirída geangelt?«

Ich konnte es nicht glauben. Mein Fund hatte offenbar binnen weniger Stunden die Runde gemacht und war zum Dorfgespräch Nummer eins geworden. Während mir Perikles einen Mokka kochte, den ich kurz darauf in der Sonne sitzend genoss, musste ich den Fischern berichten, was geschehen war. Hätte ich nicht zum Flughafen aufbrechen müssen, so hätten sie mich vermutlich zum Ehrenpräsidenten des Fischervereins von Toló gewählt. Sie klebten förmlich an meinen Lippen, als ich erzählte. Und als Perikles den tiefgefrorenen halben Riesenfisch brachte, um ihn in mein Gepäck zu stopfen, bekam ich anklagende Worte zu hören: »Wo hast du die andere Hälfte gelassen? Du musst alles mitnehmen!« Noch auf der Terrasse drückte und zwängte ich den Eisblock in die Reisetasche. »Ich hätte wirklich gerne alles mitgenommen, aber es ist leider unmöglich.« Ich blickte entschuldigend in die Fischerrunde. Durch die dunkle Folie des Plastiksacks, in der der Sfirída steckte, zeichnete sich die Schwanzflosse ab. Sie lugte aus dem Reißverschluss meiner Reisetasche. Neidvoll sahen mir die Fischer von Toló nach, als ich mich auf den Weg nach Athen machte.

»Sie haben fast 3 Kilogramm Übergepäck. Da müssen Sie noch etwas draufzahlen.» Die junge Frau am Check-In-Schalter sah mich unnachgiebig an. Es war zum Verzweifeln. Ich entschuldigte mich, redete von einem Notfall und faselte etwas von einem Fisch im Koffer. Die Frau sah besorgt zu mir. »Es ist so eine Art Gastgeschenk.« Ich beugte mich verschwörerisch zu ihr: »Ich konnte es nicht ablehnen und daher ... na ja ... es ist wohl ein kleines bisschen zu schwer.«

»Nehmen Sie die Tasche noch mal runter und lassen Sie es uns noch einmal wiegen!« Die Schalterdame sah mich eigentümlich an und ich vermutete ein Augenzwinkern. Dann wogen wir die Tasche erneut. In etwa so, wie wir am Tag zuvor den Sfirída auf Perikles' Tavernenwaage gewogen hatten: Der Schwanz hing über den Waagenrand hinaus. Und siehe da, das Übergewicht war verschwunden!

Scharfe Fetacreme
Τυροσαλάτα καυτερή - Tirosaláta kavterí

Zutaten:
300 g zerbröckelter, fester Feta, 2 EL griechischer Joghurt (10% Fett), 2 EL
Quark (40% Fett), 1 kleine Chili, sehr klein geschnitten, 2 EL Olivenöl,
Salz

Zubereitung:
In einer Schüssel Feta, Olivenöl und Chili mit der Gabel vermischen und
dabei gut zerdrücken. Joghurt und Quark untermischen, so dass sich eine
feste cremige Masse ergibt. Eventuell mit Salz würzen (Vorsicht, Feta ist
bereits salzig!). Die Fetacreme sollte an der Gabel hängen bleiben.
Servieren Sie die Fetacreme mit Weißbrot und Oliven zum Ouzo oder
Tsipouro.

17

Motorschaden auf Theo's Place II
Verwicklungen der besonderen Art

Es war ein heißer Sommer, Käpt'n Stavros schon in die Jahre gekommen, als sein Schiffsdiesel eines Tages das letzte Mal tuckerte. Der Käpt'n kannte seinen Maschinenraum inzwischen zwar wie seine eigene Westentasche, doch alles Schrauben brachte diesmal nichts. Ein Fachmann musste ran. Da die Zeit nicht drängte und der Sommer auf Hochtouren lief, wollte Stavros nichts überstürzen. Im August gab es ständig genug Wind, der Motor war daher entbehrlich. Sicherheitshalber hatte sich der Käpt'n einen Außenbordmotor gekauft. Für alle Fälle. Doch spätestens als er den in einem großen Karton verpackten Ersatzmotor mit seinem Dingi zur Jacht gerudert hatte und ihn von dort an Deck hätte hieven müssen, verließ ihn die Lust zur Arbeit oder schlichtweg die Kraft. Das Ding war schwer. Und unhandlich. Also lieber nicht verheben, dachte sich Stavros, und ließ die ordentlich verpackte Neuware zunächst im Pappkarton im Beiboot. Irgendwer würde ihm früher oder später helfen, den Motor auf die Jacht zu bringen.

Der Käpt'n war an Deck gegangen und hatte sich erstmal einen griechischen Mokka gebrüht. Er fläzte sich gemütlich hinter seinem Steuerrad und genoss die Aussicht. Auf der Luvseite die Strandpromenade von Toló, auf der anderen Seite das offene Meer mit den Inseln Koroníssi, Rómvi und Platiá. Gerade jetzt im Sommer, wenn die Sonne gleißend aufs vom Wind bewegte Wasser herunterblickt, kann man sich verlieren und stundenlang die wie diamantenbesetzt glitzernde Meeresoberfläche bewundern.

Der Mokka in des Käpt'ns Händen war längst abgekühlt, der Kaffeesatz zum Grund der Tasse gewandert, als Stavros jäh aus seinen Tagträumen gerissen wurde. »Stavros, Stavros«, rief es laut von der Küstenseite und als er sich umsah, entdeckte er Petros. Jener stand Arm wedelnd neben seiner Frau am Ufer, die unaufhörlich des Käpt'ns Namen rief. Stavros kannte das freundliche in München lebende Paar, das regelmäßig seine Urlaube in Toló verbrachte, seit vielen Jahren. Was für eine freudige Überraschung! Ohne lang zu überlegen hatte der Käpt'n bereits den Entschluss gefasst, die beiden zu einem spontanen Kurz-Segeltörn einzuladen. Einen Begrüßungsausflug. Und so machte er umgehend das Schiff klar. Als er Petros und dessen Frau wenig später an Deck begrüßte, war die Freude über das Wiedersehen unverkennbar. Freudig lagen sich alle in den Armen und küssten sich abwechselnd rechts und links die Wangen. Nach dieser Begrüßungsorgie lichtete der Käpt'n rasch den Anker, und der gegen Nachmittag regelmäßig auflebende Wind griff in die Segel. Zügig schob es die Jacht zwischen Hafen und Insel Rómvi hindurch, hinaus aus der Bucht von Toló. Während sie vom auffrischenden Wind getrieben, Kurs in Richtung Astros nahmen, erzählten sie sich die Geschichten der letzten Monate. Ein gutes halbes Jahr hatten sie sich nicht gesehen und so gab es reichlich Gesprächsstoff. Der Käpt'n seinerseits endete mit seinem Bericht über den defekten Schiffsdiesel. »Aber macht euch keine Sorgen«, fügte der Käpt'n an, »Ich habe für alle Fälle einen Außenbordmotor gekauft.« Er deutete achtern aus auf das kleine Beiboot, das wie immer gut zehn Meter hinter der Jacht an seiner Schleppleine hängend auf den Wellen tanzte. Der walnussbraune Karton war deutlich im kleinen Dingi zu erkennen, das wie eine Nussschale im Knacker überfordert wirkte. Es hüpfte heftig auf und ab; der Wind hatte noch einmal zugelegt. »Es ist Zeit umzukehren«, sagte Käpt'n Stavros schließlich. »Wir wollten ja nur mal kurz raussegeln.« Und dann lachte er wieder sein typisches lautes Lachen, das so klang, als wollte es den Meeresgott Poseidon herausfordern. Wie auf allen seinen Segeltörns war die Stimmung göttlich ausgelassen. Und die Theo's Place II stapfte gegen den rauen Wind zurück in Richtung Toló.

Die Schaumkronen auf dem tiefblauen Meer malten ein blau-weißes Gemälde, das die griechische Tourismusagentur nicht besser hätte zeichnen können. Ein Bilderbuchtag mit einem strammen Meltémi, dessen kühlende Wucht die stehend heiße Sonne erst erträglich machte. Wie von Pegasus gezogen eilte die Theo's Place II der Bucht von Toló entgegen und als sie sich der Einfahrt zwischen Hafen und Insel Rómvi näherte, war es Zeit, aktiv zu werden, denn wie so oft wirbelte der Wind um die Insel Rómvi herum und blies von dort an frontal von vorne und dazu noch viel grimmiger, fast ungemütlich. Käpt'n Stavros' Segelkünste waren gefragt, er musste kreuzen, im scharfen Winkel dem Wind entgegen, in die ruhigere Bucht von Toló hinein. Das Münchner Ehepaar suchte sich ein sicheres Plätzchen, wo sie Stavros nicht in die Quere kommen würden. Dieser hatte nun alle Hände voll zu tun. Die an Deck getrockneten Schoten der Segel waren mit einer dicken Salzkruste überzogen, die bei jedem Segelmanöver dünner wurde. Stavros' schwielige Finger wurden vom Salz malträtiert, jedes Mal, wenn er die Schot des Focksegels auf die andere Seite des Schiffes holte, um den Kurs zu ändern. Rieselnd fiel das Salz ab, wenn er die Schot um die Winsch legte und das Segel dann mit der Handkurbel festzog. Der gemütliche Törn hatte sich in harte Arbeit gewandelt. Echte Segler hätten ihre reinste Freude gehabt, der in die Jahre gekommene Käpt'n Stavros stieß hingegen allmählich an seine Grenzen. Petros sah mit einem ungehuen Gefühl zu, wie Stavros eine Wende nach der anderen ächzend meisterte. In der Meerenge zwischen Hafen und Insel Rómvi wurde es dann hektisch. Als der Käpt'n eine Sekunde lang unaufmerksam war, verhedderte sich die Fockschot und zwang Stavros zu einer eiligen Nothalse, eine Wende mit dem Wind. Die Jacht vollzog eine waghalsige Drehung, legte sich angsteinflößend weit auf die Seite, und hinterließ eine kräftige Heckwelle, ehe der Käpt'n das Schiff wieder vollständig unter Kontrolle brachte. In diesem Tohuwabohu, in dem Petros und seine Frau um ihr Leben bangten, hatte keiner mehr ein Auge für das Beiboot. Erst ein lautes »Plumps« erinnerte den Käpt'n an seine ungesicherte Fracht. Als seine vom Salzwasser durchtränkten Augen das Dingi erblicken, hatte die Jacht bereits die fast windstille, weil von den Bergen der Insel Rómvi abgedeckte Bucht erreicht. Friedlich schaukelte das Beiboot sogleich auf den zahmen Wellen. Vom Karton mit dem nagelneuen Außenbordmotor war indes nichts mehr zu sehen. Er war im wilden Manöver über Bord gegangen und in den Tiefen der See verschwunden. Der

Käpt'n blickte leer zum Dingi. Die Tränen, die Petros auf Stavros' Wangen vermutete, waren sicher nur Meeresspritzwasser, denn Stavros lachte plötzlich laut los und rief seiner erschrockenen Besatzung zu: »Wir haben den Motor verloren!« Und wieder dieses Lachen. »Es hat keinen Sinn nach dem Karton zu suchen«, kam es schließlich in einer Lachpause atemlos aus ihm heraus, »das Meer ist an dieser Stelle mehr als hundert Meter tief. Den Motor würde nicht mal ein Taucher finden.« Dann ging er, als sei nichts gewesen, wieder an sein Steuerrad und machte die Jacht klar zum letzten Manöver des Tages. Nur noch eine gemütliche Wende, dann glitt das Schiff geräuschlos an seine Ankerboje, wo der Käpt'n es kraftlos vertäute. Es dämmerte bereits, als Petros und seine Frau sich von Stavros verabschiedeten, mit geschickten Kopfsprüngen vom Vorderdeck ins warme Meer hüpften und die etwa einhundert Meter zum Strand zurück schwammen. Sie wollten dem Käpt'n nicht zumuten, an diesem Tag noch einmal in sein Dingi steigen zu müssen. Als sie sich noch einmal zur Jacht umdrehten, lehnte Stavros an der Reling und rief ihnen zu: »Ich werde ein kleines Nickerchen machen, aber heute Abend sollten wir in Perikles Taverne unser Wiedersehen feiern. Sagen wir um zehn Uhr?«

»Sehr gerne, Stavros!«, kam es zeitgleich aus Petros und seiner Frau heraus. Sie sahen sich an, und mussten lachen. »Der Käpt'n hat mehr Kraft und Ausdauer als sein Schiffsdiesel«, dachte Petros, während er seine Frau an die Hand nahm und mit ihr am Strand entlang zum Hotel spazierte. Und vom Meer her glaubte er, ein Schnarchen zu hören. Es kam eindeutig von der Theo's Place II.

Ravani
Ραβανί

Zutaten:
125 g Mehl, 125 g Grieß, 1 Päckchen Backpulver, 125 g Zucker, Mark von 1 aufgeschlitzten und ausgekratzten Vanilleschotte, 1 Prise Salz, 8 Eier, 5 EL Milch, Abrieb von 1 Zitrone, Abrieb von 1 Orange, Saft von 1 Orange
Für den Sirup: 3 Tassen Zucker, 3 Tassen Wasser, Saft von 1 Zitrone, 1 Zitronenschale, 2 Gewürznelken

Zubereitung:
Mit dem Handrührgerät Eier und Zucker in einer Schüssel schaumig schlagen. Mehl, Grieß, Backpulver, Vanillemark und Salz vorsichtig untermischen. Zum Schluss Zitronen- und Orangenabrieb, sowie Orangensaft unter die Masse heben. Den Teig in einer gebutterte und bemehlte runde Backform (ca. 28 cm Durchmesser) gießen, glattstreichen und im vorgeheiztem Backofen bei 180 °C ca. 35 Minuten goldgelb backen und leicht abkühlen lassen.
In der Zwischenzeit den Sirup vorbereiten: In einem großen Topf Wasser, Zucker, Zitronenschale, Zitronensaft und Nelken ca. 15 Minuten kochen. Topf vom Herd nehmen und etwas abkühlen lassen. Zitronenschale und Gewürznelken entfernen. Sirup löffelweise über den Kuchen verteilen und über Nacht in der Form abkühlen lassen. In Rauten schneiden und zum Kaffee oder wie in Griechenland mit einem großen kalten Glas Wasser servieren.

18

Der deutsche Fisch

Da war sie wieder, die Kantína am Hafen, wo sich schon früher immer die Fischer zum Kaffee am frühen Morgen oder zum Ouzo am Nachmittag verabredet hatten. Einige Jahre mussten die Fischer von Toló auf ihren urigen Treffpunkt verzichten. Dann war er plötzlich eines Jahres mitten in der Finanzkrise wieder da. Der Fischertreff, die Kantína. Keine zehn Meter vom Wasser entfernt, stand der fahrbare Imbisswagen, fest installiert am Kai des kleinen Hafens. Ganz so, als wolle er nun für immer hier bleiben. Was für Hamburg der Schellfischposten, war ganz sicher die namenlose Kantína für den beschaulichen Fischerort Toló auf der Peloponnes. In Toló sitzt man jedoch noch kommoder, nämlich an der frischen Meeresluft im Freien. Dementsprechend groß war auch die Freude der professionellen Fischer, der passionierten Angler und der Fischerrentner darüber, dass es wieder einen etablierten Treffpunkt zum Diskutieren und Fachsimpeln gab. Selbst bei den Touristen war die neueröffnete Kantína in diesem Jahr sehr beliebt, war sie doch im Vergleich zur ehemaligen noch näher an die Küste herangerückt. Der Blick quer über den Hafen, der frische Geruch von fischigen Netzen neben den Kaíkis der einheimischen Fischer und der moderne Getränkekühlschrank mit Temperaturanzeige lockten die Gäste täglich aufs Neue an. Das einheimische Bier von Mythos über Alfa bis zu Fix lag in Flaschen im auf minus drei Grad Celsius herunter gekühlten Eisschrank mit Glastür. Bei sommerlichen Temperaturen bis weit über 40 Grad Celsius kam kaum jemand am modernisierten Fischertreff vorbei.

Die Kantína hatte mal fünf, mal sechs kleine Tische vor der Theke aufgestellt, an denen die alten Fischer Platz genommen hatten. Als hätten sie immer hier gesessen unterhielten sich die Fischerurgesteine mit ihren jüngsten Nachfolgern und denen, die das noch werden wollen. Das Alter der anwesenden Angler reichte von 5 bis 95. Immer noch zog die Fischertradition Jung und Alt ihren Bann.

Als wir in diesem Jahr unseren Familien-Spätsommerurlaub in Toló verbrachten, waren unsere Kinder im besten Angelanfängeralter. Es war Ende September und die Kinder hofften darauf, endlich ihre ersten Hornhechte fangen zu können. Von der Kantína aus wollte ich den Jungs Tipps geben. Mit etwas Glück hatte ich den letzten freien Tisch erobert und eines dieser eisgekühlten Alfa-Biere bestellt. Während das Getränk angeeist ins Glas gluckerte, schaute ich unserem Sohn Marek zu, der keine fünf Schritte entfernt mit seiner Angel an der Mole saß und darauf wartete, dass endlich einer dieser lustig-länglichen Hornhechte anbeißen würde. Es war genau die richtige Jahreszeit für diese pfeilschnellen Raubfische mit den langen Schnäbeln und so waren wir nicht die einzigen, die rund um das Hafenbecken Jagd machten auf diese den Schwertfischen in Miniaturausgabe so ähnlichen Kreaturen. Ich genoss das griechische Bier und die immer noch hochsommerlichen Temperaturen und plauderte dabei mit mehreren der mir bekannten Fischer an den Nebentischen. Immer wieder fragte einer der zahlreichen auf Mopeds vorbeieilenden Fischer, ob ich denn nicht angeln würde.

»Dieses Jahr angeln die Kinder«, wiederholte ich stetig und deutete dabei auf Marek. Hochkonzentriert starrte er auf seine Pose, die beim Anbiss eines Hornhechtes blitzschnell im tiefblauen Meer verschwinden würde. Unser erstgeborener Sohn Janne hatte es hingegen vorgezogen, abseits der Kantína zu fischen. Er saß fast hundert Meter entfernt am Ende der Mole des Hafenbeckens und angelte auf Friedfische. Ich nippte gerade am Bier, als sich Marek plötzlich leise anschlich.

»Papa«, flüsterte er, »da war ein Fisch an meiner Angel.«

Ich stand also von meinem bequemen Platz am runden Biertischchen auf und schlenderte zur Mole, um nachzusehen. Es hatte tatsächlich ein Hornhecht den Köderfisch vom Haken geklaut. Marek war also auf einem guten Weg.

»Papa, ich hab einen!«

Jetzt war es Janne, der von seinem Angelplatz aus auf mich zugelaufen kam. »Ein Suppenfisch. Du musst ihn mir vom Haken abmachen.«

»Das kannst du doch wohl selber. Versuch ihn abzumachen und leg den Fisch da vorne in den Eimer.«

Janne hingegen hielt offenbar nicht viel von meinem Vorschlag und eilte zu mir an den Tisch heran. Schnell hängte ich Marek noch einen neuen Köder an den Haken, dann würde ich mich über das kleine Friedfischchen kümmern.

»Να μην το πιάσεις!« (Na mín to piásis - Fass ihn nicht an!), brüllte plötzlich einer der Kantinen-Gäste. Ich sah verstört zu ihm herüber während ich geschwind noch die Hornhechtangel auswarf. Erneut brüllte er aufgeregt Janne entgegen, der nur noch wenige Meter von der Kantína entfernt war und abrupt stehengeblieben war. In der einen Hand hielt er die Angel, in der anderen die Schnur, an dessen Ende sich der vermeintliche Suppenfisch befand.

»Nicht anfassen!«, schrie der Kantína-Gast erneut. Jetzt wurde auch ich neugierig und hastete ihm eilig entgegen. Als ich den Jungangler erreicht hatte, hielt er mir den an der Schnur baumelnden Fisch vor die Nase: »Papa, kannst du den mal abmachen?«

»Vorsicht, wir sollten ihn nicht anfassen!«, wiederholte ich den Ratschlag des Fischers, der bereits mit weit ausholenden Armbewegungen hinter uns hergelaufen kam. Als er uns erreichte, nahm er unsere Angel sofort selbst in die Hand. Mit weit geöffneten Augen blickte er uns an. Er schien nicht glauben zu können, dass wir die Gefahr, die von dem kleinen Fisch ausging, nicht sofort erkannt hatten. Mit äußerster Vorsicht griff er dem Fischchen von oben fest auf die Kiemendeckel. Die Rückenflosse stellte sich in Sekundenschnelle aufrecht und die spitzen Stachel die sie zierten glänzten in der Sonne.

»Wenn dich nur einer dieser fiesen Dornen erwischt, stirbst du fast vor Schmerzen«, erklärte der sehr behutsam agierende Fischer. Man merkte ihm an, dass er sich mit diesem seltsam fleckigen Fisch gut auskannte. Vorsichtig deutete er auf die Stachel, die den beigefarbenen Meeresbewohner mit den dunklen Flecken so besonders machten.

»Er ist nicht giftig, aber der Schmerz, den die Stachel verursachen, wenn man unachtsam hinein greift, sind schrecklich.« Der Fischer hatte die Augenbrauen hochgezogen und musterte uns und den nur etwa zehn Zentimeter kleinen Fisch, der widerspenstig in seiner Hand zappelte, abwechselnd und sehr aufmerksam.

»Wir nennen diesen Fisch Jermanós - Deutscher. Weißt du warum?« Und ohne meine Reaktion abzuwarten erzählte der Fischer mit der bösartigen Kreatur in der Hand weiter. »Man sagt, dass im Zweiten Weltkrieg die deutschen Soldaten hier oft diese Fische gefangen haben. Und weil sie sich mit Fischen nicht auskannten, haben sie auch immer wieder in die Stachel dieser Art gefasst. Geschrien haben die, sagt man. Und dann, so erzählt man sich, hätte irgendwer die Idee gehabt den Fisch nach diesen dummen Deutschen zu benennen. Jermanós eben - Deutschländer!«

Die Schmach dem Deutschen in den Stachel gefasst zu haben, blieb uns zum Glück erspart. Während Janne seine Angel erneut mit einem Köder bestückt hatte und rasch wieder an der Hafenmauer saß und fischte, wandte ich mich wieder den Fischern zu. Ich prostete ihnen mit meinem jetzt fast warmen Alfa-Bier zu und erklärte ihnen, dass mir die Geschichte vom Jermanós gut gefallen hätte. Der junge Kantína-Gast, der uns den Jermanós vom Haken gelöst hatte, hielt ihn noch immer geschickt zwischen zwei Fingern gepackt. »Ich schmeiße ihn weg, schmeckt eh nicht besonders lecker der Deutsche«, sagte er und schmunzelte dazu. Einer der ältesten Fischer des Dorfes, der bislang still und unbewegt am Nebentisch gesessen hatte, meldete sich nun auch zu Wort: »Ich glaube es wird Zeit, dass wir den Fisch wieder umbenennen. Wir sollten jetzt Merkel zu ihm sagen. Das ist noch schlimmer!«

Ich musste nicht mehr darauf reagieren, denn Marek hatte den nächsten Biss. Wieder hatte ihm ein Hornhecht den Fisch geklaut und ich musste wieder einen neuen Köder an den Haken machen.

Zwei Jahre später wurde ich an diesen Nachmittag am Hafen erinnert. Die Kantína hatte die Krise nicht überstanden, es gab nun weder Ouzo noch Bier am Hafen. Wahrscheinlich auch deshalb angelten wir wieder häufiger direkt vor der Tavérna To Néon. In diesem Sommer waren wir früher in Toló, die Hornhechte hatten die griechische Küste noch nicht erreicht, stattdessen besuchten uns Freunde aus Deutschland. Markus, ein leidenschaftlicher Norwegen-Angler, der geübt ist im Umgang mit Großdorschen, hatte einige Mühe sich auf die sehr viel kleineren Mittelmeerfischchen einzustellen. Unsere Fänge hielten sich sehr in Grenzen und so war es auch nicht weiter problematisch, dass Markus gleich in den ersten Tagen seinen nagelneuen Großkescher am Strand verbummelt hatte. Die handlangen Fische, die er mit ungebremster Ausdauer in stundenlangen Angelsitzungen aus dem Meer zog, reichten kaum für eine Mahlzeit. Doch für einen ansehnlichen Aufreger sorgte er dann doch: Markus fing einen Jermanós, packte beherzt zu, um sich das Abendessen zu sichern, dabei griff er dem Deutschen direkt in den giftgefüllten Stachel. Ein tapferer, nur kleiner Aufschrei, dann stieg er aus dem Meer und zeigte der interessierten Runde, was er in seiner zittrigen Hand hielt. Perikles lief gerade vorbei, blickte kurz zum Fisch und sagte:

»Pass auf Markus, das ist ein Deutscher, der hat einen fiesen Stachel.« Doch da kämpfte Markus bereits mit den Schmerzen der angeschwollenen Hand. Und in diesem Moment musste ich irgendwie wieder an Frau Merkel denken.

Spaghetti mit Garnelen und Feta
Σπακέτι με γαρίδες και φέτα - Spaghetti me garídes ke féta

Zutaten:

200 g gesäuberte Garnelen, 500 g Spaghetti, ½ Tasse Olivenöl, 4 kleingeschnittene Knoblauchzehen, 2 kleingeschnittene Zwiebeln, 2 EL Tomatenmark, 2 gewürfelte Tomaten, 5 EL Ouzo, ½ Tasse Weißwein, Salz,
Pfeffer, 1 Tasse feingehackte Kräuter (Petersilie, Koriander, Minze, Basilikum), Salz, Pfeffer, 2 Lorbeerblätter, 200 g zerbröckelter Feta

Zubereitung:

Spaghetti in Salzwasser bissfest kochen, abseihen und etwas Kochwasser
abfangen. In einem Topf das Olivenöl erhitzen, Zwiebeln und Knoblauch
anbraten, Garnelen zufügen und einige Minuten mitdünsten. Tomatenmark dazugeben, anrösten und mit Ouzo löschen. Weißwein, Salz, Pfeffer
und Lorbeerblätter zufügen und ca. 10 Minuten kochen lassen. Tomaten-
würfel, Kräuter, Feta und Spaghetti zufügen, etwas Nudelwasser dazugeben und alles gut erhitzten und umrühren.

Servieren Sie die Spaghetti in tiefen Tellern mit frisch gemahlenem Pfeffer. Dazu passt ein Glas gekühlter Weißwein.

19

Barrenturnen mit Bodenkontakt

Vor einigen Jahren lernten wir in Toló Magdalena und ihren Mann kennen. Perikles hatte Anfang der 2000'er Jahre eine deutsche Frau geheiratet. Die beiden bayerischen Gäste waren gut mit ihr befreundet und verbrachten nun ihre Ferien in den Gästezimmern der Tavérna To Néon. Wir verbrachten gemeinsam mit ihnen den ein oder anderen geselligen Abend auf der Terrasse der Taverne. Das jugendliche Rentnerehepaar liebte es im warmen Meer zu baden, den leckeren fangfrischen Fisch zu essen und am Abend im Vollmondschein das eine oder andere Gläschen Wein zu trinken. Magdalena und Harry wirkten tatsächlich wesentlich jünger, als sie in Wirklichkeit waren. Das lag sicherlich auch daran, dass sie sich viel bewegten und sich gesund ernährten. Die sportlich schlanke Magdalena mit den blond-grauen Locken, war wie ein Jungbrunnen für ihren Mann. Tagsüber machte das aktive Paar zahlreiche Ausflüge in die Umgebung, besichtigte archäologische Stätten oder begab sich auf Wanderungen durch die Berge der Peloponnes. Wenn sie dann abends gut gelaunt aber auch erschöpft zur Taverne zurückkehrten, freute sich Harry oftmals nur noch auf ein kühles Bier, und nach einem schnellen Abendessen flüchtete er zeitig ins Bett. Seine Frau lief hingegen, je später der Abend wurde, zu Hochform auf. Besonders dann, wenn Käpt'n Stavros nach Mitternacht mal wieder sein Akkordeon hervor holte und sämtliche Tavernengäste in eine fröhlich singende Runde verwandelte. So auch an diesem Abend.

Es wurde getanzt und gesungen und reichlich Retsína getrunken. Und als weit nach Mitternacht die letzten Gäste gegangen waren, saßen wir mit dem von seinem langen Arbeitstag erschöpften Perikles an seinem Lieblingstisch in einer Ecke der Terrasse an der Hauswand der Taverne.

Hier sitzt der Wirt gerne nach getaner Arbeit, trinkt ein Gläschen Ouzo mit Fanta, kippelt mit seinem Korbstuhl an die weiß getünchte Wand und legt seinen Kopf gegen eben diese, wo er vor Müdigkeit dann beinahe einnickt. An diesem Abend war ans Einschlafen jedoch noch lange nicht zu denken. Magdalena war nach wie vor in bester Feierlaune. Sie war verliebt in Griechenland und seine Lebensfreude, wie ein Teenager in den ersten Schwarm. Sie konnte gar nicht genug bekommen. Ihre Augen leuchteten, wenn sie aufs Meer sah und ihre Beine wippten immer noch im Takt der alten griechischen Lieder. Sie hatte einen Ohrwurm von Stavros' munterem Gesang.

Ich holte uns eine weitere Karaffe des süffigen geharzten Weißweins und so genossen wir in kleiner Runde den fröhlichen, letzten Abend von Magdalena in Toló. Am nächsten Tag würde das liebevolle Paar aus Bayern die Heimreise antreten.

Der Wein floss in Strömen, so als gäbe es kein Morgen mehr. Magdalena wurde immer lustiger, beseelt von ihrer guten körperlichen Verfassung. Sie erzählte uns von ihren Gymnastikkursen zu Hause in Deutschland. Eines der wenigen Dinge, auf die sie sich nach dem Urlaub wieder freuen würde.

»Ich bin so gerne in Bewegung. Wir sind inzwischen zwar ins Alter gekommen, aber das Turnen klappt Gott sei Dank noch richtig gut. Wollt ihr mal sehen?«

Magdalena hatte die Frage noch gar nicht zu Ende gesprochen, da sprang sie plötzlich auf. Sie griff zu zwei Korbstühlen, stellte sie mit den Lehnen gegeneinander gerichtet in einem Abstand von etwa einem knappen Meter auf und turnte los. Magdalena stützte sich mit den Armen rechts und links auf je einer Stuhllehne auf und rief fröhlich aus: »Ich liebe Griechenland. Aber Barrenturnen auch. Guckt mal!« Und sie schwang sich vor und zurück, wir lachten und Magdalena freute sich wie ein Kind. Aufgeputscht von unserem Applaus und dem bereits reichlich konsumierten Wein, griff sie immer weiter in die Trickkiste. Ihre Schwünge wurden grazil, immer wilder und unkontrollierter. Leider dauerte die Darbietung nicht lange. Plötzlich rutschte einer der Stühle auf dem glatten Marmorboden der Terrasse weg. Unsere philhellenische Vorturnerin schrie einen spitzen Schrei der Verwunderung aus und klatschte maximal beschleunigt mit dem Hinterkopf gegen die Hauswand. Reglos sackte sie auf dem Marmorboden zusammen. Es dauerte alles nur wenige Sekunden, doch es kam uns vor, wie eine Ewigkeit. Magdalena lag reglos da, ihr Kopf in einer riesigen Blutlache. Eine griechische Nachbarin schrie auf: »Sie ist tot, sie ist tot. Oh mein Gott, was für ein Unglück!« Vor meinem geistigen Auge spielte sich der Unfall noch einmal in Zeitlupe ab. Alles ging so schnell. Ein unfassbares Pech. Ein unglücklicher Sturz und alles war voller Blut. Trotz Zeitlupenerinnerung galt es nun, keine Zeit zu verlieren. Gemeinsam mit Perikles brachte ich Magdalenas Kopf etwas hoch, irgendwer hatte zwischenzeitlich einen Lappen gebracht und auch ein Glas Wasser war schnell zur Hand. Die Rentnerin war glücklicherweise nur bewusstlos und kam schnell wieder zu sich. Ihr Kopf jedoch sah gruselig aus und das Blut strömte weiter aus ihrem offenen Hinterkopf. Wir mussten uns beeilen. Perikles rief den örtlichen Arzt an. Er erreichte ihn in der Kneipe, und der Doktor versprach, sofort zu seiner Praxis zu laufen. Schnell verfrachteten wir Magdalena in Perikles' Opel und rasten los. Keine fünf Minuten später schleppten wir die ermattete Patientin die Treppen zur Arztpraxis hinauf und fast zeitgleich erschien der Doktor.

Eine Wolke Zigarrenrauch umhüllte den kräftigen, großgewachsenen Dorfarzt und als er uns müde ansprach, rochen wir einen weichen, vollmundigen Whiskygeruch. Wildwestatmosphäre. Magdalena taumelte blutüberströmt zwischen Bewusstsein und Bewusstlosigkeit. Der Doc – eben noch im Saloon, jetzt bereits wieder an seinem eigentlichen Arbeitsplatz – führte sie einfühlsam zur Behandlungsliege. Das Ausmaß der Verletzung war überdeutlich und der Mediziner ließ sich anmerken, dass er keine Zeit verlieren wollte. Perikles war sichtlich unentspannt. Schließlich bat er mich alleine bei Magdalena zu bleiben. Ich sollte übersetzen, falls es Verständigungsprobleme geben sollte. Er selbst hingegen konnte oder wollte die Behandlung nicht mit ansehen und verließ kurz darauf die Praxis. Nun fiel mir das schwere Los zu, Magdalena zu beruhigen und ihr zu übersetzen, was der Doc zur Behandlung sagte. Er blickte konzentriert und ernst und erklärte seinen Operationsplan. Schnell war mir klar, dass ich besser nicht zu wörtlich übersetzen sollte.

»Magdalena, mach dir keine Sorgen, es ist halb so wild«, sagt der Arzt.

Tatsächlich hatte er jedoch von einer schweren Verletzung gesprochen. Zwar würde er es schon hinbekommen, aber das ginge nicht schmerzlos. Im Gegenteil.

»Wir haben keine Zeit zu verlieren. Ein Betäubungsmittel habe ich nicht da. Ich muss den Kopf aber so schnell wie möglich nähen. Die Platzwunde ist einfach zu groß. Es wird schmerzhaft. Sehr sogar. Sie soll das Handtuch zwischen die Zähne nehmen und feste zubeißen, wenn der Schmerz zu heftig wird.« So in etwa sprach er leise zu mir, und ich übersetzte für Magdalena:

»Der Arzt will rasch die Blutung stoppen, eine Betäubung brauchst du nicht. Er macht schnell ein paar kleine Stiche und schon kannst du wieder nach Hause. Nimm dir mal das Handtuch und leg es dir vors Gesicht. Dann hast du es bequemer. Du hast Glück gehabt, es hätte auch anders ausgehen können.«

Es war stickig und warm in der kleinen, kargen Praxis des Allgemeinmediziners.

»Hat sie Alkohol getrunken?«, fragte mich der Arzt.

»Ja, reichlich Wein«, antwortete ich.

»Gut, dann wird der Schmerz nicht so schlimm sein.«

Der Doc schwitzte in seinem weißen Arztkittel und mir brach der Angstschweiß aus, als er mir, von Magdalena abgewandt, Nadel und Faden zeigte. Riesig. Es erinnerte mich an das Häkelwerkzeug meiner Großmutter. Alleine die Vorstellung, mit diesem Gerät eine Kopfhaut durchstoßen zu müssen, auch wenn es sich um die einer stark alkoholisierten Patientin handelte, ließ mir einen kalten Schauer über den Rücken laufen. Der Doc hingegen schwitzte warmen Whisky. Dann wischte er sich mit dem Kittelärmel noch einmal über die Stirn, bevor er zur Tat schritt. Das Geräusch, das die dicke Nadel verursachte, als sie ächzend durch die ledrig-feste Kopfhaut gestopft wurde, blieb mir zunächst erspart, allerdings zum Preis eines anderen Lautes: Magdalenas Schrei übertönte alles andere in dieser Nacht. Er glich dem eines Bullen auf der Schlachtbank. Weit aufgerissene, rot geäderte Augen sahen mich mit einem irren schmerzerfüllten Blick an. Daneben erschienen die müden Augen des Doc, die mich entschuldigend ansahen. Dann wiederholte der Dorfarzt: »Sie soll auf das Handtuch beißen! Das war jetzt erst der Anfang.«

Ruhig übersetzte ich in geübter, gespielter Gelassenheit: »Gleich hast du es geschafft. Beiß einfach auf das Handtuch, dann verschwindet der Schmerz.«

Ob Magdalena das noch gehört hatte, weiß ich nicht. Sie schien wegzudämmern, der erneuten Bewusstlosigkeit entgegen. Doch dann holte der Doc sie mit dem zweiten Stich unsanft auf den harten Marmorboden der griechischen Realität zurück. Magdalena hatte zu meiner Überraschung verstanden. Ihr jetzt mindestens ebenso schmerzerfüllter Schrei erstickte im geknäulten Handtuch, das sie sich weit in den Mund gestopft hatte. Der Schweiß lief ihr in Strömen über die Stirn, übers Gesicht. Feldlazarettatmosphäre. Und das Martyrium ging weiter.

Die Taktik mit dem Handtuch ging jedoch auf. Der Doc blickte zufrieden, als er merkte, dass Magdalenas Schreie nun wesentlich gedämpfter durch den Baumwollknebel drangen. Einen unschönen Nebeneffekt hatte es allerdings auch: Die bislang vom brüllenden Wehklagen übertönten Geräusche der Nadel beim Nähen, waren nun deutlich zu hören. Das war der Moment, ich dem ich daran zurückdenken musste, wie wir in der 5. oder 6. Klasse mit einer Handvoll Schulfreunden das Barrenturnen heldenhaft verweigert hatten. Alles richtig gemacht. Damals.

Die Nadel bohrte sich weiter in die blutverschmierte Kopfhaut der betagten Turnerin. Das Geräusch des stopfenden Docs, das Knirschen des Metalls und das zähe Gleiten des harten Fadens waren entsetzlich. Ich hielt den Atem an, und immer wieder setzte der Dorfarzt neu an. Magdalena schrie ins Handtuch. Und der Doc nähte in aller Seelenruhe weiter. Nach einer gefühlten Ewigkeit hielt er inne, betrachtete sein Werk, blickte dann zufrieden zu mir und sagte: »So, fertig. Neun große Stiche Es war eine ziemlich große Wunde.«

»Du hast es geschafft!«, sagte ich zu Magdalena, die gerade mit zittrigen Händen dabei war, das Handtuch aus dem Mund zu ziehen. Sogar ein kleines Lächeln ging ihr über die Lippen, als der Nähschmerz verebbte und der Arzt sich von ihr abwandte.

»Ich muss jetzt nur noch einen ordentlichen Verband um den Kopf legen, dann könnt ihr gehen. Und in zwei, drei Tagen soll sie dann zur Nachkontrolle kommen.« Der Doc kam mit mehreren Mullbinden und Pflasterstreifen zum Behandlungstisch zurück.

»Das wird schwierig«, antwortete ich rasch. »Sie reisen morgen ab. Geht das überhaupt? Sie haben Tickets für die Fähre morgen Abend.«

»Oh, dann ähmmm ...« Der Arzt überlegte kurz. »Dann soll sie auf jeden Fall morgen früh zum Verbandwechsel kommen und ich schreibe dem Schiffsarzt einen Arztbrief. Er muss sich das während der Überfahrt dann noch mal ansehen. Wird schon gehen!«

Mit einem riesigen Verbandsturban, dessen Form mich an die Haarpracht der Comicfigur Marge Simpson erinnerte, verließen Magdalena und ich eine halbe Stunde später die Praxis. Nach Lachen war uns nicht mehr zumute. Es war tiefste Nacht, als wir einschliefen.

Übernächtigt aber erleichtert trafen wir uns am nächsten Morgen alle wieder auf der Terrasse. Wilina, die Reinemachfrau, war bereits dabei die Reste der Blutflecken vom Marmorboden zu wischen. Magdalena lächelte ein verschmitztes »Marge Simpson-Grinsen«. Sie hatte ihre Turneinlage einigermaßen glimpflich überstanden, obwohl ihr Anblick noch Gruselcharakter hatte. Zwar hatte sie keine blauen Haare wie March Simpson, doch der Verbandsturban auf ihrem Kopf war inzwischen nicht mehr mullfarbig beige, sondern großflächig dunkelrot. Offenbar hatte es in der Nacht noch eine ganze Weile in den Verband geblutet, bis sich die Wunde letztlich dann doch vollständig geschlossen hatte. Der Arzt hatte Recht. Ein Verbandswechsel war nötig. Und Magdalena machte sich noch einmal auf den Weg zum Doc, bevor sie mit ihrem Mann am Mittag den Weg in Richtung Fähre antrat. Seitdem habe ich sie nicht mehr gesehen ...

... aber gehört, dass sie wohlbehalten nach Hause zurückgekehrt waren.

Lauch-Sellerie-Eintopf in Zitronensauce
Πρασοσέλινο αυγολέμονο - Prasosélino avgolémono

Zutaten:
500 g kleingeschnittener Lauch, 100 g kleingeschnittene Selleriewurzel, 100 g kleingeschnittene Selleriestange, ½ Tasse Olivenöl, 1 Tasse Weißwein, 1 Tasse kleingeschnittene Kräuter (Petersilie, Dill, Basilikum, Minze), Salz, Pfeffer, Muskatnuss, 1 TL Oregano, 2 Eier, Saft von 1 Zitrone

Zubereitung:
Olivenöl in einem Topf erhitzen, Lauch, Selleriewurzel und -stange anbraten, mit Weißwein ablöschen. Salz, Pfeffer, Muskatnuss und Oregano zufügen und bei kleiner Hitze kochen bis alles bissfest ist. Die Flüssigkeit im Topf soll gerade das Gemüse bedecken. Eventuell Wasser nachfüllen. Topf von der Kochstelle nehmen.
In einer großen Schüssel Eier und Zitronensaft schaumig rühren und nach und nach eine Kelle der Weinflüssigkeit in die Ei-Zitronen-Masse gießen. Die so angerührte Ei-Zitronen-Brühe in den Topf mit dem Lauch einrühren. Kräuter dazugeben und sofort servieren.
Dazu passt Weißbrot, Kartoffeln und ein kühles Glas Roséwein.

20

Fisch und Fakeláki

Fakeláki, dieses niedliche kleine Wort, kennt in Griechenland jeder. »Briefumschlägchen« heißt es übersetzt, und wohl jeder Grieche ist in seinem Leben irgendwann damit konfrontiert, einen solchen mit einer kleinen »Aufmerksamkeit«, wie die Griechen es nennen und nie als Bestechung bezeichnen würden, irgendwem zustecken zu müssen. Bei Behördengängen ebenso, wie beim Arztbesuch usw. ... Die Finanzkrise führte möglicherweise dazu, dass dieses ausgeuferte Schwarzgeldgeschäft, das den Empfängern lukrative Nebenverdienste beschert, zwangsläufig etwas eingeschränkt wurde. Die Menschen hatten schlichtweg nicht mehr genug Geld, um jemandem etwas zustecken zu können, das früher obligatorisch war, um überhaupt die gewünschte Behandlung zu bekommen. So ist es auch nicht verwunderlich, dass gerade wenn es um die Gesundheit geht, die Griechen oftmals sogar freiwillig Fakelákia überreichten. In den Krisenjahren hingegen habe ich immer wieder gehört, dass Ärzte ausdrücklich keine Bestechungsgelder mehr annehmen wollten. Wer es sich allerdings irgendwie leisten kann, der greift wohl immer noch gerne zur Überredungskunst kleiner Aufmerksamkeiten.

Im Winter 2010/2011 traf ich eines Abends eine völlig aufgelöste Eleni, die todtraurig weinte und fast nicht mehr in der Lage war, mich zu begrüßen. Wir kennen uns seit fast zwanzig Jahren, aber so hatte ich sie noch nie erlebt. Als sie sich nach einiger Zeit etwas beruhigt hatte, erzählte sie mir, was vorgefallen war. Ihr Mann hatte vierzig Jahre als Facharbeiter im Straßenbau gearbeitet. Vor wenigen Monaten war er sechzig geworden und hatte sich auf den Weg zur Geschäftsstelle seines staatlichen Rentenversicherungsträgers gemacht, um die ihm zustehende Rente für langjährig Versicherte zu beantragen. Vangelis hatte all die Jahre ordentlich sämtliche Rentenunterlagen gesammelt und so schien der gesetzlich vorgesehenen Rente nichts mehr im Wege zu stehen. Als Vangelis nach schier endlosem Warten im Büro der Rentenversicherung endlich von einem Sachbearbeiter bedient wurde, geschah etwas, das er sich in seinen kühnsten Träumen nicht auszumalen gewagt hätte. »Tut mir leid«, sagte der Behördenangestellte nach einem Blick in den Computer. »Sie haben erst in zwei Jahren Anspruch auf Rente.« Gelassen antwortete Vangelis ihm, dass das nicht sein könne, er habe alle Unterlagen dabei. Er habe nachweislich die erforderlichen vierzig Beitragsjahre als Facharbeiter, also solle man ihm bitte nun seine Rente auszahlen.

»Aber in meinem Computer steht, dass Sie als ungelernter Arbeiter beschäftigt waren. Für diesen Personenkreis gilt, dass der Anspruch auf Rente erst zwei Jahre später beginnt.«

Vangelis wurde langsam etwas ungeduldig und mulmig zumute und so breitete er sämtliche Unterlagen auf dem Tisch vor dem nervös werdenden Sachbearbeiter aus. Dieser rutschte auf seinem Stuhl hin und her und blickte abwechselnd auf die Unterlagen und auf seinen Computerbildschirm. Nach endlosem Hin und Her, Rückversicherungen mit seinen Kollegen und weiteren Blicken auf den PC sagte der Sachbearbeiter schließlich: »Was im Computer steht ist immer richtig. Kommen Sie also in zwei Jahren wieder, dann zahlen wir Ihnen Ihre Rente!«

Fassungslos starrte Vangelis ihn an. »Aber ich habe doch alle Papiere. Sie sehen doch, dass ich Facharbeiter war. Also ändern Sie doch Ihren Fehler im Computersystem.« Nein, das könne er nicht. Was einmal eingegeben sei, dürfe man nachträglich nicht ändern. Vangelis war fassungslos. Noch einmal blickte er entsetzt und hoffnungslos zu seinem Sachbearbeiter, doch dieser zuckte nur mit den Schultern. Vangelis wusste, dass er so nicht weiterkommen würde. Nicht ohne zu Fluchen verließ er das Büro.

In den nächsten Tagen ließ er sich von Freunden und Bekannten eingehend beraten. Ganz klar, er war im Recht. Die Unterlagen belegten dies eindeutig. Ihm stand diese Rente zu, egal welcher Fehler im Computer gespeichert sei. Daraufhin nahm sich Vangelis einen Anwalt, der sich der Angelegenheit annehmen sollte. Wochen und Monate später resignierte schließlich auch dieser und teilte Vangelis mit, dass er aufgrund der penetranten Uneinsichtigkeit der Sachbearbeiter keinen Schritt weiter gekommen sei. Auch er sei zwar sicher, dass Vangelis Recht habe, aber die Mitarbeiter der staatlichen Rentenversicherung IKA zeigten sich davon unbeeindruckt. Ja, er könne nun klagen, aber das könne Jahre dauern. Und wie sollte er die Kosten des Verfahrens bezahlen? Und überhaupt würde das Jahre dauern. Vangelis unternahm daraufhin einen weiteren, letzten Versuch die Sachbearbeiter zu überzeugen. Vergeblich. Inzwischen hatte sogar das für ihn zuständige Rentenbüro in der nächst größeren Stadt unter fadenscheinigen Gründen die Zuständigkeit für seinen Fall an ein anderes Büro abgegeben, dass noch einmal fünfzig Kilometer weiter von seinem Dorf entfernt lag. Es war zum Verrücktwerden. Ein Katz-und-Maus-Spiel. Vangelis resignierte.

Ein knappes halbes Jahr war seit der Rentenantragstellung vergangen und die Hoffnung auf ein sorgenfreies Rentnerleben dahin. Hilflos dem griechischen System ausgeliefert, fügte sich der ehemalige Bauarbeiter seinem Schicksal, rauchte eine billige Zigarette nach der anderen und blickte leer ins knisternde Feuer seines kleinen Kamins in der engen Wohnung am Meer.

Es war an diesem kalten, fast noch winterlichen Aprilabend, als ich in der Taverne von Perikles saß. Draußen regnete es leicht und der Wind peitschte über das dunkle Meer. Eine kafkaeske Situation. Ich blickte gedankenverloren aus dem zugigen Fenster als Eleni im Nieselregen vorbei huschte. Sie sah mich, wollte weitergehen. Seltsam. Ich stutzte, denn wann immer sie mich sonst sah, begrüßte sie mich unendlich herzlich. Was mochte passiert sein? Nach einem kurzen Zögern drehte sie sich schließlich um und kam zu uns herein. Jetzt sahen wir ihr tränenfeuchtes Gesicht. Sie begrüßte mich, allerdings in einer nicht gekannten traurigen Art. Ich fragte sie, was passiert sei, und dann erzählte sie mir die Geschichte vom Rentenantrag bis zur endgültigen Aufgabe ihres Mannes. Wie sollten sie nun über die Runden kommen? Sie hatten die Rente fest eingeplant. Noch zwei Jahre ohne staatliches Altersgeld?

Kurz zuvor hatte ich den Vizepräsidenten der griechischen Sozialversicherung IKA kennengelernt, mit dem ich rein zufällig für den nächsten

Tag in Athen zum Kaffee verabredet war. Ich wusste, dass Vangelis ein ehrlicher Arbeiter war und nicht zu der zweifelsohne vorhandenen größeren Anzahl von Sozialleistungsbetrügern gehörte, und so hatte ich eine Idee. »Eleni, kannst du mir Vangelis' Rentenversicherungsnummer aufschreiben?« Zu ihren tränengefüllten Augen gesellte sich nun ein fragender Blick. »Ich treffe morgen den Vizepräsidenten der IKA«, ergänzte ich. Eleni war baff. Sie konnte diesen Zufall einfach nicht fassen. »Das ist doch unglaublich. Dich schickt der Himmel. Was für ein Zufall! Und dabei bin ich nur aus Höflichkeit hereingekommen, um dir einen guten Abend zu wünschen. Ich war gar nicht in Plauderlaune. Eigentlich wollte ich weitergehen, weil mich diese ganze Sache so mitnimmt.« Eleni strahlte plötzlich. Ich versuchte ihre Euphorie zu bremsen, indem ich ihr sagte, dass ich nicht sicher sei, ob er etwas für sie tun könne, doch Eleni schöpfte wieder Mut. »Erzähl ihm von unserem Problem. Wenn *er* nichts tun kann, dann keiner.« Glücklich verabschiedete sich kurz darauf Eleni und ging flinken Schrittes nach Hause, um ihrem Mann von der unerwarteten Wendung zu berichten. Ich hingegen fühlte mich schlecht. Ich hatte Hoffnungen geweckt, die ich nicht würde erfüllen können.

Am nächsten Tag erzählte ich dem Vizepräsidenten der IKA bei einem griechischen Kaffee von meinem Besuch in Toló. Zaghaft fragte ich ihn, ob ich ihm von einem Rentenproblem eines Freundes erzählen, dürfte. Ich vermutete, dass er sicher ständig von irgendwem auf Einzelfälle angesprochen und entsprechend wenig Lust haben würde, sich die Sache ernsthaft anzuhören. Doch er lauschte aufmerksam meiner Erzählung. Er war sogar so interessiert, dass er mich um die Rentenversicherungsnummer bat, damit er der Sache nachgehen könnte. Ich gab ihm schließlich die Daten und zusätzlich Vangelis' Telefonnummer. Noch einmal versicherte er mir, dass er sich darum kümmern würde. Mehr konnte ich nicht tun, aber es war mehr, als ich erwartet hatte. Dennoch hatte ich so ein Gefühl, als ob Vangelis noch Jahre auf seine Rente würde warten müssen. Die griechische Bürokratie ist zum Leidwesen aller so schwerfällig wie ein Pottwal. Eine Schnecke ist im Vergleich dazu eine echte Sprinterin. Und wenn man sich erst einmal mit einem Problem im Netz des Beamtentums verfangen hat, dann hilft meist nur die Geduld eines Nilpferds oder ein Fakeláki. Beides hatte Vangelis nicht zu bieten.

Wenige Wochen später klingelte eines Abends plötzlich das Telefon bei uns zu Hause. Eleni war dran. Sie hatte noch nie bei uns angerufen, hatte nicht einmal unsere Nummer. Irgendwas musste passiert sein. Rasch nahm ich ab und ihre Stimme überschlug sich förmlich, so dass ich Mühe hatte, sie zu verstehen. »Vangelis hat seine Rente bewilligt bekommen!« Das hörte ich von der vor Glück schreienden und mit Freudentränen in den Augen juchzenden Eleni am Telefon. Ich war platt. Das war eine Sensation. Damit hätte ich nie im Leben gerechnet. Dann berichtete Eleni: Der Vizepräsident hatte sich tatsächlich der Sache umgehend angenommen. Seine Mitarbeiterin rief wenige Tage nach unserem Gespräch bei Vangelis an und versicherte ihm, dass sie die Sache prüfen würden. Es würde zwar einige Zeit dauern, aber man hätte das Problem erkannt. Offenbar hatte der Druck von ganz oben die Sachbearbeiter vor Ort dazu gebracht, einzusehen, dass es einen Fehler in Vangelis Rentenakte gab, der nun irgendwie behoben werden musste. Und so fand man schließlich auch eine Möglichkeit die im Computer falsch eingegebenen Daten zu korrigieren.

Eleni schluchzte vor Glück, ich konnte ihre Tränen kullern hören. Riesige Erleichterung. »Ανδρέα, είσαι ο θεός μας!« (Andréa, ísse o theós mas – Andreas, du bist unser Gott!), schrie sie voller Glück ins Telefon. Sie lachte wie nie. Dann sagte sie: »Wir sind dir unendlich dankbar. Du musst unbedingt deinen Freund, den Vizepräsidenten, anrufen, um dich auch noch bei ihm persönlich zu bedanken.« Eleni vermutete offenbar, dass ich mit ihm eng befreundet wäre. Ansonsten hätte sich doch so ein hochrangiger griechischer Beamter nicht dazu durchgerungen einem armen Bauarbeiter vom Land zu helfen. Ich versprach Eleni, den Vizepräsidenten am nächsten Tag zu kontaktieren, um ihm herzlichst zu danken. »Und wenn ihr im Sommer kommt, feiern wir groß die Rente von Vangelis. Wir gehen alle zusammen in ein schickes Restaurant.« Nach weiteren geschätzten einhundert Danksagungen legte Eleni schließlich auf. Mitten in der griechischen Finanzkrise hatte Vangelis nun zum Glück doch noch seine ihm zustehende Rente bekommen und ich freute mich darauf, das jetzt glückliche Rentnerehepaar in wenigen Wochen in Toló wiederzusehen. Der Sommer stand kurz bevor.

Am nächsten Tag schickte ich dem Vizepräsidenten eine E-Mail. Ich bedankte mich bei ihm für seinen Einsatz. Seine Antwort ließ nicht lange auf sich warten. Das sei doch selbstverständlich gewesen. Und ich sollte wissen, dass er es nicht wegen mir getan hätte, sondern weil ihm daran gelegen sei, dass es gerecht zugehe. Er hätte es für jede und jeden getan, das sollte ich unbedingt auch Vangelis und allen anderen ausrichten. Er meinte das wirklich ernst. Gäbe es mehr Entscheidungsträger von seinem Format, wäre Griechenland vielleicht nicht da gelandet, wo es nun, mitten in der Finanzkrise, steckte. Ich empfand große Sympathie für diesen Rentenfachmann und versprach ihm, mich im Sommer bei ihm zu melden, wenn wir unseren Urlaub in Toló verbringen würden.

Die wohlverdienten Sommerferien begannen wie vermutet. Eleni und Vangelis fielen mir um den Hals, bedankten sich überschwänglich. Sie brachten uns Wein, Kaffee und Eis für die Kinder. Eleni kochte nun täglich für uns die köstlichsten Leckereien, backte Kuchen und versorgte uns mit selbstgemachten Marmeladen. Wir fühlten uns wie im Schlaraffenland. Nur eine Sache bereitete mir Kopfzerbrechen. Vangelis hatte mich sofort nach unserer Ankunft zur Seite genommen und mir von seinem Vorhaben erzählt. Eine Selbstverständlichkeit, wie er versicherte. Es müsse sein. Mir hingegen erschien seine Idee skurril. Dennoch bestand Vangelis auch nach meiner ersten, sagen wir mal zurückhaltenden, Antwort darauf, dass ich mit ihm gemeinsam nach Athen fahren müsse, um dem Vizepräsidenten ein Dankespräsent zu überreichen. Und, natürlich, es müsse ein Fisch sein. Nicht irgendein Fisch, sondern der beste. Vangelis sei bereits auf der Suche nach einem Φαγκρί (Fagrí), einer Meerbrasse. Dieser aus Sicht der Fischer von Toló wertvollste aller Fische, sei gerade richtig, um sich mit ihm für eine große Geste zu bedanken. Einen Tag später hatte Vangelis zwar immer noch keinen fangfrischen Fagrí, dennoch fragte er mich, ob ich denn schon mit dem Vizepräsidenten einen Termin für die Übergabe vereinbart hätte. Ablenkend verneinte ich. Ich sei einfach noch nicht dazu gekommen, ihn anzurufen. Ich grübelte auf der Suche nach einem Ausweg aus diesem Dilemma. Denn erstens hatte ich keine Lust mit einem Fisch im Gepäck stundenlang durch die sommerlichen 40 Grad Celsius nach Athen zu fahren, und andererseits wollte ich natürlich nicht in den Verdacht geraten, irgendeinen Offiziellen bestechen zu wollen, und sei es mit einem Fisch. Vangelis ließ jedoch nicht locker. Für den nächsten Abend hatte er für uns alle einen Tisch in einem der besten Restaurants der Stadt reserviert. Als wir ausgelassen bei Wein und Wasser über den Leckereien saßen, fragte er mich erwartungsgemäß wieder nach unserem Termin in Athen. Schlechten Gewissens behalf ich mich erneut mit einer Notlüge. Ich hätte zwar versucht unseren Rentenfreund anzurufen, hätte ihn aber nicht erreicht. Ich würde es morgen wieder versuchen. Und das musste ich dann wohl wirklich tun.

In dieser Nacht schlief ich schlecht. Wie würde ich das Telefonat wohl angehen? Was sollte ich sagen? Könnte ich dem Vizepräsidenten reinen Wein einschenken und ihm einen Fagrí als Danksagung anbieten? Ich träumte von Fisch und Fakeláki. Und am nächsten Morgen kam mir Vangelis freudestrahlend entgegen gerannt. Er hatte einen fangfrischen Fagrí in der Hand. Gute fünf Kilo schätzte ich. Ein Riese. »Ruf deinen Freund an!«, sagte Vangelis. »Am besten fahren wir heute Nachmittag nach Athen.« Nun war ich in Zugzwang. Ich nahm allen Mut zusammen und rief bei der Sozialversicherung an. Der vermeintliche Empfänger des Fakeláki-Fisches war sofort am Apparat. Er freute sich sehr, mich zu hören. Wir plauderten eine ganze Weile über dies und das, dann erzählte ich ihm mit pochendem Herzen davon, dass Vangelis ihm unbedingt einen Fisch schenken wolle. Gebannt wartete ich auf seine Antwort. Zu meiner Überraschung war er über das Ansinnen nicht sehr überrascht. Was mich hingegen wunderte, war, dass er sofort und unnachgiebig ablehnte. Auf keinen Fall wollte er ein Geschenk annehmen. Keinen Fisch und auch kein Fakeláki. Er wiederholte stattdessen seine Worte von damals: »Das hätte ich für jeden getan.« Er wolle auch keinen Dank. Das sei nunmal sein Job. Vor meinem geistigen Auge erschien Vangelis: »Wann bringen wir den Fisch nach Athen?« Unruhig hielt ich das Telefon in den Händen. Was nun? Ich fragte den Vizepräsidenten um Rat. Was ich denn nun Vangelis sagen solle, der nun tagelang nach einem angemessenen Fagrí gesucht hatte, wollte ich von ihm wissen. Er lachte herzlich, dann antwortete er: »Sag deinem Freund, wenn er mir einen richtig großen Gefallen tun will, dann soll er den Fisch mit *dir* essen.«

Kurze Zeit später ging ich zu Vangelis und Eleni. Ich erzählte ihnen von meinem Telefonat. Ungläubiges Staunen. Stirnrunzeln. Sie konnten nicht glauben, dass er den Fisch abgelehnt hatte. Unmöglich! Mehrmals musste ich ihnen versichern, dass ich die Wahrheit sagte. Schließlich rief Eleni die Sekretärin des Vizepräsidenten an, bedankte sich höflich noch einmal für alles. Ich denke, sie wollte noch einmal sicher gehen, dass der Fisch tatsächlich nicht nach Athen verbracht werden sollte. Nach dieser unvorhergesehenen Wendung löste sich allmählich die Spannung. Eleni und Vangelis lachten, freuten sich, wussten immer noch nicht so recht, was ihnen geschehen war. Dann lief Eleni zu Irini, um ihr zu sagen, dass wir heute Abend alle gemeinsam den besten Fagrí essen würden, den Toló seit langem gesehen hatte. »Andreas, du bist unser Gott!«, wiederholte Eleni immer wieder. Und an diesem Abend, als der duftende Fisch mit Olivenöl und Zitrone serviert wurde, da fühlte ich mich tatsächlich göttlich. Der Fagrí war so lecker, wie eine süße Sünde. Eben wie für einige ein gut gefüllter Fakeláki.

Gebackene Muscheln in Bierteig
Μύδια τηγανιτά με χυλό μπίρας - Mídia tiganitá me chiló bíras

Zutaten:
1 kg Muscheln, gesäubert und ausgenommen, 1 kg Olivenöl zum Braten, ½
Tasse feingeschnittene Petersilie, einige Zitronenscheiben zum Garnieren
Für den Bierteig: 1 Tasse Mehl, Salz, Pfeffer, Muskatnuss, ½ Tasse Olivenöl, 1 Tasse Bier, 2 Eiweiß

Zubereitung:
Muscheln gut waschen und abtrocknen lassen.
In einer Schüssel Mehl, Salz, Pfeffer, Muskatnuss, Olivenöl und Bier zu
einem cremigen Teig mischen. Schüssel mit dem Teig für ca. 1 Stunde in
den Kühlschrank stellen. Dann das Eiweiß steif schlagen und vorsichtig
unter die Teigmasse heben.
In einem Topf das Olivenöl sehr gut erhitzen. Muscheln in die Teigmasse
eintauchen und portionsweise in das heiße Fett geben und von allen Seiten knusprig braten. Auf Küchenpapier abtropfen lassen und warm halten
bis alle Muscheln fertig angebraten sind. Mit Salz und Pfeffer würzen, mit
Petersilie und Zitronenscheiben garnieren und sofort heiß servieren.

21

Neulandgewinnung und Geldverschwendung
Wirre Gedanken rund ums Meer

Anfang der 1990'er Jahre boomte der Tourismus in Toló. Heerscharen in- und ausländischer Urlauber bevölkerten die zahlreichen Hotels, Pensionen, Gästezimmer und tagsüber den feinen langen Sandstrand. Der kleine Ort mit den damals etwa 2.000 ganzjährig dort lebenden Einwohnern, füllte sich in den Sommermonaten erheblich. Bis zu 20.000 Menschen sollen angeblich Platz in dem ehemals einsamen Fischerdorf gefunden haben, das zeitweilig aus allen Nähten zu platzen drohte. Fröhliche Touristen, wilde durchfeierte Partynächte und glückselige Souvenirverkäufer und Barbesitzer prägten das Bild. Doch der Run auf das Kleinstädtchen brachte auch Probleme mit sich. Zwei Themen dominierten damals: Die seltsamen Vorgänge um den abnehmenden Strand und die nach wie vor fehlende Kanalisation. Es wurde viel diskutiert und lange Zeit wenig unternommen. Das natürliche Problem schien jedoch die inzwischen vom Tourismus verwöhnten Tolóner zunehmend zu beunruhigen. Und so musste endlich gehandelt werden!

Perikles hatte mir immer wieder ein altes Foto gezeigt. Darauf war ein kleiner Junge zu sehen, der auf seinem Fahrrad an einem etwa zwanzig Meter breiten Strand radelte. »Das bin ich vor dreißig Jahren«, sagte Perikles. »Das ist genau hier vor der Taverne. Sieh dir an, wie breit der Strand damals war.« Damals war nicht nur die Tatsache, dass auf dem Bild ein Grieche mit dem Fahrrad fuhr, erstaunlich, denn es hatte sich noch etwas ganz anderes in Toló offenbar dramatisch verändert. Es war der natürlich feine Sandstrand. Früher war er noch in der gesamten Bucht mindestens so breit wie auf dem Foto. Dreißig Jahre später hingegen blickte ich vor Perikles' Terrasse auf gerade einmal zwei bis drei Meter Strandbreite. Die

Wasserlinie rückte scheinbar unaufhaltsam Jahr für Jahr näher. Das Meer würde in wenigen Jahren die Strandtavernen und -cafés überspült haben. Man musste also handeln.

Perikles war, anders als die meisten anderen, der Meinung, man müsste der Ursache auf den Grund gehen. Warum rückte das Meer immer näher? Die Politiker hingegen wollten schlichtweg agieren. So schnell wie möglich musste eine Lösung her. In den Niederlanden wurde man schließlich fündig. Wo sonst! Immerhin sind es die Holländer, die der Welt vormachen, wie man schier unendliches Neuland gewinnt. Sie würden es sicher auch in Griechenland schaffen. Kurzerhand wurden mit niederländischer Expertise liegende Betonpfeiler ins Meer gebaut. In Form von gigantischen Rinderzungen leckten diese, etwa einen Meter breiten Betonungetüme, vom Strand aus geradewegs, fast zwanzig Meter weit, ins Meer hinein. Die rund vierzig Zentimeter hohen Zungen lagen, wie fremde Eindringlinge, auf dem Meeresboden auf. Die ersten ein bis zwei Meter dieser Betongiganten lagen auf dem Strand, von wo aus sie sich schnurgerade ihren Weg ins Meer bahnten. Da die zahlreichen Betonzungen keine Augenweide darstellten, erhielten sie eine hübsche Ummantelung. Eine Art flauschiger Teppich, der jede einzelne Zunge verhüllte. Innerhalb kürzester Zeit vermoosten diese Ummantelungen jedoch. Die Beton-Zungen wurden pelzig, und: glibbschig! Kinder spielten auf den lustigen Betonagen, rutschten aus, taten sich weh. Also mussten Warnschilder aufgestellt werden. Und so bekam jede der geschätzten einhundert Zungen zusätzlich ein hübsches Schildchen, das auf die Rutschigkeit der Ummantelung hinwies und das Betreten verbot. Am Strand entstand eine hübsche Schilderreihe. Böse Zungen sprachen damals von den Schildbürgern von Toló.

Trotz aller anfänglichen Probleme war man optimistisch in dem kleinen Hafenort. Man würde sicher das richtige getan haben, auch wenn nun ein Schilderwald den Strand verschandelte und jede Menge glibbschiger Betonklumpen ins Meer ragten. Ich verstand den Sinn und Zweck der Aktion nicht und fragte Perikles, was sich die Verantwortlichen dabei dachten. »Sie glauben, dass die Meeresströmung mitgetragenen Sand konstant an den Flanken der Betonzungen ablagern wird und dass sich so nach einiger Zeit der Strand wieder auffüllt. Bis er wieder so breit ist, wie auf diesem Foto.« Perikles tippte erst mit dem Finger auf das Bild, dann mehrfach seitlich an seine Stirn. Er hielt die Betonaktion von Anfang an für blanken Unsinn und grobe Geldverschwendung. Er sollte Recht behalten. Griechenland ist eben nicht Holland. In all den Jahren, die ich seitdem nach Toló gereist bin, habe ich keine Veränderung gesehen. Weder wurde der Strand breiter, noch signifikant schmaler. Die Zungen sammelten keinen zusätzlichen Sand, sondern wurden nur porös. Die Ummantelung riss an vielen Stellen, Seeigel nisteten sich auf dem nun blanken Beton an und die allermeisten Gefahrenhinweisschilder rotteten vor sich hin oder wurden einfach abgenommen. Das Rätsel des Strandrückgangs blieb ebenso ungelöst, wie die Frage, ob und wer Schmiergeld für die umfangreichen Betonierarbeiten kassierte.

Perikles hatte immer die These vertreten, dass der Bau des Hafens vor vielen Jahren der Auslöser der Veränderung der Uferlinie war. Der Strandrückgang habe erst mit dem Bau des Hafens begonnen. Perikles glaubte nämlich, dass die natürliche Strömung innerhalb der Bucht von Toló genau an der Stelle beschleunigt wurde, an der der Hafen entstand. Zwischen Hafen und der vorgelagerten Insel Rómvi ist der Zugang zur Bucht am schmalsten. Wird nun gerade diese Stelle verengt, so Perikles' These, fliest das aus der Bucht strömende Wasser schneller und trägt somit mehr Sand mit sich, und somit von der Sandstrandküste der Bucht weg. Ob diese These nun zutrifft oder nicht, werden wir wohl nicht mehr erfahren. Zwar haben die Verantwortlichen noch den einen oder anderen Versuch unternommen, den Strand zu verbreitern, jedoch alles nicht nachhaltig. Mal wurde weit vor der Küste der Meeresboden abgebaggert und der Aushub als Strandauffüllmaterial an die Küste verbracht, mal lieferte man zum selben Zweck Kies aus einem nahegelegenen Flussbett. Doch nachdem erfolglos viel Geld ausgegeben wurde, erlosch das politische Interesse an weiteren Experimenten irgendwann. Aber das Meer ist ja inzwischen gnädig mit den Tolónern. Es scheint nicht weiter an die Küste heran zu rücken. Die große Zeit des Tourismus-Booms ist indes trotzdem vorüber.

Auch das zweite wichtige Problem der 90'er Jahre hatte indirekt mit dem Hafen und mit küstennaher Bebauung zu tun. Lange hatte es gedauert, bis die Diskussionen um die Errichtung einer Kläranlage abgeschlossen waren. Nach EU-Recht war man gezwungen, eine Abwasserbewirtschaftung einzuführen. Bis weit in die 90'er Jahre hatte jeder Haushalt in Toló eine Sickergrube und der Star der Abwässer war der ortsansässige Fäkalienentsorger mit dem so passend klingenden Nachnamen Drítsas. Jahrzehntelang fuhr er in seinen roten, so genannten »Scheiße-Lastern« die Inhalte der Sickergruben ab. Wie ich nach Jahren erfuhr, wurden die Laster einfach auf den Berg gefahren, wo sie hinter der Kuppe in ein Seitental entleert wurden. In die *große* »Sickergrube«. Ich hatte mir einmal die Mühe gemacht und war auf den Berg gestiegen. Noch vor dem Erreichen der Hochebene wurde der Gestank fast unerträglich, und als ich in das Tal der Fäkalien blickte, war mein alter Traum, auf dieser ursprünglich faszinierenden natürlichen Landzunge ein Ausflugslokal zu errichten, schnell vergessen. Von hier oben hatte man zwar einen sagenhaften Rundumblick auf Toló, die vorgelagerten Inseln und bis hinüber auf die andere Seite der Peloponnes, aber eben auch auf ein abscheuliches Spektakel menschlichen Nachlasses.

Die politisch Verantwortlichen waren letztlich gezwungen, eine Kläranlage in Betrieb zu nehmen. Verschiedene Varianten wurden diskutiert. Eine zentrale Anlage für Toló, die Nachbarstädtchen und alle umliegenden Dörfer schien mir plausibel. Doch es kam anders. Und man musste bereits früh den Eindruck gewinnen, dass auch bei diesem Projekt Schmiergeldzahlungen nicht völlig abwegig waren. Kurzum, nach jahrelangem Gezerre und gerichtlichen Auseinandersetzungen entstand neben dem Hafen am Ortsende und direkt unterhalb der hohen Steilküste das Klärwerk. Äußerlich betrachtet durchaus in Ordnung, die ockerfarbene Fassade passte sich sogar hübsch in das ähnlich gefärbte Felsgestein der Steilküste ein. Es wurde jedoch schnell klar, dass hier nicht so leicht geklärt werden würde. Die Anlage war schlicht überdimensioniert geplant und errichtet worden. Die erforderliche Mindestabwassermenge würde allenfalls im Sommer erreicht, wenn Toló voller Touristen ist. Außerhalb der Hochsaison hingegen, würden es die Tolóner selbst mit chronischer

Diarrhoe nicht schaffen, die Kläranlage sachgerecht zu füllen, um sie klärend zu betreiben. Die Anlage war eigentlich nicht betriebsbereit. Aber offenbar wurde dennoch versucht, das wenige Abwasser zu verarbeiten, mit dem Ergebnis, dass angeblich auch nicht vollständig geklärtes Wasser direkt ins Meer abgeleitet worden sein soll. Ein langes schwarzes Plastikrohr schlängelte sich verdächtig aus der Anlage ins Meer, wo sein Ende sich in den dunkelblauen Tiefen des Salzwassers verlor.

Erst als ein ausländischer Tourist die EU-Kommission auf den Vorgang aufmerksam machte – der Bau der Kläranlage wurde immerhin mit reichlich EU-Geldern mitfinanziert – kam wieder Bewegung in das Dilemma. Irgendetwas musste geschehen, doch was? Rückbau der Anlage auf eine angemessene Größe? Ankauf von Abwasser? Zuführen von Frischwasser? Immer neue Ideen schienen die Verantwortlichen zu entwickeln. Einen dieser Gedankenblitze fand ich besonders amüsant: Es wurde doch allen Ernstes vorgeschlagen, ein Loch in den Berg zu bohren! Regenwasser, welches sich bei Regen auf der Anhöhe der Steilküste sammeln könnte, sollte von dort durch das Innere des riesigen Felsens geleitet werden, um genau über dem Klärbecken wieder aus der Felswand auszutreten.

Σκατά (skatá – Scheiße). Dieses Wort fiel in Toló damals öfter, als Kaliméra, Kaliníchta oder Maláka. Das Vertragsverletzungsverfahren der EU-Kommission schien irgendwann Wirkung gezeigt zu haben. Nach langem Hin und Her wurde die Anlage so zurückgebaut, dass ein einwandfreier Betrieb sichergestellt werden konnte. Nahezu alle Häuser sind inzwischen ans Abwassernetz angeschlossen.

Wenn ich heute manchmal früh wach bin und auf Perikles' Terrasse sitze, kann es passieren, dass Herr Drítsas einen seiner Mitarbeiter vorbeischickt. Die Tavérna To Néon ist eines der letzten Gebäude in Toló, das nicht an die Kanalisation angeschlossen wurde. Melancholie kommt daher auf, wenn der Drítsas-Beschäftigte fachmännisch wie zu Urzeiten, die oberarmdicken, flexiblen Schlauchteile aneinandersetzt. Die so entstehende, rund zwanzig Meter lange Schlauchleitung, schlängelt sich anschließend wie eine Riesenboa über den Marmorboden der Terrasse bis hinters Haus, wo sie hungrig im Schacht zur Sickergrube verschwindet. Wie in den »guten, alten Zeiten« sitze ich dann auf meinem Korbstuhl, vor mir mein griechischer Kaffee, der sich malerisch auf der blau-weiß karierten Tischdecke vor dem Hintergrund der Bucht von Toló mit der aufgehenden Sonne abzeichnet. Aus dem Tässchen steigt der Dampf auf und man ist geneigt, sich auf das umwerfende Aroma des Mokkas zu freuen. Doch in genau dem Moment, in dem man das Tässchen zum Mund führen will, wirft der Drítsas-Mann die Pumpe an. Die Boa zuckt und schüttelt sich, und dann erahnt man die Fäkalien, die sich durch das Innere des Schlauches zum LKW hin saugen. Ganz nebenbei weht wie von Geisterhand gesteuert der so eigene Geruch. So unendlich appetitanregend frisch der Sommerwind nachmittags über die kräuterbewachsenen Hügel der Insel Rómvi bläst, und seinen Oregano geschwängerten Duft ans Festland pustet, so hartnäckig und unaufhaltsam beißt sich der Gestank in jede Pore, wenn der Drítsas-Laster seine Lieblingsspeise verschlingt. Ich halte es dann meist nur ein paar Minuten neben der Kunststoff-Boa aus, die mir den Kaffee vergällt. Ein letzter Blick nach links, die gesamte Bucht entlang, bevor ich die Terrasse verlasse. Am Ortseingang prangt, hoch erhobenen Hauptes, eine weiß getünchte Villa mit blauen Fensterläden direkt an der Steilküste mit einem unverbauten Meerblick. Dort oben duftet es nur nach den Kräutern der Inseln und nach der salzigen Brise. Man sagt, das Haus gehöre dem früheren Bürgermeister. Es soll genau zu der Zeit gebaut worden sein, als auch die Kläranlage errichtet wurde. Zufall?

Hinter mir gurgelt und spuckt die Drítsas-Boa. Ich wende mich angewidert ab.

Kalbfleisch mit Kichererbsen und Wildkräutern
Μοσχαράκι με ρεβύθια και άγρια χορτα
Moscharáki me revíthia ke ágria chórta

Zutaten:

1 kg Lammfleisch in Stücke geschnitten, 3 gehackte Zwiebeln, 3 kleingeschnittene Knoblauchzehen, ½ Tasse Olivenöl, ½ l Gemüsebrühe, 2 Lorbeerblätter, Salz, Pfeffer, 200 g Kichererbsen (getrocknet), 1 EL Tomatenmark, 1 kg reife geriebene Tomaten, 5 EL Zitronensaft, 1 EL Oregano,
1 Tasse gehackte Petersilie, 2 Tassen grob geschnittene Wildkräuter (Löwenzahn, Amarant, Gemüse-Gänsedistel, Melde, Portulak, Bitterkraut-
Schwefelkörbchen, Ampfer, Malve, Waldsauerklee, Stachel-Lattich, Gar-
ten-Senfrauke, Futterrübe, Zuckerrübe, Brennnessel, Endivie, Spinat,
Mangold, Rucola, Radieschenblätter oder ähnliches.)

Zubereitung:

Kichererbsen über Nacht in Wasser einweichen, am nächsten Tag das
Wasser abschütten. Die Kichererbsen in einen Topf mit ca. 1 Liter leicht
gesalzenem Wasser geben, bissfest kochen und abtropfen lassen.
In einem anderen Topf Olivenöl erhitzen und Lammstücke von allen
Seiten scharf anbraten. Zwiebeln, Knoblauchzehen und Tomatenmark
dazu geben, anrösten, mit Wein löschen und mit der Gemüsebrühe auf-
gießen. Salz, Pfeffer, Lorbeerblätter und Oregano hinzufügen und bei
geschlossenem Deckel ca. 1 Stunde schmoren lassen. Tomaten, Kichererbsen und Wildkräuter zufügen, ca. 10 Minuten mitkochen, mit Zitronensaft, Salz und Pfeffer abschmecken und die Petersilie unterheben.
Heiß servieren mit Weißbrot, Bauernsalat, Tzatzíki und Rotwein.

22

Sendeschluss am Büdchen –
Zwischen Poseidon und Períptero

A ristidis hatte sein Glück als Geschäftsmann in Athen gesucht. In den 1960'er Jahren produzierte er dort erfolgreich Chassis für Fernsehgeräte. Damals wurden diese noch aus Holz gefertigt und Aristidis saß dick im hölzernen Geschäft. Er liebte das natürliche Material und wahrscheinlich war auch das ein Grund, warum ihm der Umstieg auf leichtere Fernsehverpackungen nicht gelang. Der Bedarf an Holzchassis war schließlich irgendwann erschöpft und Aristidis kehrte nach Toló zurück. Dort arbeitete er alsdann in der Gastronomie, hatte später sogar seine eigene kleine Taverne mit Korbstühlen aus Holz, doch eines Tages hatte er ziemlich plötzlich mehr Zeit, als ihm recht war. Glücklicherweise ist die Verwandtschaft auf griechischen Dörfern groß und man kümmert sich um die Familienmitglieder. Kostas, der von seinen Eltern einen Períptero am Strand, direkt neben der Tavérna To Néon geerbt hatte, verschaffte Aristidis damit einen neuen Job und gleichzeitig einen hübschen Zeitvertreib. Seitdem saßen Aristidis, seine Frau Polyxéni und die Töchter Maria und Melina tagein tagaus von früh morgens bis in die Nacht abwechselnd im kleinen Büdchen, dem Mini-Verkaufsladen, wo es allerlei Nützliches zu erstehen gab. Der Períptero war kaum größer als die Fernsehkisten, die Aristidis früher gefertigt hatte, und außerdem ebenfalls aus Holz gebaut. Der 2qm kleine Laden war aber weit mehr als nur ein winziger Verkaufsstand. Ein Períptero ist in Griechenland in etwa so wichtig, wie in anderen Ländern der Tempel für die Gläubigen oder das Fußballstadion für die Fans. Fast ein Ort der spirituellen Erbauung. Hier kaufen die Griechen nicht nur Zigaretten, Stiel-Eis, Erfrischungsgetränke, Süßigkeiten, Knabbereien, Batterien, Streichhölzer, Ansichtskarten, Taschentücher,

Kombolois, Klopapier oder Dosenbier sondern sie nutzen den Einkauf auch gleich für eine kleine oder größere Unterhaltung. So verbrachte auch ich Stunden an Aristidis' Períptero. Wir kauften Eis am Stiel des griechischen Ablegers der Marke Langnese, das in Deutschland nicht so schön die Zunge verfärbte wie hier, wir schrieben Ansichtskarten am Strand oder kauften eisgekühltes Büchsenbier, wenn Perikles' Mama nachmittags zwischen fünf und sieben Uhr die Taverne abschloss, um einen Mittagsschlaf zu machen. Von Maria und Melina lernte ich in dieser Zeit so manches über den griechischen Alltag. Oft saßen wir im Schatten unter der Markise des Perípteros, hörten Radio und plauderten über Musik. Wurde es uns zu heiß, sprangen wir kurz zur Abkühlung ins Meer. Es waren ja nur zwei Schritte bis ins Wasser und man war sofort wieder im Laden, wenn sich Kunden näherten.

Während die Töchter des Períptero-Besitzer mir in diesen Jahren die junge griechische Welt erklärten, trug Arintzis, wie Aristidis liebevoll von seinen Freunden genannt wurde, dazu bei, dass ich auch etwas für echte griechische Männer lernte. Ich traf ihn oft am frühen Morgen, wenn er zeitig den Períptero öffnete. Regelmäßig hatte ich im Sonnenaufgang vom Boot aus geangelt. Wenn die gleißende Sonne dann über die Gipfel der Küstenberge gekrochen war und es heiß wurde, kehrte ich meist zum Ufer zurück, um noch ein wenig im hüfthohen Wasser vor der Taverne und dem Períptero von Arintzis zu fischen. Fast immer erschien zeitgleich der Kioskbesitzer, um sein Büdchen aufzuschließen. Er trug stets kurze Hosen unterhalb des fußballgroßen Bäuchleins, Sandalen an den Füßen und ein Werbe-T-Shirt der griechischen Zigarettenmarke Karelia. Um diese Uhrzeit lag sein dünnes, dunkles Haar noch akkurat und pomadisiert sauber quer über die Mittelglatze gekämmt. Mit dem weiß-blauen Hemd mit dem Zigarettenmarkenlogos auf der Brust, wirkte er trotz seiner untersetzten Figur deutlich jünger und fast ein bisschen sportlich. Ich hatte das gleiche Shirt, wie viele andere junge Männer aus Toló damals auch, und viele Jahre trugen wir es manchmal zeitgleich. Es muss Anfang der 1990'er Jahre gewesen sein, als eines Nachmittags ein riesiger eleganter Dreimaster in Toló vor Anker ging, und ein Dutzend Marketing-Models ausspuckte. Das Schiff erinnerte entfernt an das Logo auf den

T-Shirts, doch beachtete es nun niemand der am Strand liegenden Sonnenanbeter, der Touristen in den Cafés oder der Einheimischen in den Tavernen. Die Männer stierten auf die langen kurzberockten Beine der großgewachsenen Schönheiten, die Frauen neidisch oder mitleidig auf deren elegante, hochhackige Pumps. Die Armada der Karelia-Topmodels stolzierte über den schmalen Sandstrand als wäre er mit einem roten Teppich belegt. Die Szenerie wechselte von Fischerdorfatmosphäre zur glamourösen Bühne von Cannes während der Filmfestspiele. Toló hielt den Atem an, dann die Arme auf, und diejenigen, die eines der wertvollen Werbegeschenke ergattern konnten, wurden vermutlich zu 99 Prozent zu straffen Karelia-Rauchern. Aristidis hingegen hatte dem Tabak schon früher aus gesundheitlichen Gründen entsagen müssen. So blieb ihm nur das T-Shirt und die Erinnerung. Und in den folgenden Wochen reichlich Einnahmen aus dem Verkauf der Karelia-Zigaretten. Sein Baumwollshirt mit dem schicken Markenlogo trug er voller Stolz, wenn er seinen Kunden die weiß-blauen Schachteln über die winzige Períptero-Theke entgegen schob, und manchmal auch dann, wenn er sein ärztlich verordnetes allmorgendliches Wassertreten im Meer vor seinem Büdchen ausübte.

Häufiger als das Kareliashirt sah ich an ihm nur die Zeitung, die er allmorgendlich unter dem Arm geklemmt mit zum Períptero brachte. Tageszeitungen verkaufte Ari selbst nicht und so war er gezwungen, sich seine Lieblingslektüre, die Fußballzeitung, selbst im Ort zu besorgen, bevor er zum Strand herunter ging. Manchmal übernahm auch ich das für ihn, wenn ich ohnehin gerade auf dem Weg zum Bäcker war. So lernte ich, mich in dem fast unüberschaubaren Angebot an Sportmagazinen zurecht zu finden, die es damals in Griechenland gab. Die »Ώρα για σπορ« (Óra ja spór – Sportzeit) war des Kioskbesitzers Lieblingszeitung. Ungefähr so aufgemacht wie die deutsche BILD kam sie daher, mit vielen bunten Bildern aber in etwas kleinerem Format. Vermutlich hatte diese Zeitung die wohlwollendste Berichterstattung über Aris Lieblingsclub AEK Athen. Die griechischen Schwarz-Gelben hatten es ihm schon angetan, als er noch in der Hauptstadt als Geschäftsmann tätig war. Der Hauptstadtclub wurde bereits 1922 von griechischen Flüchtlingen aus Kleinasien gegründet, doch bis heute konnte er trotz guter Leistungen dem chronischen Meister Olympiakos Piräus nicht den Rang in der Fanszene ablaufen. Gerade an den Küsten der Peloponnes ist eigentlich fast jeder Fan der Rot-Weißen aus Piräus, der Hafenstadt von Athen. Arintzis hingegen kokettierte gerne mit seiner ungewöhnlichen Fußballliebe und bewies aus Sicht der Fischer so, dass er eigentlich ein Landei geblieben war. Er war allerdings nicht nur ein großer Sportexperte, er zeigte er regelmäßig auch sein großes Fachwissen, wenn es um Fische ging.

Während ich im flachen Wasser stand und angelte, las Arintzis auf seinem alten Korbstuhl meist still die Sportzeitung. In Lesepausen stieg er gerne zum Wassertreten zu mir ins Meer, aber nur, wenn es noch nicht zu spät war. Er mochte es nicht, noch im schenkelflachen Wasser vor seinem Períptero auf und ab zu treten, während bereits die Touristen zum Baden an den Strand kamen. Doch meistens war er rechtzeitig mit seinem verordneten Training fertig und saß dann wieder zügig mit der noch nassen, kurzen Hose im Schatten neben dem Büdchen und blätterte auch noch durch die internationalen Fußballergebnisse und die Resultate der dritten griechischen Basketballliga. Die Sportzeitschrift fesselte ihn und er schaute nur hin und wieder zu mir herüber oder rief mir gelegentlich ein Fußballergebnis des Vorabends zu. Gelegentlich, wenn mal ein Fisch angebissen hatte, den ich noch nicht kannte, stieg ich in meiner Badehose aus dem Wasser und lief mit dem Fang zu Aristidis. Er kannte jegliches Getier und so lernte ich viel über den griechischen Fischgeschmack. Oft habe ich mich gefragt, warum er an seinem Períptero nicht auch Fisch verkaufte. Zumindest tiefgefrorener, hätte gut zwischen die bunten Stiel-Eise gepasst. Berührungsängste zu den Meeresbewohnern hatten die meisten Griechen und insbesondere Arintzis ohnehin nicht. Als ich einmal einen kleinen Μπάκουλας (Bákulas) geangelt hatte, zeigte mir der Kioskbesitzer, womit sie sich früher als Kinder oft die Zeit vertrieben hatten. Der Bákulas, der auf Deutsch Himmelsgucker genannt wird, hat einen knorrigen platten Körper und einen breiten Kopf, ganz ähnlich einem Seeteufel. Sein großes bezahntes Maul ist nach oben hin geöffnet und die Augen sind so angeordnet, als wollten sie zum Himmel schauen. Aristidis sah also das urige Tier, das ihn aus meinem Eimer anstarrte. Er griff hinter die Períptero-Theke, zog eine Schachtel Karelia blue hervor und steckte sich eine Zigarette mit einem schwarz-gelben Feuerzeug mit AEK-Athen Logo darauf an. Fröhlich, fast ein wenig kindlich wirkte er in diesem Augenblick und seinen pomadisierten Seitenscheitel hielt es nicht länger in der akkuraten Linie quer über die Glatze. Er hatte lange keine Zigarette mehr gepafft.

»Guck Andreas, der Bákulas ist einer von uns. Er raucht auch gerne,« sagte Arintzis in seiner röhrend tiefen sympathischen Stimme und dann lachte er, wie der pubertäre Junge, der er einst gewesen war. Immer noch kichernd steckte er dem Fisch die brennende Zigarette ins Maul. Es sah tatsächlich so aus, als würde er rauchen. Wenn er nach Luft schnappte, sog er den Rauch ein, der alsbald qualmig aus den Kiemen wieder austrat. Während des kurzen Schauspiels hing Ari wie ein neugieriges kleines Kind über dem Eimer, während ich auf die Altersflecken seiner jetzt blanken Glatze blicken konnte.

Einen ganz ähnlichen Fisch hatte ich einige Zeit später an der Angel. Aristidis saß wieder einmal in seinem Fußballtempel hinter der Óra ja spór, als bei mir die Pose abtauchte. Nur wenige Augenblicke später hob ich die Rute an, ein mir unbekannter Fisch wurde aus dem Wasser gezogen und ich wollte gerade zupacken, als ein ohrenbetäubender Schrei röhrend vom Strand an mein Ohr drang.

»Nicht anfassen!«, brüllte mir Aristidis zu.

Ich blickte wohl sehr verdutzt, denn Ari legte geschwind die Zeitung beiseite und machte eine typisch griechische Handbewegung. Sein rechter Arm strebte waagerecht nach vorne und die eben noch ausgestreckten Finger seiner rechten Hand knickten ruckartig nach unten ab. Einmal, zweimal. Zeitgleich nickte Arintzis kaum merklich in meine Richtung. Es war das mir gut bekannte »Ela! – Komm!« was ich ihm von den Lippen ablesen musste, denn er sprach es nur tonlos aus. Seine Geste genügte. Nach nur zwanzig großen Schritten aus dem Meer heraus bis zum Büdchen, hielt ich Aristidis den an der Angelschnur baumelnden kleinen Fisch entgegen.

»Drákena!« Ari blickte mich lehrerhaft mit steif in die Höhe gestrecktem Zeigefinger streng und fast vorwurfsvoll an. Den »Drachenfisch«, müsse ich doch kennen, maßregelte er mich. Und dann hielt er einen fast fischfachmännischen Vortrag. Vor meinem geistigen Auge sah ich den Períptero-Besitzer nun in einem hölzernen Fernsehgerätechassis stehen. Er moderierte das Drachenfischmagazin. Der seltsame Drákena hat in den Stacheln der Kiemendeckel und in der kurzen vorderen Rückenflosse, die aus fünf bis sieben Stacheln besteht, ein äußerst gefährliches Gift, lernte ich so. Ich schaute fasziniert in die Glotze und lauschte weiter. Wenn man versehentlich in einen der giftigen Stachel greifen würde, wäre das zwar nicht das Todesurteil, dennoch wäre der Schmerz beißend-brennend. Bis zu mehrere Tage kann sich die entstehende Schwellung halten, daher sollte ich tunlichst vermeiden den Drachenfisch anzufassen. Und – sollte ich jemals wieder einen dieser seltsamen Kreaturen an den Haken bekommen: »Sofort die Schnur durchschneiden!« Erst jetzt griff Aristidis beherzt zum inzwischen final ausgezappelten Drákena an meiner Angel, zog geschickt den Haken aus dem Maul und führte das Gifttier einer besonderen Verwertung zu. Die Katze, die auf der Markise des Büdchens darauf wartete, einen Happs zu erhaschen, freute sich über die fischige Leckerei.

Nur wenige Jahre nach dem eindrucksvollen Fischvortrag am Badestrand ging Aristidis dann schließlich in den wohlverdienten Ruhestand. Der Períptero war plötzlich über den Winter verschwunden. Arintzis und Kostas hatten ihn in den ruhigen Wintermonaten abgebaut. Jetzt klaffte an der Stelle, wo er all die Jahre gestanden hatte, eine große Lücke. Wie die Wunde, die der Stich eines riesenhaften Drachenfisches hinterlässt. Wie ein rückgebautes Fußballstadion in Gelsenkirchen-Schalke. Mir war ein liebgewonnener Ort abhanden gekommen und ich vermisste Arintzis hinter seinem Períptero-Fensterchen. Zwar sah ich ihn nach wie vor regelmäßig, doch die gemeinsamen Zeiten am Meer waren endgültig vorbei. Nur noch ganz selten nahm er den steilen Weg hinab zum Meer. Er schien jetzt wieder das Leben in der Stadt zu pflegen, obwohl Toló nicht mit Athen zu vergleichen ist, wo er einst die Fernsehgerätehüllen produziert hatte. Und erstaunlicherweise habe ich ihn an seinem neuen Stammplatz an der Dorfstraße, der Odos Sekéri, nie mehr mit der Sportzeitung gesehen. Stattdessen saß er von nun an täglich mit seinen Fischerfreunden zusammen. Und immer wenn ich ihn beim allabendlichen

Spaziergang durchs Dorf im Kreise der Fischexperten sehe, muss ich an den Drákena denken.

Irgendwann habe ich mir dann einmal die Mühe gemacht, nachzuschlagen, was genau der Drákena ist. Ich war überrascht zu lesen, dass dieser giftige Meeresbewohner einen so harmlosen Namen trägt: Petermännchen! Und beim weiteren Recherchieren entdeckte ich, dass zur Familie der Petermännchen mehrere Arten und zwei Gattungen gehören, die allesamt eine starke Giftmischung in sich tragen. Ein Foto der Gattung Trachinus vipera hatte es mir besonders angetan, denn der abgebildete Fisch glich meinem damals gefangenen wie ein Ei dem anderen. Etwas kleiner als das gewöhnliche Petermännchen kommt die so genannte »Viperqueise« daher. Sie hält sich immer in flachen Uferzonen mit sandigem Grund auf, wo sie sich bis zu den Augen im Sand eingräbt und auf Beute lauert. Doch was mich am meisten beeindruckte: Die Viperqueise gilt als die gefährlichste und giftigste Art aller Petermännchen. Kurz überlegte ich, ob ich beim nächsten Angeln im knietiefen Wasser auch die neuerdings von vielen Touristen getragenen, offenbar modischen Aquaschuhe anziehen sollte. Doch ganz schnell wischte ich diese Idee beiseite. Arintzis hatte immerhin auch fast täglich auf dem sandigen, flachen Meeresboden und immer barfuß sein Wassertreten-Sportprogramm abgehalten. In einen Petermännchenstachel war er dabei nie getreten.

Joghurt mit Honig-Frucht-Salat
Γιαουρτι με μελομένη φρουτοσαλάτα - Jaoúrti me meloméni froutosaláta

Zutaten:

300 g Griechischer Joghurt (10% Fett), 8 EL Honig, 3 EL Zitronensaft, 2 Tassen kleingeschnittenes frisches Obst (Äpfel, Birnen, Bananen, Trauben, Mandarinen oder andere Früchte nach Saison), 4 EL Cranberries, 4 EL geröstete Mandeln, ½ TL Zimtpulver, 1 Prise Nelkenpulver, 4 Minzblätterspitzen

Zubereitung:

In einer Schüssel Obst, Cranberries, Zimt- und Nelkenpulver mit dem Zitronensaft mischen. Die Hälfte des Honigs zugeben und ca. 15 Minuten ziehen lassen. Joghurt in Gläser oder auf Teller verteilen. Je 2 – 3 EL Obstsalat darauf geben, Mandeln und restlichen Honig dekorativ anrichten und mit Minzblättern dekorieren.

Der Joghurt mit Honig-Frucht-Salat kann sowohl als Dessert wie auch zum Frühstück serviert werden.

NACHWORT

Von meinem ersten Besuch in Griechenland bis heute sind inzwischen 22 Jahre vergangen. Damals dachte ich noch »Wo zum Teufel liegt Toló?« Heute, so viele Jahre später, ist das kleine Fischerdorf zu meiner zweiten Heimat und die Familie von Perikles Niotis zu meiner »Zweitfamilie« geworden.

In einer so langen Zeit entstehen nicht nur tiefe Freundschaften sondern es passieren auch viele Dinge, die teilweise unwirklich, manchmal obskur und oft einfach nur lustig erscheinen. Die besten und meisterzählten Anekdoten habe ich in diesem Buch zusammengestellt.

22 Kapitel, 22 Geschichten aus 22 Jahren – manche zum Schmunzeln, manche zum Weinen und manchen zum herzhaften Lachen.

Dennoch gibt es noch unzählige Erlebnisse mehr, die ich allesamt ebenfalls hätte aufnehmen können. Was erlebt man nicht alles, wenn man viele Jahre lang sehr viel Zeit bei Perikles und seiner Familie verbringt. Irgendwann nimmt man ihm sogar ab, dass er tatsächlich der Sohn des Poseidon ist. Die Meerjungfrauen werden es ebenso bezeugen, wie die fangfrischen Fische, die Oma Vagelió in ihren Pfannen und auf dem Grillrost zubereitet hat. Und Opa Aristides hat immer alles in seiner unvergessenen Ruhe und mit seinem ironischen Humor auf die Bühne des Lebens gehoben.

Vorhang zu!

Hinter den Kulissen geht es jedoch weiter. Griechenland lebt, so eigenwillig wie eh und je, und so bunt und lebhaft wie ein modernes Theaterstück. Manchmal Drama, manchmal Schmonzette, aber meistens Komödie.

Ich freue mich sehr, dass ich Sie in meinem Ford mit nach Griechenland nehmen konnte. Wann machen Sie den Vorhang wieder auf und starten Ihre eigene Reise in das Theater des Lebens?

Andreas Deffner,
Mai 2015

QUELLENANGABEN

1. Mehr Informationen zu meinem entfernten Verwandten Michael Deffner in meinem Buch »Das Kaffeeorakel von Hellas – Abenteuer, Alltag und Krise in Griechenland«

Hier geht's online weiter!

Stefan Geyr gilt mein großer Dank in diesem Buch. Er hat mich damals nach Toló gelockt. Ein einschneidendes Erlebnis, das mein Leben maßgeblich mit beeinflusst hat. Seine Frau, seine Kinder und die Toló-Freunde der ersten Stunde gehören wie selbstverständlich dazu. Freunde, Familie, Seelenverwandte.

In Toló traf ich auf eine Familie, die Tag für Tag Spitzenleistungen bringen. Perikles Niotis, seine Eltern, seine Schwester, die Kinder und alle Verwandten. Sie leben und lieben das Filótimo, das man erleben muss.

Käpt'n Stavros, der irgendwann in dieses Leben gesegelt kam, hat mich vieles gelehrt. Seine unnachahmliche positive Art hat Leben bereichert. Nicht nur meins, sondern das aller, die ihn kennen lernen durften. Wir werden ihn nie vergessen und immer in unseren Herzen behalten.

Finne, altes Haus, ich denke oft und gerne an die alten Zeiten zurück. Wir haben uns gemeinsam auf den Weg nach Toló gemacht. Unvergessen die Ankunft, die Tage, die Erlebnisse. Wann gehen wir wieder auf diese Reise?

Zum Schluss möchte ich neben den vielen Ideen gebenden und helfenden Freunden den griechischen Göttern danken, die diese göttlichen Erfahrungen überhaupt erst möglich gemacht haben. Ein besonderer Dank an Poseidon. Und natürlich an seinen Sohn!

Euch allen ein ganz herzlicher Dank!
Andreas Deffner

REZEPTREGISTER

GR

BIOGRAPHISCHES

Andreas Deffner wurde 1974 in Gladbeck im Ruhrgebiet geboren. Er hat lange Zeit im Rheinland gelebt und wohnt heute mit seiner Frau und seinen drei Kindern in Potsdam. Seine »Zweite Heimat« aber ist Griechenland. Seit er nach dem Abitur im Jahr 1993 das erste Mal nach Hellas gefahren ist, war er von Land, Leuten und Kultur begeistert. Und so fährt er, wann immer die Zeit es zulässt, »nach Hause«, nach Toló. Das kleine Fischerdorf auf der Peloponnes ist zu seinem Heimathafen geworden. Hier fühlt er sich ebenso heimisch wie in Potsdam, Gladbeck oder Berlin. Und Oma Vangelió hat immer gesagt: »Junge, du bist in Toló groß geworden!«

Veröffentlichungen:
»Das Kaffeeorakel von Hellas – Abenteuer, Alltag und Krise in Griechenland«, Vlg. Re Di Roma / Remscheid, 2010; Überarbeitete Neuauflage mit Rezepten, Vlg. Größenwahn / Frankfurt, November 2013.
»Filotimo! – Abenteuer, Alltag und Krise in Griechenland« Vlg. Größenwahn / Frankfurt, August 2012; 2. Auflage Januar 2013.
»Griechische Einladung – Erzählungen, Geheimnisse und Rezepte«, Anthologie; Andreas Deffner ist vertreten mit seiner Kurzgeschichte »Ägäischer Fischfang«, Vlg. Größenwahn / April 2013.
»Griechische Einladung in die Ägäis – Erzählungen, Geheimnisse und Rezepte«, Anthologie; Andreas Deffner ist vertreten mit seiner Kurzgeschichte »Die alte Möwe Stavros«, Vlg. Größenwahn / April 2014.
»Griechische Einladung in die Politik – Erzählungen, Geheimnisse und Rezepte«, Anthologie; Andreas Deffner ist vertreten mit seiner Kurzgeschichte »Warten bis man weis wird«, Vlg. Größenwahn / Januar 2015.

Seit 2013 ist er beim Größenwahn Verlag Leiter der Reihe »Griechische Einladung«.

Filotimo!
Abenteuer, Alltag und Krise in Griechenland
ISBN: 978-3-942223-15-7
eISBN: 978-3-942223-51-5

Was? Sie kennen ›Filotimo‹ nicht? Das ist die spezielle Einstellung der Griechen zum Leben. Was sie dazu brauchen? 2-3 positive Gedanken, 1 l Lebensgefühl, 500 g Gastfreundschaft, 1 ganze reife Freundschaft (Frucht ohne Haut), 10 Tropfen Unterstützungsgefühl, etwas Stolz, Würde und Pflichtbewusstsein (aus dem Vorratsschrank). Für die Soße: 5 EL Aufopferungsbereitschaft, 5 EL Verzicht (am besten geeignet ist der Ich-Verzicht), frisch gemahlener Respekt.
Andreas Deffner kennt die Zubereitung – Filótimo – mehr als ein Wort. Es beschreibt das Gefühl bei guten Freunden zu sein, Gastfreundschaft zu geben und zu erfahren. Die Griechen leben es mit Leib und Seele.

Das Kaffeeorakel von Hellas
Abenteuer, Alltag und Krise in Griechenland
ISBN: 978-3-942223-31-7
eISBN: 978-3-942223-49-2

Kaffeetrinken ist die Lieblingsbeschäftigung der Griechen. Aber niemals alleine, immer in »paréa« – in Gesellschaft. Andreas Deffner kennt die Gewohnheiten der Griechen. Seit Jahren ist dieses Land seine »zweite Heimat« und er weiß: oft beginnt der Alltag »relaxt« mit Kaffeetrinken, um dann in irgendeinem unvorhergesehenen Abenteuer zu enden. In dieser Neuauflage lüftet der Autor zusätzlich Geheimnisse der Griechischen Küche. Zu jedem Kapitel wird das passende Rezept serviert. Denn: Griechenland ohne Essen und Trinken wäre unvollkommen. Von der Wildschweinkeule im Römertopf bis zur Wassermelone mit Feta. 19 Erzählungen laden Sie ein, in das manchmal rätselhaft wirkende Land der Hellenen zu reisen.

Edit Engelmann (Hrsg.)
Griechische Einladung
Band 1
Erzählungen, Geheimnisse und Rezepte
ISBN: 978-3-942223-22-5
eISBN: 978-3-942223-41-6

Dürfen wir Sie zu einem Symposion einladen? Nein, keine Angst. Nicht zu einem wissenschaftlichen Kongress mit trockenen Vorträgen und noch langweiligeren Analysen. Vielmehr zu einem Symposion wie sie in der griechischen Antike an der Tagesordnung waren. Zum Reden, Diskutieren und Philosophieren. Unsere Autorinnen und Autoren erzählen Geschichten aus und von Griechenland. Über Liebe, Hoffnung und Glauben, über alltäglichen Konfrontationen, Begegnungen und Abschied, über das Leben in der Krise und die Träume für die Zukunft. Eine Tasse Kaffee oder ein Glas Wein gehören dazu, ein Mezé zum Ouzo wird garantiert, bevor Sie nach und nach Spezialitäten serviert bekommen, bis sich beinahe die Tische biegen. So wie es sich in Griechenland gehört: Essen, trinken, leben.

Andreas Deffner (Hrsg.)
Griechische Einladung in die Ägäis
Erzählungen, Geheimnisse und Rezepte
ISBN: 978-3-942223-74-4
eISBN: 978-3-942223-75-1

Was wäre Griechenland ohne die Ägäis? Das Herz des Mittelmeers versorgt nicht nur die zahllosen Insel der Kykladen, Sporaden oder der Dodekanes mit Leben und Leidenschaft, sondern weit darüber hinaus das Festland und von dort aus weiter nach Europa.

Hier, wo das Licht der Sonne die Farbe Blau in ihrer ganzen Herrlichkeit entfaltet, haben wir ein spannendes Panoptikum der Literatur geformt: Kurzgeschichten, Essays, Romanauszüge, Reiseberichte, Lyrik und schmackhafte Kochrezepte.

Hier wartet alles auf Dich. Komm an den Strand, wir haben Mesédes, Ouzo und Frappé bestellt, tauche ins Wasser herein und verlier dich in diesem, unserem literarischen Schlaraffenland. Wir, die Autorinnen und Autoren dieser griechischen Einladung in die Ägäis, wir freuen uns auf deinen Besuch.

Edit Engelmann (Hrsg.)
Griechische Einladung in die Politik
Erzählungen, Geheimnisse und Rezepte
ISBN: 978-3-95771-025-3
eISBN: 978-3-95771-026-0

In Griechenland ist die Politik in aller Munde. Jeder, der einmal im Kafeníon seinen Frappé getrunken hat, kennt dieses Phänomen von den Nachbartischen. Es wird temperamentvoll diskutiert, mit Händen und Füßen gestikuliert und jedes Handeln von Regierung sowie Abgeordneten lautstark kommentiert. Nicht selten werden markante Figuren der griechischen Geschichte in Erinnerung gebracht und mit den heutigen Politikern verglichen. Streitereien unter den versammelten Gästen sind vorprogrammiert: Ideologien, die wirtschaftliche Situation, nationale Angelegenheiten und mediterranes Klima sorgen dafür, dass es heiß und hoch hergeht. Der Wirt stellt Ouzo, Wasser und Mesédes auf den Tisch, und unsere Autoren reichen Geschichten, Erzählungen und Gedichte dazu. Von Alexander dem Großen, dem Beginn der Demokratie in Athen über Melina Mercouris´ Idee der Kulturhauptstädte Europas bis hin zur Finanzkrise – die Themen sind vielfältig, genau wie die köstlichen Gerichte, die dazwischen serviert werden. In diesem Sinne: Jámas und kali órexi.

Brigitte Münch
*Geschenk vom Olymp
und andere Bescherungen*
Neue ägäische Geschichten
ISBN: 978-3-942223-12-6
eISBN: 978-3-942223-59-1

Auf dem Olymp leben dem Mythos nach die griechischen Götter. In vielen Sagen und Legenden haben die Olympier oftmals in die Geschicke der Menschen eingegriffen – aus Liebe, Lust, Hass, Eifersucht oder Machtgier, und Intrigen waren an der Tagesordnung. Was wäre, wenn die griechischen Götter auch heute noch auf uns Menschen blickten und unser Leben beeinflussen würden? Was würden Zeus, Ares und Aphrodite zu unserer gegenwärtigen Welt sagen? Und welche Geschenke würden sie für uns noch bereithalten?

Martin Knapp
OLYMP
Roman
ISBN: 978-3-942223-78-2
eISBN: 978-3-942223-79-9

Eine Recklinghäuser Firma will einen Themen-Freizeitpark auf dem Olymp errichten, und das mitten in der Eurokrise, die das deutsch-griechische Verhältnis belastet. Medien und Politik wittern ihre Chance, gegen das Projekt zu protestieren, obwohl die Bevölkerung um den Berg herum die Investition als willkommene Entwicklung sieht. Der Kampf um Arbeitsplätze, soziale Orientierung und politischen Einfluss hat schon längst begonnen, auf den Bildschirmen wie auf der Straße. Nur mit den wichtigsten Betroffenen – den olympischen Göttern – hat kein Sterblicher gerechnet. Poseidon will sich an Recklinghausen rächen, während ein deutsch-griechisches Halbgötter-trio den Auftrag erhält, das Projekt ›Freizeitpark Olymp‹ zu verhindern. Doch kann das zusammen-gewürfelte Gespann aus Staatssekretär, Callgirl und Links-Politikerin die Menschen vor dem Zorn der Götter retten?

Hilda Papadimitriou
Für eine Handvoll Vinyl
Der erste Fall für Charis Nikolópoulos
aus dem Griechischen von Gesa Singer
ISBN: 978-3-95771-043-7
eISBN: 978-3-95771-044-4

Wie spielt sich das Leben im Stadtteil Exarchia in Athen ab, und was hat sich dort seit den 1970ern wirklich kaum verändert? Warum ist es für manche Leute wichtig, sich durch Musik auszudrücken, und warum sind Beziehungen so kompliziert? Was haben all diese Leute zu verbergen, die sich im Plattenladen von Fontas blicken lassen? Man hört Gang of Four, Neil Young, Clash, aber auch Percy Mayfield und Travis in diesem verregneten Februar. Und dann passiert ein Mord. Kommissar Charis Nikolópoulos muss sich beweisen: sein erster eigener Fall! Wie hängen Schallplattensammeln und Verbrechen zusammen? Welches Motiv hat der Mörder? Ist es denn möglich, für eine Handvoll Vinyl zu töten?

www.groessenwahn-verlag.de